대학에 가는 AI

vs

교과서를 못 읽는 아이들

AI VS. KYOKASHO GA YOMENAI KODOMOTACHI
by Noriko Arai

대학에 가는 AI

VS

교과서를 못 읽는 아이들

인공지능 시대를 위한 교육 혁명

아라이 노리코 지음

정지훈 감수 | 김정환 옮김

AI와 공존하는 사회,
미래 교육의 방향성을 찾다

정지훈 | 다음세대재단 이사

최근 알파고로 대표되는 AI(인공지능) 기술의 빠른 발전으로 인해 머지않은 시점에 인공지능과 로봇 기술이 일반화되고 사람들과 공존하는 사회가 시작될 것으로 추정하고 있다. 이제 인공지능이 인간의 실생활 구석구석으로 파고들 수 있는 준비는 사실상 끝났다고 볼 수 있다. 알파고와 같은 특화된 서비스뿐만 아니라, 구글이나 페이스북 등에서 제공하는 공개된 소프트웨어를 이용하면 초보 프로그래머도 간단히 인공지능 프로그래밍을 시작할 수 있을 정도로 인공지능 기술 개발이 굉장히 쉬워졌다.

이렇게 되면 마치 증기기관이 도입되면서 농경시대에서 산업시대로 넘어가는 산업혁명이 일어났듯이, 인공지능의 일상화와 함께 기존의 IT 및 인터넷 인프라가 결합하여 새로운 4차 산업혁명이 일어날 것이라고 많은 사람들이 전망하고 있다.

문제는 이런 신화가 퍼져나가면서 AI 기술에 대한 과도한 걱정이나 실현하기 어려운 시나리오로까지 확대 재생산되는 경향이 있으며, 이런 비현실적인 주장들은 결코 AI와 공존하는 미래를 대비하는 데 도움이 되지 않는다는 것이다. 그런 측면에서 『대학에 가는 AI vs 교과서를 못 읽는 아이들』과 같이 실제 최전선에서 인공지능 기술을 개발해 온 학자들의 의견은 매우 소중하다.

이 책의 저자인 아라이 노리코 교수는 2011년 일본에서 시작된 〈로봇은 도쿄 대학에 들어갈 수 있는가?〉라는 프로젝트의 책임자다. 그는 도로보군이라는 인공지능이 도쿄 대학에 합격하는 것을 목표로 연구 개발을 지휘했다. 도로보군은 결국 도쿄 대학에 합격하지는 못했지만 메이지 대학, 아오야마 가쿠인 대학, 릿쿄 대학, 주오 대학, 호세이 대학급의 중상위권 대학에는 무난히 합격할 수 있음을 증명했다. 또한 전체 수험생 중 상위 20퍼센트에 해당하는 성적을 달성하는 데 성공했다. 어찌 보면 도로보군이 인공지능의 한계와 가능성을 동시에 보여주었다고도 할 수 있다.

프로젝트를 지휘했기 때문에 노리코 교수는 도로보군과 같은 인공지능이 잘 하지 못하는 점을 제대로 분석할 수 있었다. 수학 등의 문제는 도쿄 대학에 입학한 학생들보다 잘 풀어냈지만 진짜 도로보군의 약점은 '독해력'이었다. 문장이 복잡한 문제를 제대로 인지하지 못하고, 문맥을 파악하지 못했기에 데이터에만 의존한 통계적인 답변을 내놓았다는 것이다.

더욱 흥미로운 사실은 그럼에도 불구하고 인공지능인 도로보군보다도 더 문맥을 이해하지 못하는 수험생이 80퍼센트나 존재한다는 것이다. 이 사실은 우리 교육의 미래에 대한 방향성을 역설적으로 제시해 준다.

아라이 노리코 교수는 이 프로젝트에서 얻은 깨달음을 바탕으로 전국 단위의 독해력 조사를 실시했다. 조사 결과, 수많은 중·고등학생이 인공지능과 마찬가지로 문맥을 이해하지 못한 채 단순한 계산과 암기만으로 문제를 풀고 있었으며, 결국 AI 시대에는 독해력과 같은 가장 기초적인 역량을 기르기 위한 교육이 중요하다고 강조한다.

물론 그가 연구를 수행한 시점의 AI와 현재 달성한 AI의 수준은 꽤 차이가 나기에 이 책에서 이야기하는 인공지능의 약점은 더 이상 극복하지 못할 문제는 아니다. 최근 구글 등에서 개발한 인공지능은 독해 능력과 문맥을 파악하는 능력이 매우 뛰어나기 때문에 노리코 교수의 경험에 의존해서 결론을 내리는 것은 섣부르다는 생각이다.

그러나 오늘날 학생들이 글을 읽고 이를 이해하는 가장 기초적인 능력이 떨어지는 부분에 대한 지적은 매우 정확하다. 그 이유는 여러 가지로 거론되지만 디지털 기술의 확대를 비롯해 상상·토론·독서 등을 등한시하는 현대 사회의 교육 환경과 연관이 있으리라 생각된다. 주입식으로 주어진 문제만 푸는 것으로는 아이들이 미래 세대에 제대로 대응할 능력을 갖추지 못할 것이다.

이 책의 감수자로서 그가 지적하는 '독해력'의 중요성에 더해, AI와 함께 사는 시대에서 경쟁력을 갖추기 위한 교육의 원칙에 대해 이야기하고자 한다.

이런 학교를 상상해 본 적이 있는가? 아이들과 함께 해파리 DNA를 복제하고, 바퀴벌레의 신경세포에 전기 자극을 주어 어떤 반응을 보이는지 계측할 수 있는 장비를 조립하고, 블랙잭 딜러 로봇을 만든다. 심지어는 일반 자동차를 전기차로 바꾸기도 한다. 너무 이상적으로 보이는가?

2010년 8월, 미국 미시간주의 디트로이트에서 있었던 메이커 페어(Maker Faire)에서는 위에 열거한 것들을 실제로 아이들이 제작하여 일반인들에게 공개하고 공유했다. 2만 2,000여 명의 열정적인 사람들이 모여서 이틀간 열기를 뿜어낸 이 축제에 자신들만의 독특한 발명품과 퍼포먼스를 자랑하고 즐기기 위해 과학자와 공학자, 음악가와 예술가, 그리고 많은 학생과 사람들이 함께한 것이다.

메이커 페어는 이제 전 세계에서 수십만 명 이상이 모이는 거대한 커뮤니티이자 배움의 장이 되었다. 이들은 단순히 자신의 작품을 자랑하기만 한 것이 아니다. 프로젝트에 대한 즉석 프레젠테이션과 재미있는 공연을 펼쳤고, 처음 만난 천재들끼리 서로의 아이디어를 교환하기도 했다.

놀이와 열정, 그리고 이것을 연결하는 새로운 교육에 대해서 모두가 고민할 필요가 있다. 이미 여러 교육학 연구를 통해 프로젝트에 기반을 둔 교육이 전통적인 교육에 비해 학생들의 시험 성적을 떨어뜨리지 않을 뿐 아니라, 연구 기술이나 전체적인 이해력 또한 높인다는 것이 밝혀졌다. 그뿐만 아니라 이러한 노력을 통해 자신에 대한 믿음과 진취적 사고를 기를 수 있고 결국에는 사고와 학습 패턴에도 긍정적인 효과를 가져 올 수 있다고 한다.

현재의 학교 시스템은 과거의 학자들을 길러내던 방식을 활용하고 있다. 읽고 쓰는 방식의 교육도 물론 의미가 있다. 그러나 대부분의 사람들은 학자가 되기보다는 사회의 다양한 가치를 실제로 눈에 보이거나 직접 경험할 수 있는 방식으로 만들어내면서 살아간다. 결국 교육의 방식과 실제 사회가 필요로 하는 능력에 큰 차이가 있는 것이다.

지금까지 전통적인 인재상은 '성실하고 정답을 잘 맞히는 사람'이었다. 그러나 다가오는 미래가 요구하는 인재상은 '창조적인 괴짜'에 더 가깝다. 안타깝게도 우리나라의 교육 시스템은 아직도 정답을 신봉하며, 학생들에게 틀리는 것을 두려워하게 만들고 있다.

아이들을 성적의 노예로 만들고 있는 것은 과연 누구인가? 이것은 부모들만의 문제가 아니다. 안정된 취직자리만을 숭배하게 만드는 사회 시스템, 연공서열화되어 있는 회사와 대학, 모든 것을 통제하고 획일화시키는 학교, 관용이라고는 눈을 씻고도 찾아보기 힘든 우리 사회의 상벌 문화가 모두 여기에 책임이 있다.

어차피 계산력과 암기력에서는 인간이 AI에 대항할 수 없다. 인간에게 중요한 능력은 무엇일까? 바로 인간에게 특화된 의미를 이해하는 능력을 비롯해 새로운 도전을 할 수 있는 무엇인가를 만들어내고, 적극적인 커뮤니케이션을 통해 위기를 극복하며, 가치를 창출하는 소프트 스킬 같은 것들이다.

이런 교육을 받은 아이들이 결국 인간과 AI가 서로를 보완하며 공존하는 미래 사회를 만들어갈 수 있다. 앞으로의 위기는 인공지능이 아니라 오히려 인간의 잘못된 교육으로 비롯될지도 모른다.

그런 측면에서 이 책은 인공지능 개발과 관련한 이야기이면서, 동시에 우리의 교육 시스템에 대해 중요한 문제 제기를 하는 책이다. 현재의 시스템을 극복하기 위한 모두의 지혜가 필요한 시점이다.

다시 한 번 독해력 교육을
돌아봐야 할 때

정혜승 | 경인교육대학교 국어교육과 교수

"밥을 맛있게 지었습니다. 잘 저어주세요"라고 말하는 전기밥솥을 신기하게 여기고 곧잘 부딪히면서도 구석구석 청소하는 로봇 청소기를 기특하게 여기던, 정보기술의 발전을 문명의 이기로 흐뭇하게 바라보던 시절이 있었다. 그러나 2016년 알파고가 바둑 대국에서 이세돌 9단을 이기는 모습을 보면서 많은 사람들이 AI 기술이 인간을 이길 수 있을 뿐만 아니라 인간의 생존을 위협할 수 있다는 사실에 큰 충격을 받았다.

이 '사건' 이후 5년 뒤 또는 10년 뒤 사라질 직업을 검색하면서 AI로부터 자신의 직업은 안전한지 걱정하거나 자녀에게는 어떤 직업을 갖게 하는 것이 좋을지 고민하는 사람들이 많아졌다.

『대학에 가는 AI vs 교과서를 못 읽는 아이들』은 대부분의 평범한 사람들이 가지고 있는, 이러한 막연한 두려움과 정확하게 잘 알지 못하기 때문에 증폭되는 공포심을 줄여주면서 AI와 슬기롭게 '공존'하는 교육 방안을 쉬운 언어로 설명해 준다. 이 책을 추천하는 이유도 여기에 있다.

저자인 아라이 노리코 교수는 먼저 AI와 AI 기술의 차이를 언급하면서 아직 AI는 존재하지 않고 그에 도달하기 위한 기술만 존재하며, AI가 인간의 능력을 넘어서는 순간인 '특이점'은 불가능하다고 말한다. 도쿄대학 입학은 실패하였지만 일본 수험생의 상위 20퍼센트에 속하는 성적을 갖춘 '도로보군'이라는 AI 로봇을 개발한 저자의 설명이기에 더욱 안심이 된다.

저자가 인공지능 프로젝트에 참여한 목적이 "AI가 해낼 수 있는 일과 도저히 할 수 없는 일은 무엇인지 해명하는 것"이라는 점도 그런 막연한 불안감을 떨치는 데 도움이 된다. 우리의 공포는 마음속 어디선가 AI를 전지전능한 신으로 생각하게 만들었는지도 모른다. 그러나 150억 개의 영어 문장을 학습하고도 일상적인 대화를 이해하지 못하는 인공지능이라니. 연산 처리가 빨라진다고 하여 AI가 의미를 이해하는 것은 아니며, 단지 '이해하는 척'하는 것이라고 한다.

한편 이러한 '이해하는 척'은 안타깝게도 학생들에게서도 나타난다. 저자가 개발한 도구(리딩 스킬 테스트)로 평가한 결과 일본 중·고등학생들의 독해력 수준은 매우 낮은 것으로 나타났다. 높은 수준의 독해력이 아닌, 기초적인 문장 이해와 추론 능력을 평가하는 시험에서 많은 일본 학생들의 점수가 우려할 만큼 낮게 나온 것이다.

일본 학생들은 OECD에서 주관하는 국제학업성취도평가(PISA) 읽기 영역에서 늘 상위권에 속했기에 이러한 결과는 충격적이다. 같은 평가에서 일본과 비슷한 수준의 성취를 보이는 우리나라 학생들이 저자가 실시한 독해력 테스트에서 어떤 결과를 보일지 궁금하기도 하고 걱정스럽기도 하다.

아라이 노리코 교수는 일본 학생들의 낮은 독해력을 염려하면서 '교육의 가장 중요한 과제'로 "학생들이 중학교를 졸업하기 전까지 교과서를 읽고 이해할 수 있도록 만드는 것"을 들고 있다. 그래서 그는 수학자이면서도 국어 능력, 그중에서도 독해력을 강조한다. 국어교육 학자가 아닌 수학자의 강조이기에 독해력 및 독해력 교육의 중요성이 더 뜻깊게 받아들여진다.

저자가 반복적 문제 풀이를 우려하는 것도 우리가 주목해야 할 부분이다. 프레임 안에서 반복하는 것은 AI가 가장 잘 하는 영역이므로 단순 반복적 교육은 AI와 차별화되는 인간의 능력을 계발하는 데 도움이 되지 못한다. 중요한 것을 깊이 있게 이해하기보다는 대학수학능력시험에 나올 만한 문제들을 반복적으로 학습하는 우리나라 고등학교 수업을 고려할 때 이는 심각하게 돌아보아야 할 문제다.

이 책에는 독자로서 유의해서 읽을 부분도 있다. 저자의 연구에 따르면 독해력에 영향을 미치는 요인 중 독서 태도와 같은 요인은 상관이 없는 것으로 나오는데, 이에 대해서는 보다 깊은 연구와 해석 및 논의가 필요하다. 또한 액티브 러닝이 탁상공론이라고 비판한 점도 학습자 중심의 교육 방법 자체를 비판한 것이 아니라, 기본적인 독해력이 부재한 교육의 문제를 강조한 표현으로 이해해야 한다. 기본적인 독해력을 강조한다고 하여 고차적 수준의 독해력을 기르는 교육이나 학생 중심의 창의적 교육을 하지 말자는 주장을 하는 것으로 이해해서는 안 될 것이다.

정보 검색자를 넘어
인공지능 시대의 주역으로

이순영 | 고려대학교 국어교육과 교수

인공지능이 화두인 시대이다. 이제 디지털 혁명, 4차 산업시대, 빅데이터, 기계 학습, 딥러닝과 같은 용어가 일상어가 되고, 개인의 자유 시간은 대부분 스마트폰 활동으로 채워지고 있다. 우리의 일상생활과 직업 활동 전반에 걸쳐 빠르게 진행 중인 이러한 변화의 이면에는 과학 기술의 발전, 그리고 그 결정체인 AI가 있다.

생활의 편의를 제공하던 과학 기술이 AI를 실현하는 단계가 되면서 현재 우리가 직면한 감정은 '두려움'이다. 대부분의 사람들에게 인공지능 시대는 미지의 영역이며 아직 준비하지 못한 채 맞아야만 하는 삶이다. 이 상황에서 우리는 AI가 나 자신의 여생, 내 자녀의 생활, 그리고 후속 세대에 미칠 영향을 두려워하고 있다. 알파고가 바둑 대결에서 인간을 이긴 사건이 우리에게 큰 충격을 준 이유도 바로 이 때문이다.

이제 우리는 인류의 긴 역사 속에서도 가장 중요한 변곡점에 이른 것을 인정하고, AI 시대에 살아남는 법을 고민해야만 한다. 다가올 미래에 대한 두려움을 극복하는 가장 좋은 방법은 미리 알고 준비하는 것이다.

인공지능의 속성을 정확히 이해하고 AI 시대의 삶을 준비하고자 하는 이에게 『대학에 가는 AI vs 교과서를 못 읽는 아이들』은 탁월한 선택이다.

이 책의 저자인 아라이 노리코 교수는 2011년부터 〈로봇이 도쿄 대학에 들어갈 수 있는가?〉라는 인공지능 프로젝트를 진행하고 있는 이 분야의 전문가이다. 이 프로젝트에서 개발한 인공지능 로봇 '도로보군'은 아직 도쿄 대학에는 합격하지 못했지만, 전체 수험생 중 상위 20퍼센트에 해당하는 성취를 보여 도쿄의 명문 사립대학 다섯 곳에는 무난히 합격하는 수준에 도달하였다. 아리이 노리코 교수는 이 책에서 도로보군의 사례를 들어 인공지능의 강점과 한계를 매우 쉽고 흥미롭게 설명한다.

인공지능의 강점이 '인간이 경쟁할 수 없는 지점'이라면, 인공지능의 약점이나 한계는 '인간이 AI보다 더 잘 할 수 있는 강점'이라는 점에서 중요하다. 이 책에서 강조하는 이 지점이 바로 '독해력'이다. 컴퓨터는 계산은 잘 하지만 '이해'는 하지 못한다. 이해는 인간의 고유한 영역이다. 그런데 문제는 우리의 학생들이 이 소중한 독해력을 잃어가고 있다는 점이다.

이 책에는 일본 학생들의 독해력이 얼마나 부족한 수준인지를 설명하고 있지만, 사실 이 문제는 우리나라가 더욱 심각하다. 국제적으로 공신력이 있는 국제학업성취도평가(PISA) 결과에 의하면, 2006년 이래 우리나라 중등 학생들의 읽기 능력은 지속적으로 크게 하락하고 있다. 가장 최근인 PISA 2015에서는 특히 기초 읽기 능력을 갖추지 못한 학생(6개 수준 중 하위 1·2수준 이하)이 크게 늘어나 전체의 33퍼센트로 나타났다. 이는 우리나라 만 15세 학생 3명 중 1명 이상이 일상생활이나 학업을 위한 최소한의 읽기 능력조차 갖추지 못하고 있음을 의미한다.

AI의 시대에 '독해력'을 갖추지 못한 학생과 개인에게는 미래가 없다. 텍스트의 의미를 깊이 이해하고 타인과 소통하며 새로운 지식을 만들어내는 역량이 없는 '정보 검색자'들에게는 상상력도, 공감력도, 인지적 유연성도, 깊은 수준의 사고력도 기대할 수 없기 때문이다.

어린 자녀를 둔 학부모, 새로운 학교와 교육을 설계해야 하는 교육 전문가, 인재를 발굴하고 육성해야 하는 기업의 전문가들, 그리고 인공지능 시대를 맞이한 우리들에게 이 책을 추천한다.

차례

1장 AI, 대학에 합격하다

2장 도로보군은 왜 도쿄 대학에 들어갈 수 없는가?

일러두기

• 본문에 표기된 각주는 모두 옮긴이의 주입니다.

• 본문에 등장하는 인공지능 '도로보군(東ロボくん)'의 이름은 도쿄 대학의 '도(東)'와 로봇의 '로보(ロボ)', 나이가
  어린 남자아이를 친근하게 부르는 '군(くん)'을 합성한 것입니다.

나의 미래 예상도

AI를 둘러싼 논란이 뜨겁다. 이 책을 세상에 내놓으려 하는 내가 이런 말을 하는 것도 조금 이상하지만, 지금 시중에는 AI에 관한 책이 넘쳐나고 있다. "AI가 신이 된다", "AI는 인류를 멸망시킬 것이다", "특이점이 도래한다" 같은 선정적인 제목을 볼 때마다 딴지를 걸고 싶어진다.

AI가 신이 된다고요? 그럴 일 없습니다. AI가 인류를 멸망시킬 거라고요? 멸망 안 시켜요. 특이점이 도래한다고요? 안 옵니다.

나는 '도로보군(東ロボくん)'이라고 이름 지은 인공지능을 내 자식처럼 키우면서 도쿄 대학에 합격시키는 것을 목표로 도전해 온 수학자로서, 많은 사람들이 인공지능에 관심을 갖게 된 것에 대해서는 매우 기쁘게 생각한다. 그러나 한편으로 시중에 출판된 수많은 AI 관련 서적 대부분이 AI의 본질을 제대로 파악하고 있지 못하거나 선동적이며, 그런 책의

일부가 널리 알려짐으로써 AI의 이미지와 미래 예상도가 실태와는 동떨어진 모습이 되어가는 현실에 우려를 느낀다.

AI는 신을 대신해서 인류에게 유토피아를 가져다줄 존재가 아니며, 인간의 지능을 초월한 능력으로 말미암아 인류를 멸망시키거나 하지도 않을 것이다. 적어도 당분간은 말이다. 여기서 '당분간'이라고 말한 것은 이 책을 읽고 있는 여러분이나 여러분의 자녀 세대가 살아 있는 동안에는 그럴 것이라는 뜻이다.

AI나 AI를 탑재한 로봇이 인간의 일거리를 전부 대신하는 미래는 오지 않는다. 이는 수학자라면 누구나 알고 있을 사실이다. AI는 컴퓨터이고, 컴퓨터는 계산기이며, 계산기는 계산을 할 뿐이다. 이러한 사실을 인지한다면 인간이 하는 일을 로봇이 전부 대신해 준다거나 인공지능이 사고 능력을 갖게 되어 자기 생존을 위해 인류를 공격할 것이라는 등의 생각은 망상에 지나지 않음을 알 수 있다.

AI가 컴퓨터상에서 구동되는 소프트웨어인 이상, 인간의 지적 활동을 전부 수식으로 표현하는 데 성공하지 못한다면 AI가 인간을 대신할 수는 없다. 본문에서 자세히 설명할 텐데, AI가 신이 되어주기를 바라는 사람들에게는 안타까운 사실이지만 지금의 수학에는 인간의 모든 지적 활동을 수식으로 표현할 능력이 없다. 이는 컴퓨터의 속도나 알고리즘을 개선하면 해결될 문제가 아니라 오늘날의 수학이 처한 근본적인 한계이다. 그러므로 AI는 신도 정복자도 되지 못한다. 특이점도 오지 않는다.

"뭐야. 그럼 AI한테 일자리를 빼앗겨서 실업자가 된다는 이야기도 거짓말인가? 다행이네……." 이런 생각을 한 독자도 있을지 모르겠지만 안타깝게도 내 말은 그런 의미기 아니다. AI가 인간의 일자리를 전부 빼앗는 미래는 오지 않을 테지만, 인간의 일자리 가운데 대부분이 AI로 대체되는 사회는 코앞에 다가와 있다. 즉, AI가 신이나 정복자는 되지 못할지언정 인간의 강력한 라이벌이 될 실력은 충분히 키워왔다는 것이다.

예를 들어 도로보군은 비록 도쿄 대학에는 합격하지 못했지만 이미 MARCH[1] 수준의 유명 사립대학에는 합격할 수 있는 편차치(偏差値)[2]를 획득하기에 이르렀다.

AI 낙관론자들은 수많은 일자리가 AI로 대체되더라도 AI가 대체할 수 없는 새로운 노동 수요가 탄생해 잉여 노동력을 흡수하고 생산력이 향상되어 경제가 성장할 것이라고 주장하는 모양이다. 찰리 채플린이 〈모던 타임즈〉를 제작한 시대에 화이트칼라가 탄생했듯이 그전까지는 없던 새로운 일자리가 생겨나리라는 것이다. 과연 그렇게 될까?

여기에 대한 나의 생각은 비관적이다. 나는 도로보군의 도전과 병행해서 일본인의 독해력에 관한 대략적인 조사와 분석을 실시했다. 그 결과, 오늘날 일본의 중·고등학생 대부분이 주입식 교육의 성과로 영어 단어나 세계사 연표, 수학 공식 같은 표층적인 지식은 풍부할지 몰라도, 중학교 역사 교과서나 과학 교과서 수준의 문장조차 정확히 이해하지 못한다는 경악할 만한 사실이 밝혀졌다. 이는 너무나도 심각한 일이다.

영어 단어와 세계사 연표를 외우거나 계산을 정확하게 하는 것은 AI

---

1 도쿄에 본교를 둔 유명 사립대학인 메이지 대학, 아오야마 가쿠인 대학, 릿쿄 대학, 주오 대학, 호세이 대학의 머리글자를 딴 조어.

2 한국 대학 입시의 표준점수에 해당한다.

에게 식은 죽 먹기보다 쉬운 일이다. 그러나 교과서에 적혀 있는 문장의 의미를 이해하는 것은 AI에게 그리 쉬운 일이 아니다. 그 이유는 본문에서 자세히 설명하겠다.

"어라? 그러면 AI나 일본의 중·고등학생이나 마찬가지잖아?"라고 생각한 독자도 있을 것이다. 바로 그렇다. 현 시점에서 일본인의 노동력은 그간 실력을 키워온 AI의 노동력과 질적으로 매우 비슷하다. 이러한 사실이 무엇을 의미할까?

AI 낙관론자들이 주장하듯이 AI가 대체할 수 없는 새로운 일자리가 생겨날 가능성은 물론 있다. 그러나 설령 새로운 일자리가 탄생하더라도 그것이 AI에 떠밀려 일자리를 잃은 노동자의 차지가 되리라는 보장은 없다. 오늘날 일본인의 노동력이 AI의 노동력과 질적인 측면에서 비슷하다는 말은, AI로 대체할 수 없는 새로운 일자리가 대부분의 인간에게도 난이도 높은 일자리일 가능성이 매우 크다는 뜻이기 때문이다.

그렇다면 많은 일자리가 AI로 대체된 사회에서는 어떤 일이 일어날까? 노동시장은 심각한 일손 부족에 빠져 있는데 시중에는 실업자가 넘쳐나고 최저임금밖에 받지 못하는 일을 몇 가지씩 하는 사람들이 널려 있다. 그 결과 경제는 AI 공황의 거대한 파도에 휩쓸린다. ……안타깝지만 이것이 내가 생각하는 미래 예상도이다.

사실은 채플린의 시대에도 똑같은 일이 일어났다. 벨트 컨베이어의 도입으로 공장이 자동화되는 한편 사무 작업이 늘어나 화이트칼라라고 불리는 새로운 노동 계급이 탄생했다. 그러나 이 일은 동시에 일어나지 않았다. 시간차가 있었던 것이다. 대학이 대중화되어 화이트칼라가 대량으로 생겨나기 전에 수많은 공장 노동자가 일자리를 잃었고 거리에는 실업자가 흘러넘쳤다. 이것이 20세기 초반에 발생한 세계 대공황의 원인 중 하나가 되었다.

당시 화이트칼라라는 새로운 노동 수요가 있었음에도 실업자가 넘쳐났던 이유는 무엇일까? 답은 간단하다. 일자리를 잃은 공장 노동자들이 화이트칼라로 일하기 위한 교육을 받지 못했기 때문에 새로운 노동 시장에 흡수되지 못했던 것이다.

AI의 등장을 계기로 이와 같은 일이 오늘날의 세계에서 일어나려 하고 있다. 그런 일이 일어나지 않도록 수학자로서 지금 내가 할 수 있는 일은 무엇일까? 그것은 실현될 것 같지 않은 꿈같은 미래를 퍼뜨리기보다 바로 지금 실현되려 하는 현실적인 미래를 사회에 널리 알리는 것이다. 이런 생각에서 이 책을 쓸 마음을 먹게 되었다.

수학 상식에 비추어볼 때 특이점은 도래할 수 없음을 설명하기 위해 조금 난해한 수학 이야기도 다뤘지만, 되도록 알기 쉽게 설명하고자 노력했다. 부디 많은 독자들이 끝까지 이 책을 읽어주었으면 하는 것이 나의 바람이다.

1장

AI,
대학에
합격하다

AI와
특이점에 대한 오해

AI는 아직 존재하지 않는다

AI에 관한 이야기를 시작하기에 앞서, AI나 특이점에 대해 서로 다른 이야기를 하는 사태를 방지하고자 미리 확인하고 넘어갈 점이 있다. 그것은 사실 "AI는 아직 어디에도 존재하지 않는다"라는 것이다.

AI는 'Artificial Intelligence'의 약자이다. 일반적으로 '인공지능'이라고 번역하며 지능을 가진 컴퓨터라는 의미로 사용한다. 인공지능이라고 불리려면 보통 사람의 지능과 완전히 같을 수는 없다 해도 동등한 수준의 능력을 지녀야 한다. 기본적으로 컴퓨터가 하는 일은 계산이며, 보다 정확히 말하면 사칙연산이다. 다시 말해 인공지능의 목표는 인간의 지적 활동을 사칙연산으로 표현하는 것, 혹은 표현했다는 느낌을 주는 수준에 도달하는 것이다.

인공지능의 실현에는 두 가지 방법론이 있다. 거꾸로 말하면 이는 인공지능을 실현하기 위한 방법론은 이 두 가지밖에 없다는 뜻이다. 첫째는 먼저 인간의 지능의 원리를 수학적으로 해명하고 이를 공학적으로 실현하는 것이다. 둘째는 인간 지능의 원리는 밝혀내지 못하더라도 공학적으로 이런저런 시도를 했더니 어느 날 "와! 우리도 모르는 사이에 인공지능이 완성되었네!"라는 결말에 이르는 것이다.

전자는 많은 연구자가 근본적으로 무리라고 내심 생각하고 있다. 인간의 지능을 과학적으로 관측할 방법이 애초에 없기 때문이다. 자신의 뇌가 어떻게 움직이는지, 무엇을 느끼며 무엇을 생각하는지는 자기 스스로도 관찰할 수 없다. 문장을 읽고 의미를 이해한다는 것이 어떤 활동인지조차 해명하지 못하고 있는 실정이다. 설령 우리 뇌에 센서를 삽입한다 해도 이를 밝혀낼 수는 없다.

센서를 이용해 관찰할 수 있는 것은 전기 신호나 혈액의 흐름 등 물리적인 움직임에 한정된다. 게다가 동물 실험조차 엄격하게 제한되고 있는 오늘날 건강한 인간의 뇌에 직접 센서를 삽입하려는 시도가 허용될 리 없다. "이러이러한 원리로 움직이는 것이 아닐까?"라는 가설을 세워도 측정 결과와 비교해서 타당성을 검증하지 않으면 논의가 진전되지 않는다. 인간의 지적 활동을 실제로 측정할 방법이 없으므로 인간 지능의 과학적 해명이라는 출발선에 설 수조차 없는 것이다.

후자는 어떨까? 후자의 방법으로 인공지능을 실현할 수 있다고 주장하는 사람들은 종종 비행기를 예로 든다. 비행기가 하늘을 나는 원리는 수학적으로 완전히 해명되지 않았지만 비행기는 실제로 날고 있다. 그러므로(이 '그러므로'는 비논리적이지만) 인공지능 또한 그처럼 공학 우위로 실현될 것이며, 수학자가 할 일은 인공지능이 실현된 후에 충분한 시간을 들여서 "왜 뇌가 그렇게 움직이는가?"를 해명하는 것이다. 후자의 방법론을 주장하는 사람들은 보통 이런 식의 생각을 갖고 있다. 나는 그와 같은 가능성을 전면적으로 부정하지는 않는다. 다만 이는 은하계 어딘가에 지구와 닮은 행성이 있고 그 별에 인간보다 지적으로 발달한 생물이 살고 있을지도 모른다는 주장을 전면적으로 부정하지 못하는 것과 마찬가지다.

한편 단언할 수 있는 것도 있다. 지금 왕성하게 연구되고 있는 '딥러닝(Deep learning)' 등의 통계적 수법을 통해서는 결코 인공지능을 실현할 수 없다는 것이다. 뒤에서 자세히 설명하겠지만, 이는 통계라는 수학의 방법론 자체에 내재된 한계 때문이다.

그러므로 먼 미래에는 어떻게 될지 모르겠으나 가까운 미래에 인공지능이 탄생할 가능성은 없다. 그럼에도 항간에는 AI라는 말이 넘쳐나고 있다. 물론 이렇게 말하는 나도 AI라는 말을 별 고민 없이 사용하고 있는 사람 중 하나다. 어쩌다 이렇게 되어버렸을까? 그것은 대부분의 사람들이 'AI'와 'AI 기술'이라는 용어를 구분하지 않고 사용하기 때문이다.

AI 기술이란 AI를 실현하기 위해 개발되고 있는 다양한 기술을 말한다. 최근 들어 유명해진 것으로는 음성 인식 기술이나 자연언어 처리 기술, 영상 처리 기술 등이 있다. 애플의 음성 인식 서비스인 시리(Siri)에 대해서는 많이들 잘 알고 있을 것이다. 스마트폰에 대고 시리에게 말을 걸면 여러 가지 도움을 주는데, 여기에는 음성 인식 기술과 자연언어 처리 기술이 사용되었다.

뒤에서 자세히 이야기하겠지만, 최근 수년 사이에 영상 인식 기술이 향상되어 "AI가 마침내 시각을 손에 넣었다" 같은 말이 나오고 있다. 그

밖에도 인터넷 검색으로 우리에게 친숙한 정보 검색 기술, 음성 합성 기술, 문자 인식 기술 등 오랫동안 연구가 계속되어 온 여러 가지 기술의 혁신을 통해 AI 기술이 전반적으로 크게 발달했다.

지금은 이런 AI 기술을 총칭해 간단히 AI라고 부르게 되었다. 그것이 과연 찾아올지 말지조차 알 수 없는 먼 미래의 일이라 하더라도 AI는 AI 기술 개발의 종착점이므로 일반 사회에서는 굳이 엄밀하게 용어를 구분해서 사용할 필요성을 느끼지 못하는 듯하다. 무엇보다 일일이 AI 기술이라고 말하는 것이 귀찮아서 구분하지 않고 사용하는 경향이 강하다. 이 책에서 등장하는 '도로보군'이라는 AI도 정확히는 AI 기술이다.

첫머리부터 아무래도 상관없는 이런 이야기를 하는 이유가 뭘까 하고 의아해하는 독자도 있을 것이다. 그러나 나는 AI와 AI 기술이라는 말을 구분하지 않고 사용하는 관습에 폐해가 있다고 생각한다.

스마트폰이나 로봇 청소기를 예로 들 필요도 없이 AI 기술은 이미 우리 일상생활의 동반자가 되었다. 그것들을 우리는 별생각 없이 AI라고 부른다. 그리고 AI 기술을 AI라고 부름으로써 실제로는 존재하지 않는 AI가 이미 존재하고 있거나 혹은 가까운 미래에 등장할 것이라는 착각을 품는다. 이러한 착각이 머지않아 AI가 인간의 일자리를 '모조리' 대체할 것이라는 오해를 낳았으며, 실제로 많은 곳에서 그러한 오해를 전제로 한 논의가 진행되고 있다. 잘못된 전제에 바탕한 논의가 올바른 결론을 이끌어낼 리 만무하다.

그러므로 이 책에서는 앞으로 AI와 AI 기술을 엄밀히 구별해 기술할 것이다. 다만 AI 기술을 일일이 AI 기술이라고 표기하면 독자 여러분이 읽을 때 답답한 느낌을 받을 수도 있고 사회 일반의 감각과 괴리가 발생할 위험성이 있으므로, AI 기술은 일반 사회에서와 마찬가지로 'AI'라고 표기하고 AI는 '진정한 의미에서의 AI'라고 부르도록 하겠다.

AI가 인간을 넘어설 수 있을까?

최근에 가장 사람들의 관심을 모으고 있는 AI 관련 용어는 아마도 특이점(Singularity)이 아닐까 싶다. 예컨대 "과연 특이점은 올 것인가, 오지 않을 것인가?" 하는 식이다. 수학이나 AI의 전문가가 아닌 사람들이 모여 논의를 할 경우에 특이점은 '진정한 의미에서의 AI가 인간의 능력을 초월하는 시점'이라는 의미로 사용될 때가 많다. 참으로 아득하고 막연한 이야기다.

그런 까닭에 AI가 체스 세계 챔피언을 이겼다든가 프로 바둑 기사가 바둑 소프트웨어에 패했다는 등의 충격적인 소식이 들려오면 사람들은 컴퓨터(AI)가 인간의 능력을 초월한다, 즉 가까운 미래에 특이점이 도래한다는 이야기를 현실적으로 받아들이게 된다. 실제로 2017년에 일본 장기 기사인 사토 아마히코(佐藤天彦) 명인이 장기 소프트웨어 포난자(PONANZA)에 패했다는 뉴스는 많은 일본인을 충격에 빠뜨렸다. 그 결과 AI에 대한 기대감이 지나치게 부풀어 올랐고, 이것이 특이점의 도래에 대한 불안감을 증폭시키는 데 기여했다.

그러나 장기 소프트웨어가 프로 장기 기사에게 승리한 것과 진정한 의미에서의 AI가 인간의 능력 혹은 지능을 초월하는 것은 완전히 다른 차원의 이야기다. 애초에 '인간의 능력을 넘어서다'라는 것이 무엇을 의미하는지부터가 불분명하다.

특이점의 원어인 'Singularity'는 원래 비범, 기묘, 특이성 등을 뜻한다. AI 분야에서 사용하는 정확한 용어는 'Technological Singularity'로서 '기술적 특이점'으로 번역한다. 이것은 '진정한 의미에서의 AI'가 자율적으로, 즉 인간의 힘을 전혀 빌리지 않고 자신보다 능력이 뛰어난 '진정한 의미에서의 AI'를 만들어낼 수 있게 되는 시점을 가리킨다.

1보다 작은 숫자끼리 아무리 많이 곱한다 해도 1보다 커질 수는 없다. 아니, 곱셈을 무한히 반복하다 보면 한없이 0에 가까워진다. 그러나 1.1이든 1.01이든 1.001이든 1보다 조금이라도 큰 수는 계속 곱해 나가면 무한히 커진다. '진정한 의미에서의 AI'가 자신보다 능력 면에서 조금이라도 더 우수한 '진정한 의미에서의 AI'를 만들어낼 수 있게 된다면 이 과정을 엄청난 속도로 반복함으로써 무한한 능력을 지닌 '진정한 의미에서의 AI'를 탄생시킬 수 있지 않을까?

그러므로(이 '그러므로'는 비논리적이지만) '진정한 의미에서의 AI'의 능력이 극적으로 향상되는 바로 그 시점을 특이점이라고 불러야 한다는 것이다. 그리고 그런 컴퓨터(계속 '진정한 의미에서의 AI'라고 쓰다 보니 피곤해졌다)는 당연히 (이유는 잘 모르겠지만) 능력 면에서 인간을 뛰어넘을 게 틀림없다고 믿는 사람들이 있다.

나는 수학자로서 "특이점은 오지 않는다"라고 단언하지만 그 이유는 뒤에서 설명하기로 하겠다. 앞으로 이 책에서 특이점이라는 말이 나온다면 그것은 AI가 몇몇 분야에서 인간의 능력을 뛰어넘는다는 뜻으로 쓰인 게 아니라 엄밀한 의미에서의 '기술적 특이점'을 가리키는 용어라고 생각해 주기 바란다.

편차치 57.1이라는
성적을 받다

프로젝트의 목적은 도쿄 대학 합격이 아니다

나는 2011년에 〈로봇은 도쿄 대학에 들어갈 수 있는가?〉라는 인공지능 프로젝트를 시작했다. 10년짜리 계획이므로 현재는 중간 지점을 넘어서 조금 더 전진한 상황이다.

프로젝트를 시작할 당시 일본 국내에 달리 이렇다 할 대규모 AI 프로젝트가 없었기에 우리 프로젝트는 '도로보군'이라는 애칭으로 언론에 크게 보도되어 많은 사람들에게 알려졌다. 2016년 2월에는 넷엑스플로어워드(Netexplo Award)라는 명예로운 상도 받았다. 넷엑스플로는 전 세계의 IT 프로젝트 정보를 수집·분석하는 조직으로, 수천 개에 이르는 IT 계열 프로젝트 가운데 매년 10건을 선정해 표창한다.

우리 프로젝트가 상을 받고 많은 사람에게 알려진 것은 매우 기쁜

일이었지만, 한편으로는 난처하기도 했다. 로봇이 도쿄 대학 합격에 도전하고 있다는 정보가, AI는 이미 도쿄 대학 입시에 합격할 수 있는 수준에 도달했거나 그럴 가능성이 높다는 잘못된 메시지를 사회에 발신하는 결과를 낳았기 때문이다.

맨 처음 프로젝트를 검토할 무렵, 나를 포함한 관계자 가운데 가까운 미래에 AI가 도쿄 대학에 합격할 수 있으리라고 생각한 사람은 단 한 명도 없었다. 프로젝트를 시작한 지 6년이 지난 지금도 그 생각은 달라지지 않았다. 그런 까닭에 처음에는 도쿄 대학에 합격할 수 있는 AI를 만드는 일이 가능할 리 없다며 연구 팀 참가에 난색을 표하는 동료가 적지 않았다.

그러나 나는 도쿄 대학에 합격하는 로봇을 만들고 싶어서 이 프로젝트에 참가한 게 아니었다. 내가 프로젝트에 참가한 목적은 AI가 과연 어디까지 해낼 수 있으며 도저히 할 수 없는 일은 무엇인지를 해명하는 것이었다. 그렇게 되면 AI의 시대가 찾아왔을 때 인간이 AI에게 일자리를 빼앗기지 않기 위해서 어떤 능력을 갖춰야 할지가 자연스럽게 밝혀질 것이기 때문이다. 그래서 다양한 AI 기술 및 해당 분야 연구자들을 집결시켜 '로봇은 도쿄 대학에 들어갈 수 있는가?'를 검증해 보자고 생각했다.

나는 프로젝트에 참가해 줬으면 하는 연구자들을 설득했다.

"물론 AI가 도쿄 대학에 합격하는 날은 오지 않을 겁니다. 하지만 센터 시험[3]의 답안지를 메우기만 하면 합격할 수 있는 대학도 많잖아요?

---

3 정식 명칭은 대학입학자선발 대학입시센터시험. 일본 대학의 공통 입학시험으로, 한국의 대학수학능력시험과 비슷하다.

도로보군은 틀림없이 3년 안에 도쿄 대학이 아닌 다른 어딘가의 대학에는 합격할 수 있을 겁니다. 해마다 편차치를 높여나가면 언젠가는 우수한 고등학생이 1지망으로 삼는 유명 대학에도 합격할 수 있게 되겠지요. 그 모습을 매년 공개해서 AI란 무엇인지, AI가 무엇을 할 수 있고 무엇을 할 수 없는지를 많은 사람이 실감할 수 있도록 해주고 싶습니다. 다양한 상황에 놓인 사람들에게 AI의 실상을 정확히 보여주고 AI와 공존하게 될 미래 사회에 어떻게 대비해야 할지 생각할 거리를 제공한다는 의미에서, 도로보군은 지금 일본에 반드시 필요한 프로젝트라고 생각합니다."

지금 내가 이 책을 쓰고 있는 것 또한 같은 이유에서이다.

도로보군이 MARCH에 합격한다면 어떻게 될까?

프로젝트가 시작된 지 7년이 지난 지금, 도로보군은 내가 예상한 대로 '성장'했다. 2013년에 처음으로 치른 일본의 유명 입시 학원 요요기 제미날의 '제1회 전국 센터 모의시험'에서는 5교과 7과목 900점 만점에 387점을 받아서 전국 평균인 459.5점을 크게 밑돌았고, 편차치는 45였다. 그런데 3년 후인 2016년에 치른 '2016년도 신켄 모의시험 6월 종합 학력 마크 모의시험'에서는 5교과 8과목 950점 만점에 525점을 받아서 전국 평균인 437.8점을 웃돌았으며, 편차치는 57.1까지 상승했다.

편차치 57.1이 무엇을 의미하는지를 합격·불합격 판정으로 설명하겠다. 일본 전역에는 172개의 국공립대학이 있는데(모의시험을 본 시점의 대학 코드 개수), 도로보군은 그중 23개 대학의 30학부 53학과에 합격할 가능성이 80퍼센트라는 판정을 받았다. 나도 모르게 주먹을 불끈 쥐고 환호했을 정도의 성과다. 한편 사립대학은 단기대학을 제외하고 584개가 있는데, 그중 512개 대학의 1,343학부 2,993학과에 합격할 가능성이 80퍼센트라는 결과가 나왔다.

학부와 학과는 밝힐 수 없지만, 개중에는 MARCH(메이지 대학, 아오야마 가쿠인 대학, 릿쿄 대학, 주오 대학, 호세이 대학)나 간칸도리쓰(간사이 대학, 간세이 가쿠인 대학, 도시샤 대학, 리쓰메이칸 대학) 같은 수도권과 간사이권 유명 사립대학의 일부 학과도 포함되어 있다. 이쯤 되면 두 손을 치켜들어 만세를 외치고 싶어질 정도의 성과다.

또한 장래에 치를 2차 시험을 대비해서 수학과 세계사 영역의 서술형 모의시험에도 도전해 봤다. 대형 입시 학원인 슨다이 예비학교의 '도쿄 대학 입시 실전 모의시험'과 요요기 제미날의 '도쿄 대학 사전 입시'를 치렀는데, 둘 다 도쿄 대학 합격을 목표로 삼는 전국의 우수한 수험생들이 보는 모의시험이다.

'2015/2016 제1회 도쿄 대학 입시 실전 모의시험'의 세계사 문제 중 하나는 서유럽과 아시아의 국가 체제의 변천에 관해 600자 이하로 서술하는 어려운 문제였다. 도로보군은 배점 21점 중 9점을 받아 수험생 평균인 4.3점을 크게 웃돎으로써 편차치 61.8을 획득했다. 도로보군에게 박수를. 게다가 '2016년도 제1회 도쿄 대학 사전 입시'의 수학(이과계열) 문제의 경우에는 6문제 중 4문제에 완벽한 답을 써내서 편차치 76.2를 획득했다. 이는 전체 수험생 가운데 상위 1퍼센트에 해당하는 성적이었다. 도로보군에게 박수갈채를.

어딤이지만 2016년 가을에 도로보군은 '신체'를 갖게 되었다. 신체라고 해도 팔뿐이지만, 펜을 쥐고 서술형 답안지에 해답을 적을 수 있게 된 것이다.

모의시험을 본다고 해서 도로보군이 다른 일반 수험생과 함께 시험장에서 시험을 보는 것은 아니다. 도로보군에게는 시각이 없기 때문에 우선 문제를 디지털화해서 입력해야 한다. 해답도 예전에는 데이터로 출력했는데, 기왕이면 도로보군이 해답을 직접 쓸 수 있도록 해주고 싶어서 자동차 부품 종합 제조사인 덴소의 협력을 얻어 로봇 팔을 만들었다.

도로보군에게 카메라를 달아서 문제를 자력으로 디지털화하도록 만드는 것도 문자 인식 기술이 발달한 현재로서는 기술적으로 그다지 어려운 일이 아닐 것이다. 그러나 주어진 예산에 한계가 있는 까닭에 두뇌를 단련하는 쪽을 우선시하고 있다.

물론 모의시험에서 좋은 성적표를 받았다고 해서 도로보군의 성장을 자랑하려는 것은 아니다. 내가 그 정도로 팔불출 부모는 아니다. 내가 독자들에게 전하고자 하는 바는 어디까지나 AI가 MARCH나 간칸도리쓰의 합격권에 들어왔다는 사실이다. 이것이 무엇을 의미하는지 생각해 보기 바란다.

도로보군은 대학 입시를 볼 뿐이고, 정확히 말하면 모의시험의 문제를 풀 따름이다. 그러나 구글이나 야후를 비롯한 여러 글로벌 기업과 연구자들이 죽을힘을 다해서 개발하고 있는 AI는 엄청난 기세로 우리의 일상생활 속에 침투하기 시작했다. 이미 인간 대신 AI에게 일을 맡긴 기업도 출현했다. 그리고 이러한 경향은 앞으로 더욱 심화될 것이다.

즉, AI는 장차 노동의 측면에서 우리의 라이벌이 될 가능성이 높다. 그 라이벌이 MARCH나 간칸도리쓰 같은 상위권 대학에 합격할 수 있는 수준이 된다면 어떤 일이 일어날까? 그때 우리 사회의 모습은 어떻게 변모할까?

이것은 이 책의 커다란 주제이다. 본격적으로 이야기를 하기에 앞서 도로보군 혹은 AI가 어떻게 MARCH 합격권에 이르게 되었는지, AI가 밟아온 진화의 역사와 최신 기술에 관해 먼저 이야기하고 넘어가도록 하겠다.

AI 진화의 역사

AI가 등장하다

세계 최초로 AI라는 말이 등장한 시기는 1956년이었다. AI 연구자들 사이에서는 이제 전설로 전해지는 미국 동부 다트머스에서 열린 워크숍에서 '인간처럼 생각하는 인공물'이라는 의미로 이 말이 처음 사용되었다. 그리고 이때 세계 최초의 인공지능 프로그램인 '논리 이론가(Logic Theorist)'가 시연되어 사람들을 놀라게 했다.

논리 이론가는 수학의 정리를 자동으로 증명하는 프로그램으로, 수학 문제를 푸는 도로보군의 선조에 해당한다. 당시의 컴퓨터는 아직 거대한 기계 장치에 불과했기 때문에 연구자들은 "하드웨어가 개량되어 계산 속도가 향상되면 언젠가 컴퓨터가 압도적인 계산 능력으로 인간의 능력을 뛰어넘는 날이 찾아오지 않을까?"라며 흥분을 감추지 못했다.

그리고 이 워크숍을 계기로 야심 찬 연구가 속속 진행되었다. 1950년대 후반부터 1960년대까지 지속된 이 시기를 1차 AI 열풍이라고 부른다.

이 시기에 많은 연구자가 몰두한 것은 추론과 탐색을 통해 문제를 푸는 연구였다. 연구자들은 복잡한 미로나 퍼즐을 푸는 프로그램을 만드는 데 열중했고 그것을 실현시켰다. 이는 '플래닝(Planning)'이라고 불리는 AI의 원형으로, 체스 세계 챔피언을 물리쳐 세상을 놀라게 한 딥 블루(Deep Blue)가 그 연장선상에서 탄생했다.

그러나 추론과 탐색으로 해결할 수 있는 문제는 미로나 퍼즐뿐이었다. 이 방법으로는 병을 진단하고 치료법을 제시하거나 경제 상황과 사회 정세를 분석해 인기를 끌 것 같은 신상품을 제안하는 등, 미로나 퍼즐과는 비교할 수 없을 만큼 복잡한 사상(事象)이 얽혀 있는 현실 문제의 해결을 기대하기 어려웠다.

추론과 탐색은 체스나 장기처럼 조건이 한정되어 있는 경우에는 우수한 계산 능력을 통해 힘을 발휘하지만, 조건을 쉽게 한정할 수 없는 현실 문제를 해결하기 위한 방법으로서는 무력하다는 사실이 명확해졌다. 이것이 오늘날까지도 AI 개발을 가로막는 장벽 중 하나인 '프레임 문제(사고 범위 문제)'이다. 그 결과 AI에 대한 과도한 기대감은 급속히 사그라졌고, AI 연구는 사회의 외면을 받게 되었다.

한편 이 시기에는 대화 시스템의 연구도 시작되었다. 1964년에 개발된 '엘리자(ELIZA)'라는 대화 시스템은 "머리가 아파"라고 입력하면 "왜 머리가 아프죠?"라고 되묻는 식의 단순한 대화만 나눌 수 있었다. 그러나 대화 시스템이라는 발상은 훗날 라인(LINE)이나 트위터의 봇(bot) 등으로 이어져 크게 꽃을 피웠다.

전문가 시스템을 도입하다

1980년대가 되자 AI 연구는 새로운 단계에 돌입했다. 2차 AI 열풍이 도래한 것이다. 이 시기에는 컴퓨터에 전문 지식을 학습시켜서 문제를 해결한다는 접근법이 전성기를 맞이했다.

어떤 문제든 해결할 수 있는 만능형 AI가 아니라 몇몇 문제 해결에 특화된 AI를 만들려고 시도한 결과, 전문가 시스템(Expert system)이라고 불리는 실용적인 시스템의 시작품이 다수 탄생했다. 이를테면 컴퓨터에 법률 지식을 학습시킨 다음 미리 정해놓은 규칙 아래에서 추론과 탐색을 실시해 해당 분야의 전문가처럼 행동할 수 있게 만든 것이다.

그러나 전문가 시스템은 곧 벽에 부딪혔다. 조금만 생각해 보면 알 수 있는 일이지만, 가령 법률가는 법률이나 판례의 지식만 갖고 일하지 않는다. 변호사가 법률 상담을 해주거나 법정에서 변호를 할 때는 법률을 둘러싸고 있는 사회의 규범이나 상식 혹은 인간의 감정 같은 것을 종합적으로 판단해서 최선책을 궁리한다. 그런데 상식이라든가 인간의 감정 등에 관한 지식은 전문가 시스템이 다루기에는 매우 까다로운 문제다. 법률이나 판례는 주입할 수 있어도 다양한 상황에서 필요한 상식이나 감정 같은 것을 컴퓨터가 학습하기란 어렵기 때문이다.

또 다른 예로, 의료 진단에 관한 전문가 시스템의 경우에는 모호한 표현이나 수치화할 수 없는 표현이 난적으로 작용했다. 이를테면 환자가 배를 쿡쿡 찌르는 것처럼 아프다고 호소해서 그 증상을 입력하더라도, 환자가 말하는 배가 위장을 가리키는지, 소장이나 대장을 가리키는지, 아니면 배 근처에 있는 다른 장기를 가리키는지 시스템은 이해하지 못했다. 정의가 명확하지 않은 내용이 입력될 경우에는 대응하는 데 어려움을 겪었던 것이다. 통증의 정도 또한 객관적으로 측정할 수가 없기에 수치화가 불가능해 컴퓨터가 대응하기 곤란한 문제였다.

전문가 시스템은 그 밖에도 여러 가지 과제를 안고 있었다. 앞에서 언급한 사회규범이나 상식처럼 체계화된 전문 서적이 없고 문자화되어 있지 않은 지식도 그중 하나였다. 이런 경우에는 우선 전문가와 인터뷰를 진행해 지식을 체계화한 다음 그것을 언어화한 결과물을 컴퓨터가 학습하도록 해야 하기 때문에 막대한 투자가 필요하다. 게다가 아무리 많은 시간과 자금을 투입한들 상식이나 모호한 표현의 벽을 극복하고 실용성 있는 시스템을 만들 수 있다는 보장이 없었다.

이러한 악재들 때문에 전문가 시스템 개발에 매진하던 연구자들의 의욕은 급속히 시들어버렸다. 사람이 컴퓨터를 대상으로 일일이 지식을 가르쳐서 문제를 해결하려 했던 1980년대의 2차 AI 열풍은, 문제를 해결하기 위해 필요한 지식을 기술하기가 어렵다는 사실이 명확해짐에 따라 점차 사그라졌다.

그러고 나서 나타난 3차 AI 열풍의 시기가 바로 지금 우리가 살아가고 있는 이 시대다. 1990년대 중반에 검색 엔진이 등장한 이래 인터넷이 폭발적으로 보급되었고, 2000년대에 들어서는 인터넷의 세계가 점점 더 빠르게 확대되는 동시에 깊어지면서 갑자기 웹상의 데이터가 대량으로 증식했다. 그러자 20세기에 등장한 '기계 학습(Machine Learning)'이라는 아이디어가 새삼 주목받기 시작했고, 이것이 2010년대 중반부터 뜨겁게 달아오른 오늘날의 3차 AI 열풍의 불씨가 되었다고 할 수 있다. 그리고 이 불씨에 기름을 들이부은 것이 기계 학습의 한 분야인 '딥러닝'이었다.

기계 학습으로 딸기를 알아보게 만들어라

2차 AI 열풍 당시만 해도 연구자들은 인간의 '생각'이 논리에 기반을 두고 있다고 여겼다. "A라면 B가 참이고 B라면 C가 참일 때, A라면 C가 참이다"라는 3단 논법의 축적이야말로 사고의 기본이라는 발상이었다. 그러나 그것만으로는 어떻게 인간이 개와 고양이를 구별하며 딸기를 보고 딸기라고 판단하는지 제대로 설명할 수가 없었다. 3단 논법을 사용할 리가 없는 개도 개와 고양이를 구분할 수는 있으므로, 인간의 모든 생각이 논리에 기반을 두고 있다고 규정하는 데는 무리가 있는 것이 분명했다.

그래서 새로이 도입된 발상이 바로 기계 학습이라는 통계적 방법론이다. 우리가 딸기를 보고 "딸기다"라고 알아차리는 과정에서 논리는 무력하다. 사전의 '딸기' 항목을 아무리 열심히 읽는다 한들 딸기가 딸기임을 파악하는 데 도움이 되지는 않는다. 실제로 딸기를 보고 다른 누군가가 "이게 딸기야"라고 가르쳐줄 필요가 있는데, 그렇게 하면 기계(AI)도 딸기를 알아볼 수 있지 않을까 하는 발상에서 시작된 것이 기계 학습이다.

앞에서 이야기했듯이 AI는 과제의 틀(프레임)을 정해주지 않으면 제대로 기능하지 못한다. 그러므로 먼저 과제를 명확하게 설정해야 한다. 예를 들어 '물체 검출'이 당면 목표라고 해보자. 우리의 과제는 AI한테 사진을 보여주고 그 사진에 무엇이 찍혀 있는지를 높은 정확도로 판단하도록 만드는 것이다. 다시 말해, 딸기가 찍혀 있는 사진을 본 AI가 "이 사진에는 딸기가 찍혀 있습니다"라고 대답할 수 있도록 만들어야 한다.

딸기는 모양이 원뿔형에 가깝고 색은 빨간색이며 표면에 작은 요철이 있고 씨가 박혀 있으며 빛을 비추면 윤기가 나는 등의 특징(요소)이 있다. 그러나 자세히 관찰해 보면 모든 딸기가 원뿔형인 것은 아니며, 충분히 익지 않아서 푸른색을 띠는 딸기도 있다. 인간은 다양한 경험을 바탕으로 대상을 종합적으로 판단함으로써 어떤 사물이 딸기인지 아닌지를 매우 유연하게 판별할 수 있다.

100만 개가 넘는 딸기를 관찰하고 나서야 비로소 딸기를 딸기라고 인식하는 아이는 없다. 대략 10개 정도만 보면 다른 대상과 딸기를 구분할 수 있게 된다. 그러나 기계(AI)는 그런 유연성을 좀처럼 흉내 내지 못한다.

유연성이 없는 기계에 인간 수준의 물체 검출 능력을 부여하기 위해 필요한 것이 바로 빅데이터다. 과제별로 차이는 있지만 실용화를 목표로 정확도를 추구할 경우에는 아무리 못해도 만 단위, 경우에 따라서는 억 단위에 이를 만큼 '큰(Big)' 데이터가 필요하다. 그래서 적은 비용으로 디지털 데이터를 얼마든지 손에 넣을 수 있는 시대가 도래한 뒤에야 기계 학습의 실용화가 가능해진 것이다.

단순히 데이터를 많이 축적했다고 해서 AI가 답을 내주는 것은 아니다. 기계 학습을 위해서는 먼저 다양한 영상을 대량으로 수집해야 한다. 그중에는 딸기의 영상도 대량으로 포함되어 있어야 한다. 안 그러면 전체 영상 가운데 딸기의 '통계'를 구할 수가 없다. 전체 데이터뿐만 아니라 검출하고자 하는 물체의 표본도 대량으로 필요하다는 점이 중요하다. 그래야 통계가 제대로 기능한다.

그런 다음 AI한테 딸기를 가르친다. 이를 위해 "이것이 딸기야"라고 알려주는 '교사 데이터'를 만든다. 교사 데이터란 어떤 영상에 무엇이 찍혀 있는지 꼬리표를 붙인 것인데, 요컨대 딸기가 찍혀 있는 영상에 '딸기'라는 꼬리표를 붙이는 식이다. 하나의 영상에 여러 가지 물체가 함께 찍혀 있는 경우가 많으므로 영상의 어떤 부분에 무엇이 찍혀 있는지도 꼬리표에 기록한다.

교사 데이터는 기본적으로 사람이 만든다. 그러므로 교사 데이터를 대량으로 만들려면 엄청난 인력과 자금이 필요하다. 정확도를 높이기 위해서는 적어도 만 단위의 데이터가 갖추어져야 하기 때문이다. 일반 물체 검출의 경우에는 스탠퍼드 대학 연구 그룹이 이미지넷(ImageNet)이라는 빅데이터를 정비해 놓은 덕분에 전 세계의 연구자들이 이를 활용해 검출의 정확도를 높이고 있다.

교사 데이터까지 갖춰졌다면 마침내 기계 학습을 시작할 준비가 되었다고 볼 수 있다.

디지털의 세계에서는 영상 또한 "어떤 위치에 어떤 색이 어떤 휘도로 찍혀 있는가?"를 0과 1로 나타낸 방대한 행렬로 표현한다. 이것을 픽셀 값 행렬이라고 부르는데, 컴퓨터는 이 행렬의 상하좌우 관계를 통해 해당 영상에 어떤 요소가 찍혀 있는지를 파악한다.

표면에 박힌 씨와 열매의 색이나 휘도의 대비, 씨의 그림자 등 최대한 많은 특징을 검출하고, 이렇게 검출해 낸 특징들이 대상이 딸기인지 아닌지 판단하는 데 얼마나 중요한 요소인가를 딸기가 찍힌 영상 데이터와 그렇지 않은 데이터에 입각해 수치화한다. 이는 각각의 특징에 '가중치'를 부여하는 과정이다. 이를테면 열매의 빨간색과 녹색 꼭지의 대비에는 0.7의 가중치를 부여하고, 씨와 열매의 대비에는 0.5의 가중치를 부여하는 식이다. 이 가중치를 조정해 나가는 과정을 '학습'이라고 부른다.

기계 학습에서는 컴퓨터가 주어진 데이터를 반복 학습함으로써 데이터 안에 숨어 있는 패턴이나 경험칙 및 각각의 중요도를 자율적으로 인식한다. 특히 영상 데이터의 경우에는 데이터의 부품에 해당하는 특징량(特徵量)의 덧셈이라는 비교적 단순한 계산으로 이를 표현할 수 있다. 특징량의 총합이 클수록 '딸기다운 정도'가 높아지며, 이 값이 일정 기준을 넘어섰을 경우에 딸기라고 판단하면 대개 옳다.

여기서 중요한 문제는 특징량을 어떻게 설계하느냐이다. 특징량이 현실 세계를 제대로 반영한다면 판정의 정확도가 높아지지만, 그렇지 않다면 데이터를 아무리 늘린들 정확도가 높아지지 않기 때문이다.

수년 전까지 주류로 여겨져온 방법은 인간이 사전에 특징량을 설계하는 것이었다. 이는 마치 장인의 수작업과도 같아서, 프로그래머가 몇 년 동안 특징량을 설계한 후 여기서 정확도를 1퍼센트 더 높이려면 또다시 1년에 걸쳐 설계를 조정해야 했다. 다만 인간의 직감에 의존하다 보면 선입관에 현혹되는 경우도 생기고 생각지 못한 누락이 발생하는 경우도 있게 마련이다.

딥러닝으로 기계 학습의 효율을 높이다

숙련공이나 다름없는 전문가가 특징량 설계를 담당했던 기계 학습의 효율을 획기적으로 끌어올린 것이 딥러닝(심층 학습)이다. 딥러닝에서는 대상의 어떤 특징에 주목해야 하는지를 기계(AI)가 스스로 검토하도록

한다. 기계가 보유한 능력을 최대한 활용해 우겨다짐으로 밀어붙이는 방식이라고나 할까?

딥러닝의 경우에 AI는 단순히 특징량을 더하기만 하는 게 아니라 특징량을 조합함으로써 '둥글다'라든가 '방사상(放射狀)' 같은 다소 추상적인 개념을 표현하고, 그것이 영상에 어떻게 포함되어 있는지를 몇 가지 단계로 나누어 판단한다. 이렇게 하면 사람의 직감에 의존해 온 특징량 설계를 자동으로 최적화할 수 있다. 실제로 연구자들은 딥러닝을 통해 물체 검출의 정확도를 단기간에 비약적으로 향상시키는 데 성공했다.

방대한 데이터를 해석하려 할 때 너무 복잡한 계산은 하기 어렵다. 그러나 영상은 덧셈을 전문으로 하는 컴퓨터에 유리한 '부분의 합이 전체'라는 성질을 갖고 있다. 이것은 "철수는 영희를 사랑한다"와 "영희는 철수를 사랑한다"처럼 구성 부품이 완전히 일치하더라도 의미하는 바가 상이할 수 있는 언어와는 다른 성질이다.

그 밖에도 영상에는 특이한 성질이 있다. 가령 딸기는 영상의 어떤 위치에 찍혀 있든 딸기다. 한가운데에 있으면 딸기인데 오른쪽 상단에 있으면 바나나인 경우는 없다. 회전을 시켜도, 확대하거나 축소시켜도 딸기는 딸기이며, 해상도를 낮춰도 역시 딸기다.

당연한 소리를 하고 있다고 생각할지 몰라도, 이것은 매우 중요한 점이다. 방대한 교사 데이터를 작성하려면 보통은 천문학적인 비용이 들어가는데, 영상의 경우는 교사 데이터 한 장을 회전시키거나 확대·축소시키는 등의 방법으로 데이터의 수를 단숨에 증가시킴으로써 비용을 절감할 수 있다. 업계에서는 이를 '물타기'라고 부른다.

딥러닝을 '대량의 데이터를 제공하면 AI가 자율적으로 학습해서 인간도 모르는 진짜 답을 찾아내 주는 시스템'인 줄로 오해하는 경우가 종종 있는데, 그런 꿈같은 시스템은 존재하지 않는다. 일정한 틀(프레임) 안에서 충분한 양의 교사 데이터를 준비해 놓으면 AI가 그 데이터를 바탕으로 기존에 인간이 일일이 손으로 작업하며 시행착오를 거쳐야 했던 부분까지 조정함으로써, 전통적인 기계 학습 방식에 비해 낮은 비용으로 그와 동등하거나 그 이상의 정답률에 이를 가능성이 높아졌을 뿐이다.

강화 학습에는 교사 데이터가 필요 없다

앞에서도 이야기했듯이 기계 학습에서 교사 데이터를 작성하는 것은 특징량을 설계하는 것 이상으로 많은 노력을 필요로 하는 일이다. 그러나 개중에는 교사 데이터 없이 전적으로 기계에 맡길 수 있는 과제도 있다. 그 대표적인 예가 강화 학습이다.

로봇 자동차 몇 대가 며칠 동안 학습한 후 서로 충돌하지 않고 무대에 설치된 코스를 주행하는 모습을 시연회에서 본 독자도 있을 것이다. 컴퓨터 장기나 바둑 소프트웨어도 컴퓨터끼리 몇 초 만에 대국을 마치는 방식으로 방대한 양의 기보를 축적함으로써 절차탁마(切磋琢磨)해 강해졌다는 이야기가 들려온다. 인간이 만드는 교사 데이터 따위는 언젠가 더 이상 필요가 없게 되지 않을까 하는 생각마저 든다.

목적이나 목표 및 제약 조건을 분명하게 기술할 수 있는 과제의 경우에는 이런 강화 학습을 통한 최적화가 효과적일 때가 있다. 자동차로 하여금 "최대한 빠르게 목적지에 도달한다"라는 목표를 갖게 하고 "장애물에 부딪히지 않는다"라는 제약 조건을 덧붙인 다음 알아서 시행착오를 겪도록 내버려둔다. 그러면 처음에는 충돌을 일삼고 오도 가도 못하던 로봇 자동차가 이윽고 질서를 유지하며 주행하게 된다. 그 밖에 거대 플랜트의 에너지 효율을 최적화한다는 과제도 강화 학습에 적합하다.

한편 강화 학습에 적합해 보였는데 실제로 시도해 보니 잘 되지 않는 경우도 있다. 가령 대규모 재해 현장에서 인명 구조를 하는 작업의 경우에는 단순히 "가능한 모든 시도를 해보는 사이에 점점 발전한다"라는 식으로는 좋은 결과를 기대할 수 없다. '가능한 모든 시도'가 너무나도 많기 때문이다. 하다못해 "물체는 아래로 떨어진다"와 같은 물리적 성질을 전제로 두고 탐색하지 않으면 과제를 해결하기가 어려워 보인다.

"언젠가는 인간이 교사 데이터를 만들거나 목적과 제약 조건을 설정하는 작업에서 해방될까요?"라는 질문을 종종 받는데, 내 생각에는 그런 작업을 하기가 편해질지는 몰라도 완전히 해방되지는 못할 것이다. AI나 로봇은 인간 사회에 도움이 되도록 만들어져야 한다. "무엇이 인간 사회에서 도움이 되는가?"는 인간만이 안다. 그러므로 인간이 어떤 방법으로든 AI에게 정답을 가르쳐줘야 한다.

"딥러닝은 뇌를 모방한 것이므로 AI가 인간의 뇌로 사고하는 것처럼 판단할 수 있게 된다"라는 오해도 종종 접하는데, 이는 어디까지나 오해다. '인간의 뇌'를 모방한 것이 아니라 '뇌'를 모방해서 수리 모형을 만든 것이다. 뇌는 원숭이에게도 있고 쥐에게도 있다. 쥐가 자전거와 스쿠터, 암과 정상적인 세포의 차이를 구분할 수 있으리라는 보증은 어디에도 없다.

최근 들어 사회학자 중에서도 현실 사회의 정치에 환멸을 느꼈는지 "AI에게 맡기면 사람보다 나은 정치를 하지 않을까?"라고 말하는 사람들이 눈에 띈다. 그러나 AI에게 "좋은 정치를 해줘"라고 부탁하려면 최소한 무엇이 '좋은 정치'인지를 수리 모형으로 만들어서 알려줘야 한다.

에너지 소비량처럼 수치화할 수 있는 것은 최적화가 가능하지만 좋은 정치를 수치화하기에는 무리가 있다. 인간의 행복은 수치화할 수 없기 때문이다. 이것은 수학자로서 단언할 수 있다. 현대 수학은 행복의 수치화가 가능한 수준에 이르지 못했다. 이러한 과학적 사실을 무시하고 AI한테 정치적 판단을 맡긴다면 인간은 상상도 할 수 없는, 역사상 유례가 없는 무시무시한 정치를 할 것이다.

지금까지 AI의 역사를 간략하게 살펴보면서 많은 사람이 품고 있는 AI에 관한 오해들을 풀어봤다. 앞으로는 〈로봇은 도쿄 대학에 들어갈 수 있는가?〉 프로젝트의 진행 과정에서 밝혀진 AI의 최전선, 즉 가까운 미래의 AI가 안고 있는 가능성과 한계에 관해 자세히 이야기하겠다.

YOLO가 보여준
영상 인식의 최첨단

도로보군의 TED 데뷔

스킨헤드에 턱수염을 멋지게 기른 젊은이가 검은 티셔츠와 청바지 차림으로 무대 위를 기민하게 돌아다니고 있다. 두 팔을 활짝 펼치는가 싶다가는 무릎을 끌어안으며 웅크리고, 그러다가 다시 일어나는 등 분주하게 움직인다. 스크린에는 그 모습을 실시간으로 촬영하는 컴퓨터 화면이 비친다. 화면 속의 젊은이는 빨간색 프레임 안에 있다. 프레임은 젊은이의 움직임에 맞춰 좌우로 움직이고, 커졌다가 작아진다…….

이것은 2017년 4월에 있었던 TED(Technology, Entertainment, Design) 강연의 한 장면이다. 나는 그 광경을 무대 뒤에서 지켜봤다.

"말도 안 돼!"

나도 모르게 말이 입에서 흘러나왔다.

TED는 전 세계에서 '널리 알려질 가치가 있는 아이디어'를 모아 발표하는 국제회의로서 매년 밴쿠버에서 개최된다. 과거의 강연자로는 구글의 공동 창립자인 래리 페이지와 세르게이 브린, 노벨상 수상자 제임스 왓슨을 비롯해 빌 클린턴 전 미국 대통령 등이 있다.

인터넷으로 공개되는 TED 강연 동영상은 자원봉사자들이 각국의 언어로 번역한 자막과 함께 제공되며, 재생 횟수가 수백만에서 수천만 건에 이른다. 최첨단 지식을 다루는 최고의 프레젠테이션을 5일 동안 실시간으로 듣기 위한 티켓의 가격은 제일 싼 것도 150만 엔(약 1,500만 원) 가까이 하는데, 매년 발매와 동시에 매진된다고 한다. 회장에서는 스티븐 스필버그나 빌 게이츠 같은 명사들이 편한 차림으로 담소를 나누는 모습도 볼 수 있다.

2017년 TED의 주제는 'The Future You'였는데, 2일차 오전 세션의 초점은 AI와 로봇 기술에 맞춰져 있었다. 세계에서 가장 많이 읽힌 인공지능 교과서를 집필한 캘리포니아 대학 버클리 캠퍼스의 스튜어트 러셀(Stuart Russell) 교수와 보스턴 다이내믹스사의 마크 레이버트(Marc Raibert) 등과 더불어 나도 강연자로 초청을 받았다.

내 강연의 제목은 〈로봇이 대학 입시에 합격할 수 있을까요?(Can a robot pass a university entrance exam?)〉였다. 이날 강연에서 나는 도로보군의 도전에 관해 이야기했다. 짐작하겠지만 이 책에서 이야기하고 있는 바를 간략하게 정리한 내용이었다.

다음은 도쿄 대학의 2차 시험이 얼마나 어려운지 잘 보여주는 세계사 논술 문제다.

> 17세기 동아시아와 동남아시아 지역의 해상 무역의 번영과 정체 변천 및 그
> 요인을 동아시아와 동남아시아 각국의 교역 방침과 이 지역을 둘러싼 유럽
> 각 세력의 동향에 유의하면서 600자로 논하시오.

문제의 해답을 답안지에 기입해 나가는 도로보군의 모습, 그 뒤에 감춰진 뜻밖의 원리, 그리고 교육 대국 일본의 중·고등학생의 독해력 실태에 청중들은 놀라움을 감추지 못했다.

강연이 끝나고 담당 큐레이터인 알렉스에게 "대성공이야! 훌륭해!"라는 찬사와 함께 열렬한 포옹을 받은 나는 진저에일로 목을 축이며 무대 뒤의 대기실에서 모니터를 바라보고 있었다. 바로 그 화면 속에서 턱수염을 기른 젊은이가 무대를 이리저리 돌아다니고 있었던 것이다.

500배나 빨라진 실시간 물체 검출 시스템

나의 다음 차례로 무대에 오른 젊은이의 이름은 조셉 레드몬(Joseph Redmon)으로, 워싱턴 대학 대학원생이었다. 〈즉각적 사물 인식을 컴퓨터가 학습하는 과정(How computers learn to recognize objects instantly)〉이라는 강연을 통해 그는 자신이 고안한 실시간 물체 검출 시스템 'YOLO'를 소개했다. 그것은 내가 나도 모르게 "말도 안 돼!"라고 외칠 만큼 놀라운 기술이었다.

앞에서 이야기했듯이 AI에는 다양한 분야가 있다. 언어(자연언어)를 기계가 이해하도록 하는 자연언어 처리, 기계가 음성을 듣고 이해하도

록 만드는 음성 처리, 사람의 목소리를 만들어내는 음성 합성, 사진이
나 동영상 등의 영상 정보를 기계가 인식하도록 하는 영상 처리 등이
그 예다. 이 가운데 특히 딥러닝의 혜택을 크게 누리고 있는 분야가 영
상 처리일 것이다.

1990년대까지만 해도 개와 고양이를 구분하는 것과 같은 기본적인
물체 인식조차 AI는 영원히 해내지 못하리라는 생각이 보편적이었다.
하물며 '무엇이, 어디에, 몇 개' 찍혀 있는지까지 알아낼 수 있는 물체 검
출은 그야말로 꿈의 기술이었다. 그러나 2000년대에 들어 본격적으로
실시된 기계 학습과 최근 수년 사이에 등장한 딥러닝을 통해 물체 검출
의 정확도가 믿기 어려울 만큼 급격히 향상되었다. 그럼에도 어떤 물체
가 시야의 어떤 위치에 나타나 어느 방향으로 움직이고 있는지를 실시
간으로 정확히 인식하기까지는 여전히 갈 길이 먼 것처럼 보였다.

사진 한 장에 무엇이 찍혀 있는지 검출하는 데도 상당한 시간이 소
요되었고, 노트북 컴퓨터의 경우에는 사진 한 장을 처리하는 데 10초
이상이 걸렸다. 실시간 물체 검출로 말하자면, 연구실 안을 느릿느릿 움
직이는 사람을 추적하는 정도가 고작이었다. 그러나 실시간 물체 검출
은 자율 주행 자동차를 실용화하기 위해 반드시 필요한 기술이다. 도로
에 갑자기 뛰어든 것이 고양이인지, 어린아이인지, 아니면 비닐봉지인지
판단하는 데 10초씩 걸려서는 사고를 피할 수가 없다.

레드몬이 개발한 YOLO는 영상 하나를 0.02초 만에 판정한다. 이는
기존에 비해 500배 가까이 빠른 속도다. 이 기술을 이용하면 자율 주
행 자동차의 실용화에 큰 진전이 있지 않을까? 나뿐만 아니라 청중들
도 틀림없이 그렇게 느꼈을 것이다. 이윽고 거대한 박수갈채가 쏟아졌

고, 내 목소리는 관객들의 환성에 묻혀버렸다.

그건 그렇고 이처럼 놀라운 고속 영상 처리를 레드몬은 대체 어떻게 실현한 것일까?

물체 검출 시스템의 원리

YOLO가 영상 처리를 고속화할 수 있었던 비밀을 파헤치기에 앞서 물체 검출 시스템에 관해 다시 한 번 설명하도록 하겠다.

보통 한 장의 사진에는 복수의 물체가 찍혀 있다. 가령 생일 파티 사진이라면 탁자 주위에 사람들이 앉아 있고 탁자 위에는 케이크와 양초, 접시, 포크, 커피 잔 등이 놓여 있다. 꽃이 장식되어 있을 수도 있고, 배경으로 작은 탁자나 전화기, 소파 위의 고양이, 벽에 걸린 달력 등이 찍혀 있을지도 모른다. 인간은 이런 사진을 본 순간 사진의 주역은 누구이고 무엇이 중요한 요소이며 무엇이 중요하지 않은지를 너무나 쉽게 인식한다.

그러나 컴퓨터는 그렇지 않다. 먼저 영상의 어디쯤에 검출해야 할 물체가 찍혀 있는지 파악해야 한다. 과거에는 영상의 왼쪽 위 구석 영역부터 시작해 서서히 프레임을 옮겨가며 샅샅이 확인하는 방법을 사용했는데, 정신이 아득해질 정도로 오랜 시간이 걸리는 과정이었다.

그래서 새로이 고안된 방법이 검출해야 할 물체가 찍혀 있을 성싶은 곳에 주목하는 것이었다. 벽은 비교적 단조로우므로 건너뛰고 달력 주변에 주목한다든가, 소파 위는 건너뛰고 고양이 주변에 주목하는 방식이다. 사진 한 장에 찍혀 있는 물체의 수를 어림잡아 2,000개 이하라고 가정하고, 우선 검출해야 할 물체가 찍혀 있을 것 같은 곳을 후보로 선정한 다음 그 주변에 무엇이 찍혀 있는지 조사한다.

영상 하나에 2,000개의 물체가 찍혀 있다고 가정하면 앞에서 이야기한 방법으로 물체를 검출해 나가는 데 엄청난 양의 계산이 필요하기 때문에 많은 시간이 소요된다. 영상을 본 순간 다양한 정보를 읽어낼 수 있는 인간과는 큰 차이가 있다.

영상을 인식하기 위해 컴퓨터는 행렬 계산을 이용한다. 우리가 고등학교 시절에 배운 바로 그 행렬이다. 다음과 같은 계산식을 예로 들 수 있을 것이다.

$$\begin{pmatrix} 2 & 1 \\ 1 & 3 \end{pmatrix} \begin{pmatrix} 1 \\ 2 \end{pmatrix} = \begin{pmatrix} 2\times1+1\times2 \\ 1\times1+3\times2 \end{pmatrix} = \begin{pmatrix} 4 \\ 7 \end{pmatrix}$$

행과 열의 수가 적으면 순식간에 계산해 낼 수 있지만 행렬이 거대해지면 계산량 또한 방대해진다. 제아무리 슈퍼컴퓨터라 해도, 양자컴퓨터의 시대가 오더라도, 컴퓨터가 할 수 있는 것은 기본적으로 사칙연산뿐이다. 영상의 어떤 픽셀에 무슨 색이 어떤 휘도로 찍혀 있는가 하는 정보나 딥러닝을 통해 도출한 '딸기다운 정도', '양초다운 정도' 등을 계산하기 위한 가중치 정보는 모두 이 행렬 속에 담겨 있다.

실시간으로 물체 검출을 하려면, 즉 계산 시간을 단축하려면 덧셈이나 곱셈을 하는 행렬의 크기를 획기적으로 줄이거나 계산 효율을 높이는 수밖에 없다. 당연히 양쪽 모두 연구가 진행되어 왔다. 큰 행렬을 정보의 손실 없이 작은 행렬로 변환하는 수학 기법을 이용한 연구가 활발하게 이루어지고 있지만, 문제는 행렬의 크기를 줄이는 데에도 한계가 있다는 것이다.

한편 계산 효율을 높이기 위해 연구자들이 주목한 것은 GPU(그래픽 처리 장치)의 활용이었다. 일반적인 컴퓨터는 어떤 계산이든 대응할 수 있도록 범용적으로 만들어지는데, 이용 목적을 한정한다면 칩을 제작하는 단계에서 효율화를 꾀할 수 있다. 콘솔 게임기가 그 대표적인 예다. 실시간 영상 처리가 필수적인 콘솔 게임기에는 범용형 컴퓨터에 탑재되어 있는 CPU(중앙 처리 장치)와는 구조가 다른, 영상 처리에 특화된 GPU가 사용되고 있다.

연구자들은 딥러닝을 활용한 학습이나 실시간 영상 처리에 GPU를 활용함으로써 컴퓨터의 계산 효율을 높일 수 있다고 생각했다. 딥러닝을 통한 물체 검출의 수요 증가는 2016년 이후 GPU를 공급하는 기업의 주가가 급상승한 요인 중 하나가 되었다.

그러나 YOLO의 시스템은 그 연장선상에 자리한 것이 아닌 듯하다. 레드몬의 시연을 보면서 나는 실시간 물체 검출을 둘러싼 지금의 상황이 뒤집힐지도 모르겠다고 생각했다.

AI가 눈을 가졌다?

YOLO가 이루어낸 고속화의 핵심은, 기존의 AI가 2,000개의 물체를 검출하기 위해 물체가 찍혀 있을 성싶은 장소를 2,000회에 걸쳐 확인했던 과정을 하나로 합친 것이다. "딱 한 번만 보면 된다"라는 뜻에서 YOLO(You Only Look Once)라는 이름이 붙은 것인데, 그런 의미에서 생각하면 YOLO의 시스템은 인간이나 다른 동물이 눈으로 '보는' 것에 가깝다고 할 수 있을지 모른다.

레드몬은 현재 자신의 웹 사이트를 통해 YOLO 버전 2를 무상으로 배포하고 있다. 사이트를 방문하면 데모 비디오를 볼 수 있는데, 이것은 한층 더 충격적이다. 처음 동영상을 재생하면 중동 어느 국가의 시장 풍경이 펼쳐진다. 무수한 인파에 뒤섞여 도주하는 테러리스트. 권총을 들고 그를 쫓는 주인공. 종횡무진 달리는 2대의 모터사이클.

장면이 정신없이 변화하는 이 동영상에서 YOLO는 사람, 사람, 사람, 사람, 휴대전화, 넥타이, 자동차, 모터사이클, 모터사이클, 사람, 사람, 넥타이…… 하는 식으로 차례차례 화면에 나타나는 물체를 실시간으로 검출한다.

TED 강연으로부터 3개월 뒤, 조셉 레드몬은 아마존과 구글, 마이크로소프트, 우버 등 주요 IT 기업이 후원하며 영상 인식 분야에서는 최고의 권위를 지닌 국제회의 CVPR(IFFE Conference on Computer Vision and Pattern Recognition)에서 우수 논문상을 받았다. 현재는 온갖 IT 기업이 그를 영입하기 위해 치열한 경쟁을 벌이고 있을 것이다.

세상을 놀래킨
왓슨의 활약

퀴즈 챔피언을 이기다

도로보군 프로젝트가 시작된 2011년에 미국의 IBM이 '왓슨(Watson)'이라는 이름의 AI를 개발했다. 당시 왓슨은 미국의 인기 TV 퀴즈쇼 〈제퍼디!(Jeopardy!)〉에 출연해 챔피언 2명을 물리침으로써 화제에 올랐고, 이후 일본 미즈호은행 콜 센터와 도쿄 대학 의과학 연구소에 도입되었다.

특히 도쿄 대학 의과학 연구소에 도입된 왓슨은 매우 희귀한 백혈병의 진단을 지원하는 업무를 맡았는데, 이 사실이 일본 언론에 보도되기도 했다. 그야말로 초인적인 활약이다. 왓슨은 대체 어떤 구조로 작동하는 것일까?

다음은 전형적인 〈제퍼디!〉 유형의 문제다.

> 모차르트가 마지막으로 작곡한, 아마도 가장 웅장한 교향곡일 이 곡에는
> 어떤 행성의 이름이 붙어 있습니다.
> (Mozart's last and perhaps most powerful symphony shares its
> name with this planet.)

〈제퍼디!〉에서 다루는 문제에는 특징이 있다. "이 ○○은 무엇입니까?"라고 끝맺는 형식을 취한다는 것이다. '이 행성(this planet)', '이 나라(this country)', '이 음악가(this musician)'가 무엇 혹은 누구냐고 묻는 식이다. 요컨대 〈제퍼디!〉에서는 어떻게(HOW)라든가 왜(WHY)를 묻는 문제가 출제되지 않는다.

'이 ○○'을 묻는 질문의 답은 고유명사이거나, 몇 년 혹은 몇만 명처럼 단위가 붙은 숫자 이외에는 없다. 이런 문제를 팩토이드(Factoid)라고 하는데, 여기에 대해서는 예전부터 효과적인 해법이 알려져왔다.

"〈제퍼디!〉의 문제는 팩토이드로 풀 수 있다. 우리가 개발한 AI가 이것을 풀어낼 수 있다면 홍보 효과는 절대적이다."

이 사실을 눈치 챈 IBM의 프로젝트 매니저는 매우 유능한 인물이다. 그리고 더 대단한 점은 〈제퍼디!〉의 문제를 푸는 데 필요한 데이터를 인터넷상에서 수집하고 실제로 작동하는 시스템을 만들어냈으며 '가장 확실해 보이는 답'을 2초 이내에 답하는 데 필요한 병렬 계산기를 구축해 실제로 퀴즈 챔피언을 이겼다는 사실이다.

앞서 소개한 문제로 되돌아가 보자. "모차르트의 마지막 교향곡과 같은 이름을 가진 이 행성은 무엇입니까?" 독자 여러분은 이 문제의 답을 알겠는가? 만약 모른다면 어떻게 하겠는가? 당연히 구글 등의 검색 엔

진을 통해 검색을 해볼 것이다. 검색을 하기 위해서는 먼저 검색어를 정해야 한다.

인터넷 검색에 익숙하지 않은 사람은 우선 '모차르트'로 검색할 가능성이 높은데, 그러면 위키백과의 '볼프강 아마데우스 모차르트' 항목이 검색 결과 페이지의 윗부분에 표시될 것이다. 위키백과에는 모차르트의 출생과 성장부터 궁정에서의 활약, 만년의 삶과 사인(死因)에 관한 다양한 설, 작풍의 변천부터 인물상에 이르기까지 1만 자 이상의 정보가 기술되어 있으며, 여기에서 문제의 답을 찾아내는 것은 그렇게 쉬운 일이 아니다.

한편 검색에 익숙한 사람이라면 보다 효율적인 방법을 택한다. 검색창에 '모차르트 마지막 교향곡'이라고 입력하는 것이다. 그러면 검색 결과 페이지 윗부분에 위키백과의 '교향곡 41번(모차르트)' 항목이 표시될 것이다. 이것이 모차르트의 마지막 교향곡이다. 해당 위키백과 페이지를 열어보면 개요의 첫 줄에 "이 작품은 '주피터(독일어로는 유피터)'라는 이명(異名)을 갖고 있다. 모차르트가 작곡한 마지막 교향곡이다"라고 적혀 있다. 임무 완료. 정답은 주피터(Jupiter), 즉 목성이다.

왓슨도 검색을 통해 해답에 도달하려 한다. 이때 중요한 점은 검색에 익숙한 사람이 적절한 검색어를 선택할 줄 알듯이 왓슨도 적절한 검색어를 고를 수 있도록 설계하는 것이다. 왓슨은 문제에서 '모차르트', '마지막', '교향곡'을 검색어로 선택해 위키백과의 '교향곡 41번(모차르트)' 페이지를 손쉽게 찾아낸다.

인간이라면 이 단계에서 답을 찾아낸 것이나 다름없지만, AI의 경우에는 아직 한 가지 작업이 남아 있다. AI는 문장을 읽지 못하기 때문이다. 그렇다면 왓슨은 어떻게 답에 도달할까?

왓슨은 먼저 위키백과의 '교향곡 41번' 페이지에서 자신이 검색어로 선택한 세 단어가 많이 포함되어 있는 문장을 찾는다. 그 안에 답이 들어 있을 때가 많기 때문이다. 하나의 텍스트 안에 복수의 단어가 문법적으로 어긋남 없이 함께 출현하는 것을 '공기(共起)'라고 한다. 왓슨은 이러한 공기 관계를 바탕으로 정답이 포함되어 있는 문장을 예상하고, 나아가 행성의 범주에 들어가는 단어를 찾는다.

여러분도 구글(영어판)을 통해 왓슨이 거쳐간 순서대로 답을 찾아보기 바란다. 여기에 해당하는 행성은 목성뿐이다. 그래서 왓슨은 답이 목성이라고 판단하고 출력하는 것이다. 왓슨은 이런 구조로 작동한다.

콜 센터에 도입되다

은행의 콜 센터에 도입된 왓슨도 같은 구조로 작동한다. 콜 센터의 업무는 크게 두 종류로 나뉜다. 고객의 문의에 적절하게 답하는 것, 그리고 고객과의 문답을 올바르게 기록하는 것이다. 이들 업무의 효율을 개선하는 것이 왓슨의 임무다.

고객과 오퍼레이터의 대화를 정확하게 텍스트로 기록하는 업무의 효율 향상에는 AI의 음성 인식 기술이 공헌하고 있다. 음성 인식의 정확도는 빅데이터와 딥러닝을 통해 꾸준히 향상되어 왔는데, 학습용 데이터를 제공하는 협력자의 속성은 20대에서 40대 사이의 표준어 사용자에 편중되어 있다. 그래서 고령자나 사투리 사용자의 경우에는 인식률이 크게 떨어진다. 약간 고음인 내 목소리도 표준에서 벗어난 '아웃라이어'인 모양인지 인식률이 높지 않다.

콜 센터에 전화를 거는 고객이 반드시 표준어로 말하리라는 보장은 없으며, 고령자인 경우도 적지 않다. 그러므로 콜 센터에서는 고객의 문의 내용을 오퍼레이터가 복창한다. 그렇게 함으로써 음성 인식의 정확도가 높아질 뿐만 아니라 교사 데이터도 하루가 다르게 쌓여간다.

콜 센터의 임무는 문제를 해결하는 것이 아니다. 준비된 FAQ(자주 묻는 질문과 답변 모음집)에 따라 응답하고, 문제가 복잡할 경우에는 담당 부서로 전달하는 것이 주된 임무이다. 왓슨이 할 일은 고객의 문의가 FAQ의 어떤 항목에 해당하는지를 오퍼레이터에게 알리는 것인데, 이때 왓슨의 특기인 검색 기능이 힘을 발휘한다.

왓슨의 화면에는 음성 인식 기능으로 문자화된 고객과 오퍼레이터의 대화가 실시간으로 표시될 것이다. 그리고 거의 동시에 이와 관련한 FAQ의 순위도 표시될 것이다. 여기에 이르는 구조는 퀴즈 문제를 풀 때와 동일하다. 고객의 문의에 대한 응답을 하나로 압축하는 것은 현재의 기술력에 비추어 볼 때 어려운 일이지만, 시시각각으로 진행되는 대화를 입력하고 가장 적절해 보이는 답변부터 순서대로 표시하는 것은 가능하다.

오퍼레이터는 왓슨이 제안한 답변 후보 중에서 가장 적절하다고 생각한 FAQ를 선택해 고객에게 설명한다. 그리고 만약 틀렸다면 다른 FAQ를 선택해서 응대하기를 반복할 것이다. 왓슨이 제안한 FAQ가 정답이었을 경우에는 '정답' 단추를 클릭한다. 아마도 이 정보가 축적됨으로써 왓슨이 자율적으로 학습해 더욱 영리해지는 구조일 것이다.

나는 아까부터 "이러저러할 것이다"라는 표현을 연거푸 사용해 왔다. 실제로 왓슨이 작동하는 모습을 본 적이 없기 때문이다. 그러나 AI의 현재 실력을 생각하면 다른 사용자 인터페이스는 떠올릴 수가 없다. 왓슨을 도입한 은행의 관계자에게 물어보니 "말씀하신 것과 완전히 똑같습니다"라는 답변이 돌아왔다.

컴퓨터는 전부 수학으로 이루어져 있다. AI는 소프트웨어이므로 역시 수학만으로 이루어져 있다. 수학을 알면 실물을 보지 않더라도 AI가 무엇을 할 수 있고 무엇을 할 수 없는지 어느 정도 상상할 수 있다.

도로보군의
대학 입시 전략

100명의 연구자가 집결하다

왓슨이 〈제퍼디!〉의 챔피언을 이겼다는 뉴스가 세상의 이목을 집중시킬 무렵, 도로보군 프로젝트의 자연언어 처리 팀은 사회과의 선택과목을 세계사와 일본사로 정하고 센터 시험 정답률 70퍼센트를 목표로 연구에 착수했다. 이것은 큰 도전이었다. 잘 알려져 있지 않은 사실이지만, 2011년 2월 시점에 왓슨의 〈제퍼디!〉 정답률은 70퍼센트를 밑돌았기 때문이다.

들리는 이야기에 따르면 왓슨에 투입된 예산은 10억 달러(약 1조 1,000억 원)에 이른다고 한다. 한편 지금이니까 밝힐 수 있는 사실이지만, 도로보군 프로젝트에 투입된 예산은 연간 약 3,000만 엔(약 3억 원)이었다. 대충 계산했을 때 왓슨의 3,500분의 1이다. 일본에서 대학 입시에 도전하는 AI 프로젝트가 시작되었음을 알린 《뉴욕타임스》의 기사에는 "매우 도전적인 프로젝트"라는 왓슨 개발 팀의 견해가 실려 있었다 (요컨대 아마도 불가능할 것이라는 뜻이었다).

도로보군 프로젝트에는 대학원생을 포함해 100명이 넘는 연구자가 참가했다. 참가자의 절반은 대학 등에, 나머지 절반은 기업에 몸담고 있는 사람들이었다. 예산은 데이터 작성과 매년 센터 모의시험을 치르는 비용, 그리고 몇 명의 연구자를 고용하는 데 사용되었다. 요컨대 100명이 넘는 연구자의 대부분이 자원봉사자였다는 말이다.

그럼에도 이 프로젝트는 도로보군이 센터 모의시험에 도전하기 시작한 2013년부터 황금 시간대의 뉴스 방송과 주요 신문에 꾸준히 보도되었고, 매년 5억 엔이 넘는 광고 효과를 내면서 일본의 3차 AI 열풍을 체현하는 프로젝트로 성장했다.

도로보군 프로젝트를 진행하며 우리는 각 연구자에게 도전하고 싶은 과목을 선택하도록 했다. 연구자들에게는 저마다 "이 과제는 이렇게 하면 해결할 수 있지 않을까?"라는 의견과 의욕이 있었다. 전체 회의에서 프레젠테이션을 통해 과목별 리더를 뽑은 후 자율성을 존중하며 개발을 진행했다. 그 결과, 도로보군은 세계사와 영어, 수학 과목에서 언어 처리 하나만을 놓고 보더라도 완전히 서로 다른 접근법을 채용하게 되었다.

세계사를 공략하라

도로보군이 센터 시험의 세계사와 일본사 영역을 공략한 방법은 기본적으로 왓슨과 같다. 다만 왓슨이 푼 것은 빈칸에 고유명사를 채우는 문제였던 데 비해, 센터 시험에서 빈칸 채우기 문제가 차지하는 비중은 10퍼센트 정도밖에 안 된다. 분석을 해보니 세계사와 일본사 문제의 70퍼센트 가까이가 '옳고 그름을 판정하는 문제'로 분류되었다. 이를테면 이런 식이다.

> 다음 보기에서 카롤루스 왕조 프랑크 왕국이 건국된 8세기에 일어난 사건의 기술로서 옳은 것을 하나 고르시오.
> ① 피핀은 랑고바르드 왕국을 멸망시켰다.
> ② 카롤루스 대제는 마자르족을 격퇴했다.
> ③ 당 태종의 치세는 개원의 치라고 불렸다.
> ④ 하룬 알 라시드의 치세가 시작되었다.

분석 결과, 옳고 그름을 판정하는 문제를 풀 때는 대부분의 경우 문제의 조건을 무시해도 상관없음을 알 수 있었다. 위의 예문에서는 "카롤루스 왕조 프랑크 왕국이 건국된 8세기에 일어난 사건의 기술"이 그에 해당하는 부분이다. 요컨대 선택지만을 읽고 맞는지 틀렸는지를 판정하면 되는 것이다. 이것을 왓슨과 같은 방법으로 풀려고 했더니 2013년에는 전체 문제의 절반밖에 풀지 못했다. 게다가 정답률이 안정적이지 않았다.

그래서 2015년에는 체제와 방침을 전환해, 일본 유니시스 종합기술연구소 팀의 담당 아래 도로보군이 선택지에서 스스로 문제를 만드는 방식을 채용했다. 이를테면 "카롤루스 대제는 마자르족을 격퇴했다"라

는 선택지를 가지고 먼저 "카롤루스 대제는 ○○을 격퇴했다. 이 ○○
은 무엇인가?"라는 빈칸 채우기 문제를 만드는 것이다. 그리고 이 과정
에서 위력을 발휘한 것이 "마자르족은 민족이다"라든가 "피핀은 인물이
다", "사람은 죽으면 사건을 일으키지 못한다"와 같은, 인간에게는 너무
나도 당연한 사항들을 목록화해서 정리한 '온톨로지(Ontology)'였다.

온톨로지는 컴퓨터가 사물을 이해하도록 만들기 위해 이름을 붙이거
나 분류하는 것을 뜻하며, 온톨로지를 통해 "카롤루스 대제는 ○○을
격퇴했다"라는 빈칸 채우기 문제를 "카롤루스 대제는 '이 민족'을 격퇴
했다"라는 〈제퍼디!〉 유형의 팩토이드 질문으로 치환할 수 있다.

온톨로지 정리는 인간만이 할 수 있는데, 이는 실제 세계와 컴퓨터
처리 간의 차이를 이해하고 누락 없이 효율적으로 실행해야 하는 어려
운 작업이다. 도로보군 프로젝트에서는 언어학자 가와조에 아이(川添
愛)가 이 어려운 일을 해냈다.

이렇게 해서 마침내 왓슨식 시스템을 가동해 정답으로 유력한 고유
명사의 후보 순위를 매길 수 있게 되었다. 가장 높은 점수인 3.2를 획득
한 것은 '아바르족'이었다. 한편 '마자르족'의 점수는 이보다 2.1이나 낮
은 1.1에 불과했다. 정답 후보 간의 점수 차이가 충분히 크다면 도로보
군은 "카롤루스 대제는 마자르족을 격퇴했다"를 틀린 기술로 판단할 것
이다. 이때 점수 차이가 얼마나 나야 충분히 크다고 판정하는가는 물론
기출문제를 통한 기계 학습의 결과로 결정된다.

방침을 이와 같이 전환한 결과, 2015년에 도로보군의 센터 시험 세
계사 정답률은 75퍼센트로 상승했고 편차치는 66.5로 10 이상 높아
졌다.

논리로 수학을 공략하다

도로보군이 매우 좋은 성적을 낸 또 다른 과목은 수학이다. 수학 공략에는 세계사와는 정반대라고도 할 수 있는 접근법을 채용했다.

앞에서 이야기했듯이, 인공지능이라는 말이 처음 사용된 다트머스 회의에서 사람들을 경악케 한 최초의 AI는 수학의 각종 정리를 증명하는 '논리 이론가'라는 이름의 소프트웨어였다. 그러나 '논리 이론가'를 본질적으로 뛰어넘는 자동 증명 기계는 이후 다시 등장하지 않았다. 중학교 입시 수준의 이런 문제조차도 AI는 풀지 못했던 것이다.

> 길이 230미터의 상행 열차가 초속 15미터의 속도로, 길이 250미터의 하행 열차가 초속 17미터의 속도로 달리고 있다. 양쪽 열차가 만나서 완전히 스쳐 지나갈 때까지 몇 초가 걸릴까?

인간이라면 '상행'과 '하행'이 반대 방향임을 안다. '양쪽 열차'는 상행 열차와 하행 열차를 의미하며, '만나서'라는 말은 열차의 앞부분이 정확히 같은 지점에 도달한다는 뜻이라는 것도 금방 이해한다. 수학 문제를 풀려면 적어도 이런 사실들에 대한 이해가 선행되어야 한다.

이 문제를 왓슨식으로 풀려고 하면 "길이 230미터, 초속 15미터, 길이 250미터, 초속 17미터, 몇 초?"라는 식으로 변환해서 풀어야 한다. 그리고 오늘날 언어 처리에 관한 최고 권위의 국제회의에서 활발하게 연구되고 있는 것은 "문제를 대량으로 모아서 딥러닝을 실행하면 통계적으로 문제를 풀 수 있지 않을까?"라는 과제다. 그러나 간단한 문제라면 몰라도 일본의 중학교 입시 수준의 문제를 푸는 것은 절대 무리다. 하물며 도쿄 대학 입시 문제라면 말할 것도 없다.

2011년에 수학 팀이 결성되었을 당시, 수학 과목 공략법을 둘러싸고 의견이 갈리는 일이 있었다. 첫 번째 의견은 문제를 유형별로 분류해서 왓슨식으로 검색을 통해 풀자는 것이었다. 실제로 센터 시험을 분석하다 보니 수열 문제는 이 방법으로 해결 가능할지도 모른다는 느낌을 받았다. 그러나 다른 문제는 그런 식으로 풀 수 있을 것 같지가 않았다.

나는 본래 수학 중에서도 수학 기초론이라는 분야의 연구자다. 그리고 '논리 이론가'는 수학 기초론의 이론적 성과를 소프트웨어로 만듦으로써 실현된 AI였다. 그런 까닭에 검색을 통해서가 아니라 논리적으로 문제를 풀고 싶다는 마음이 하루가 다르게 커져만 갔다.

그러나 한편으로 나는 이것이 너무나 험난한 길이라는 사실도 잘 알고 있었다. '논리 이론가' 이래 수많은 AI 연구자와 세계의 주요 AI 연구 거점이 이 과제에 도전했지만 실패를 거듭해 왔기 때문이다.

그런 상황에서 구세주가 나타났다. 후지쓰 연구소의 수식 처리 연구자인 아나이 히로카즈(穴井宏和)와 이와네 히데나오(岩根秀直), 그리고 자연언어 처리 연구자인 마쓰자키 다쿠야(松崎拓也)였다.

보통 수학에서 '계산'을 할 때는 숫자로 계산하는(예: $1 \div 3 = 0.3333\cdots\cdots$) 경우와 수식인 채로 계산하는(예: $1 \div 3 = 1/3$) 경우가 있다. 전자를 수치 계산이라 하고 후자를 수식 처리라고 한다. 수치 계산은 처리 속도가 빠르다는 장점이 있지만 오차가 발생하고 프로그램의 오류를 간파하기 어렵다는 등의 단점이 있다.

한편 수식 처리는 인간이 계산을 하는 것처럼 처리할 수 있지만 알고리즘이 너무 무거워서 산업 현장에 응용 가능한 단계에는 이르지 못한 상태였다. 그러나 2000년대에 들어와 컴퓨터의 성능이 향상되고 수식 처리 연구자들이 부단히 노력한 덕분에 그럭저럭 작동하는 알고리즘이 개발되기 시작했다. 때마침 도로보군 프로젝트가 시작되어 수식 처리 분야에서 정평이 난 후지쓰 연구소의 두 연구자가 협력을 제안해 왔던 것이다.

사실 도로보군 프로젝트가 시작되기 전에 나는 수학 기초론 분야의 선배인 도쿄 이과 대학의 사토 요스케(佐藤洋祐) 교수에게 "(실폐체(Real closed field)의 1차 술어 논리로 쓸 수 있는) 도쿄 대학 입시 문제의 대부분은 잘만 수식화하면 수식 처리로 풀 수 있어"라는 말을 들었다. 다만 그는 "자동으로 '잘 수식화'할 수 있으리라고는 생각하지 않지만"이라는 말도 덧붙였다.

자연언어로 쓰인 문제를 AI가 자동으로 수식 변환하는 방법은 오직 '직역'뿐이다. 그것도 정확한 직역이어야 한다. 그런데 전 세계에 수만 명의 AI 연구자가 있지만 이를 실현할 수 있을 것 같은 사람은 좀처럼 눈에 띄지 않았다. 게다가 전 세계가 기계 학습에 집중하고 있는 이런 상황 속에서 과연 수학 문제를 정확하게 수식으로 변환하는 우수한 논리적 '기계 번역기'를 만들 수 있는 인재가 나타날까? 이것이 문제였다.

논리적인 소프트웨어는 부품이 되는 소프트웨어의 조합을 통해서 완성된다. 앞의 열차 문제를 예로 들면 먼저 어휘 사전을 만들고, 단어별로 나누고, 구문을 해석하고, '양쪽'이 무엇을 가리키는지 확인해야 한다. 이러한 각각의 부품을 만들어서 조합을 한다.

부품 하나하나의 정확도가 90퍼센트에 이른다 해도 부품의 수가 10개면 0.9의 10제곱이 되므로 완성품의 정확도는 30퍼센트대로 떨어진다. 이 정도 정확도로는 실용화가 불가능하다. 이런 상황에서 구문 해석의 정확도 향상과 고속화를 실현했고 통계적 수법과 논리적 수법 양쪽을 두루 잘 아는 마쓰자키 다쿠야가 수학 문제의 수식 변환에 관심을 보이고 나섰다.

이렇게 해서 각 과목별로 현실 노선인 왓슨 개량형, 왕도(王道)라고 할 수 있지만 사라져가고 있었던 논리형, 딥러닝과 통상적인 기계 학습의 비교형 등 다양한 도로보군의 개발이 시작되었다. 그리고 이는 "현재 이미 도입된, 그리고 가까운 미래에 도입될 가능성이 있는 모든 방법론을 사용해, 대학을 나와 화이트칼라가 되고자 하는 18세 청소년들과 진지하게 경쟁한다"라는 〈로봇은 도쿄 대학에 들어갈 수 있는가?〉 프로젝트의 목표에 부합하는 전개였다.

그 결과, 앞에서도 이야기했듯이 도로보군은 각각의 분야에서 자신의 능력을 발휘해 전체 수험생의 상위 20퍼센트에 해당하는 성적을 올렸다. 특히 수학에서는 도쿄 대학 모의시험(이과 계열)에서 6문제 중 4문제를 정확히 맞힘으로써 편차치 76.2라는 경이로운 성적을 내기도 했다.

도로보군은 일본 국내뿐만 아니라 외국까지 영향력을 끼쳤다. 2013년에는 중국의 연구진이 중국 대학입학시험을 과제로 유사한 프로젝트를 시작했고, 자연언어 처리에서 최고 권위를 지닌 국제회의에서는 영어로 쓰인 입시 문제를 과제로 한 AI 벤치마크 제안이 속출하며 일대 열풍이 불었다. 몇 가지 행운이 따라준 덕분에 이처럼 사회적으로 영향력 있는 프로젝트를 진행할 수 있었던 것은 매우 행복한 일이었다.

그러나 무작정 기뻐할 수만은 없었다. 도로보군 프로젝트가 거둔 이러한 성과는 2011년에 프로젝트를 시작할 당시 "AI가 수많은 화이트칼라의 일자리를 빼앗는다"라는 나의 예상이 현실이 되리라는 것을 의미했기 때문이다.

현재 일본에서 한 학년에 다니는 학생의 수는 약 100만 명이며 그중 절반인 50만 명이 센터 시험을 치른다. 그리고 도로보군은 이 가운데 상위 20퍼센트에 드는 성적을 냈다. AI의 성적이 화이트칼라를 지향하는 젊은이의 중앙값도 아니고 평균값을 크게 웃돈 것이다.

앞으로 이 나라의 노동시장은 어떻게 될 것인가? 어떻게 해야 도로보군에게 뒤처진 80퍼센트의 아이들에게 밝은 미래를 안겨줄 수 있을까? 나는 이 문제를 진지하게 고민할 필요가 있다고 생각했다.

AI가 일자리를
빼앗는다

영상의학 전문의의 일을 대신하다

분주하게 돌아다니는 간호사의 모습이 보이지 않을뿐더러 소독약 냄새도 나지 않는다. 아니, 환자의 모습조차 없다. 나란히 놓여 있는 컴퓨터 앞에 앉아서 모니터 화면을 말없이 바라보는 사람들이 있을 뿐이다.

이것은 미래의 이야기가 아니다. 오늘날의 최첨단 방사선 영상 진단 현장에서 볼 수 있는 모습이다. 검사받기를 좋아하는 국민성의 영향 때문인지, 일본은 유럽 등 다른 나라에 비해 CT나 MRI 검진을 받는 환자가 매우 많다고 한다. 그래서 과거에는 큰 병원에만 있었던 고가의 CT나 MRI 기기를 지금은 비교적 소규모의 개인 병원에서도 다수 도입하고 있다.

기기의 성능도 향상되었다. 예전에는 촬영하는 데 시간이 오래 걸려 반나절에 두 건 정도만 처리할 수 있었는데, 지금은 한 건당 6분밖에 걸리지 않는다. 영상의 해상도도 높아졌으며 CT 검진 한 번에 수백 장에서 수천 장을 촬영할 수 있다.

CT나 MRI로 촬영한 영상을 보고 암이나 동맥류 같은 병소의 유무를 판단하는 것은 영상의학 전문의의 역할이다. 그런데 CT나 MRI는 빠르게 보급되고 있지만 영상의학과 의사의 수는 그다지 늘어나지 않았다. 인재가 상시 부족한 상태인 것이다. 따라서 영상의학 전문의를 고용할 수 있는 개인 병원은 그리 많지 않다.

예전에는 방사선 영상 진단을 할 수 없는 동네 의원이나 소규모 병원의 경우, 큰 병원에 진단을 의뢰하곤 했다. 그런데 큰 병원은 한층 더 고도의 최신식 진단 장치를 도입하고 빈번하게 영상 검진을 실시하기 때문에 다른 병원의 영상 진단 의뢰를 받아줄 여유가 점점 없어지고 있다. 그래서 등장한 것이 영상 진단만을 전문적으로 실시하는 센터이다.

오늘날에는 이러한 영상 진단 센터가 각지에 개설되어 해당 지역 병원들의 영상 진단을 담당하는 경우가 늘어나고 있다. 진단의 효율화를 꾀하기 위한 분업인 셈이다. 앞에서 최첨단 방사선 영상 진단 현장이라고 소개한 풍경은 바로 그런 영상 진단 센터의 모습이다.

의학회의 중진으로 알려진 한 내과 의사는 수련의 시절에 영상 진단 아르바이트를 한 경험을 다음과 같이 회고했다.

"어두운 방 안에서 끊임없이 흐르는 영상을 보면서 진단을 했습니다. 환자나 동료와 대화를 나누는 일도 없이 고독하게 기계적으로 작업을 했지요. 같은 작업을 반복하다 보면 당연히 피로가 쌓입니다. 물론 암을 놓치기라도 했다가는 환자의 목숨이 위태로울 수 있음을 잘 알고 있지만, 그래도 집중력이 떨어지는 것을 막을 수는 없습니다. 그런 의미에서 참으로 가혹한 직장이었습니다."

당시를 회상하면서 영상 진단 아르바이트의 실태를 가르쳐준 그 의사는 마지막으로 이렇게 말했다.

"그런 일은 인간보다 AI에게 맡기는 편이 더 적합하지 않을까요?"

딥러닝이 등장한 이래 AI의 영상 처리 기술은 장족의 발전을 이루어 냈다. 물론 인간처럼 영상을 인식할 수는 없지만, 어떤 영상에 고양이가 있는지 없는지 찾아내는 것 같은 프레임이 한정된 작업은 잘한다. 즉, 영상에 암이나 동맥류로 의심되는 것이 찍혀 있는지 여부를 판단하는 영상 진단 작업에는 능력을 발휘할 가능성이 있다는 말이다.

게다가 영상 진단의 경우에는 각지에 자리한 센터에서 하루도 쉬지 않고 교사 데이터를 생산하고 있기에 AI가 학습할 수 있는 데이터가 무궁무진하다. 교사 데이터가 많을수록 AI가 자율적으로 학습해 작업의 정확도를 높일 수 있음은 앞서 설명한 바 있다.

몇몇 전문가들은 앞으로 3년 안에 AI가 진단 정확도에서 평균적인 영상의학 전문의를 앞서게 되어 AI에게 영상 진단을 맡길 수 있을 것이라는 전망을 내놓기도 했다. 이는 달리 말하면 AI가 향후 3년 안에 영상 진단이라는 일거리를 사람으로부터 빼앗을 가능성이 있다는 뜻이다.

물론 영상의학 전문의는 영상 진단이라는 일거리를 잃더라도 달리 할 일이 많으므로 직장을 잃을 걱정은 없다. 앞에서 인용한 내과 의사의 말처럼 영상 진단이 인간에게 가혹한 작업임을 생각하면, AI가 이를 대신 맡아주는 편이 오히려 다행스러운 일이라고도 할 수 있을 것이다. 그러나 지금까지 인간이 도맡아왔던 일자리가 AI로 대체되는 사례 전부를 다행스러운 일로 여길 수 없음은 자명하다. 많은 사람이 일자리를 빼앗길 위험성이 높기 때문이다.

신기술이 사람들의 일자리를 빼앗아온 역사

잘 알려진 사실이지만, 발명이나 새로운 기술의 등장으로 일자리가 사라지는 것은 어제오늘의 일이 아니다. 오히려 인류의 역사 속에서 끊임없이 반복되어 온 일이라고 말해야 할 정도다.

자명종이 발명되기 전 유럽에는 정해진 시간에 잠을 깨워주는 직업이 있었다고 한다. 긴 막대로 창문을 똑똑 두드리거나 바람총으로 창문에 콩을 쏴서 잠든 사람을 깨웠다는 것이다. 또한 장시간 노동을 하는 공장에서 노동자들에게 대중소설을 읽어주는 직업도 있었다고 하는데, 오르골이나 축음기의 발명으로 사라지고 말았다.

내가 어렸을 때는 우유 배달원이 있었다. 빵집 직원, 신문 배달원과 더불어 아침 일찍부터 일하는 직업의 대명사였다. 그러나 냉장고의 보급과 슈퍼마켓의 등장 이후로 주위에서 우유 배달원을 찾아보기가 어려워졌다. 또한 내가 대학생이었을 때는 역 개찰구에서 역무원이 검표를 했지만 지금은 자동 개찰기가 그 일을 대신하고 있다. 그리고 과거에는 타자기로 문서를 작성하는 타이피스트가 여성에게 인기 있는 직업

중 하나였지만, 오늘날 타자기는 박물관에서나 볼 수 있는 골동품이 되었다.

은행 창구도 수가 줄어들었다. 어딜 가나 자동 현금 인출기가 있고 각 은행의 전산망이 서로 연결되어 있기 때문이다. 여기에 더해 인터넷 뱅킹도 있다. 또한 인터넷으로 기사를 읽을 수 있게 됨에 따라 종이 신문의 발행 부수는 지속적으로 감소하고 있고, 출판 유통업체나 서점, 인쇄소도 수가 크게 줄어드는 추세다. 서적의 디지털화로 인쇄 수요가 감소하고, 고객의 기호나 구매 이력을 학습해서 적극적으로 판촉 활동을 펼치는 인터넷 서점이 지금보다 더 강력하게 유통을 석권할 것으로 예상되기 때문이다.

예를 들자면 한도 끝도 없다. 제행무상(諸行無常), 성자필쇠(盛者必衰)는 세상의 진리다. 지금껏 새로운 기술의 등장으로 일자리를 빼앗긴 사람들은 시대의 변화에 고통받으면서도 어떻게든 난관을 극복해 왔다. 물론 그로 인해 슬픈 인생을 살아야 했던 사람도 적지 않을 테지만, 전체적으로 보면 새로운 기술이 등장하기 전보다 더 풍요로운 사회가 되었다. 그러므로 AI의 등장으로 일자리가 사라진다 해도 사람들은 틀림없이 그 위기를 어떻게든 극복해 내고 더 풍요로운 사회를 만들어나갈 수 있을 것이다…….

세상에는 이런 낙관론을 펼치는 사람이 많다. 시중에 범람하는 AI 관련 서적에서도 이런 내용을 종종 찾아볼 수 있다.

그런데 잠깐 생각해 보자. 지금 일어나고 있는 변화가 정말로 과거에 사람들이 경험했던 것과 같은 성질을 띠고 있을까? 내 눈에는 그렇게 보이지 않는다. 여기에는 질적인 차이가 느껴진다.

"당하면 갚아준다! 그것도 두 배로!"가 불가능해진다

가까운 미래에 사라져버릴지도 모르는 일자리의 예를 한 가지 더 들어보겠다. 최근 들어 일본에서도 핀테크(Fintech)라는 말이 유행하고 있다. 이는 금융(Financial)과 기술(Technology)을 합성한 조어로, 정보 기술을 구사해 금융 서비스를 효율화하거나 새로운 금융 서비스 또는 상품을 만들어내는 것을 의미한다.

얼마 전까지만 해도 가부토초[4]의 인기 직업이었던 주식 중개인의 업무는 AI로 대체되어 가는 추세다. AI가 주식 거래 시기를 판단하기 때문이다.

AI를 이용한 주식 거래를 '알고리즘 거래'라고 하는데, 미국에서는 관련 법 규제가 생겨날 만큼 전체 거래에서 알고리즘 거래가 차지하는 비율이 급속히 상승했다. 이는 일본의 경우에도 마찬가지여서, 2010년대에 들어와 점유율이 가파르게 상승한 결과 현재는 전체 주식 거래의 약 70퍼센트를 '알고리즘 거래'가 차지할 정도가 되었다. 또한 미즈호 은행이 콜 센터에 왓슨을 도입했다는 이야기는 앞에서 한 바 있는데, AI가 발달함에 따라 은행이나 증권 회사의 창구 담당 직원이 로봇으로 대체될 것이라고 예상하는 인공지능 학자도 적지 않다.

그러나 내 생각은 조금 다르다. 2013년에 나는 창구 담당 직원보다 오히려 '한자와 나오키(半沢直樹)'가 먼저 AI로 대체될 것이라는 예측을 내놓았다. 2013년 TBS의 일요극장에서 방송된 드라마 〈한자와 나오

---

4 도쿄증권거래소를 비롯해 증권 회사와 은행이 밀집해 있는 도쿄의 증권가.

키〉는 은행원이 은행의 비리를 폭로한다는 내용의 드라마였다. 원작자인 소설가 이케이도 준(池井戸潤)이 창조한 주인공 한자와 나오키는 "당하면 갚아준다! 그것도 두 배로!"라는 대사로 단번에 시대의 총아가 되었다.

한자와 나오키의 직업은 론 오피서(loan officer), 즉 대출 담당자다. 론 오피서가 하는 일은 거래 상대의 상환 능력을 심사하는 것이다. 개인 대출의 경우에는 담보 물건의 가치, 대상자의 연봉과 다니는 기업의 사업 규모, 나아가 연령과 가족 구성에 이르기까지 온갖 정보를 고려해 이를 바탕으로 대출 조건을 계산하고 대출 가능 여부를 판단한다.

때로는 대출금을 회수하지 못하는 경우도 있지만, 다른 대출로부터 얻은 이익으로 메워서 전체적으로 이익을 확보할 수 있다면 대출 담당자로서 무능하다는 낙인은 찍히지 않는다. 그런 의미에서 론 오피서는 '계산의 확률적 타당성'을 중요시하는 직업이라고 할 수 있다.

그런데 드라마 〈한자와 나오키〉를 보면서 나는 이런 업무, 특히 담보를 바탕으로 한 주택 대출 등의 개인 대출은 빅데이터를 이용한 기계학습이 가능해진 AI의 특기 분야가 될 것이라고 생각했다. 은행은 과거 대출에 관련한 교사 데이터를 대량으로 보유하고 있으며, 답은 대출을 승인할 것인가 아니면 승인하지 않을 것인가 둘 중 하나뿐이기 때문이다. 요컨대 예스 아니면 노다. 그렇기에 한자와 나오키의 일자리는 언젠가 AI로 대체될 것이며, 듣기만 해도 가슴이 후련해지는 "당하면 갚아준다! 그것도 두 배로!"라는 대사는 안타깝지만 몇 년 후에는 듣지 못하게 될 가능성이 높다.

"몇 년 후에는 한자와 나오키가 사라질 것입니다." 2013년에 이 예상을 처음 입 밖에 냈을 때 강연장은 웃음바다가 되었다. 당시는 〈한자와 나오키〉가 최고의 인기를 구가하던 무렵이었기 때문에 다들 내 이야기를 농담으로 받아들이지 않았나 싶다. 그러나 세상에는 같은 생각을 하는 사람이 있기 마련이다.

2013년 가을 「고용의 미래: 컴퓨터화에 영향받기 쉬운 직업(The Future of Employment: How Susceptible are Jobs to Computerisation?)」이라는 논문을 발표한 영국 옥스퍼드 대학 연구 팀은 10~20년 뒤에도 남아 있을 직업과 사라질 직업을 예측하면서 대출 담당자를 사라질 직업 목록의 17위에 올려놓았다. 참고로 이 논문에서는 은행의 창구 담당 직원도 사라질 직업 20위에 올라 있다.

그리고 지난 2016년 마침내 대출 여신 심사를 완전히 자동화한 은행이 일본에 등장했다. 인터넷상으로만 영업을 하는 재팬네트은행이 중소기업을 대상으로 여신 심사에 AI를 도입한 신형 대출 서비스를 2016년 10월에 개시한 것이다. 기업의 자금 거래나 실적 등을 실시간으로 파악·분석함으로써 무담보나 무보증 대출의 경우도 그날 즉시 대출 가능 여부를 결정할 수 있다고 한다.

이 뉴스를 전한 《니혼게이자이신문》은 "지금까지 은행이 심사에 수고가 많이 든다는 이유로 꺼려왔던 중소·영세 기업 등의 '금융 소외지'에도 유연한 자금 제공이 가능해질 것"이라고 평가했다.

같은 해 12월에는 요코하마은행이 인터넷상에서 대출 계약을 완결 지을 수 있는 서비스를 시작했다. 그 대상은 카드론이나 프리론 외에 교육비나 자동차 구입 등 목적별 대출에 이르기까지 다양하다. 보통 계좌와 현금 카드를 보유하고 있고 은행이 요구하는 조건을 만족시키면 대출 담당자와 상담하지 않고도 돈을 빌릴 수 있다. 현재 일본에 존재하는 100개가 넘는 은행 가운데 AI보다 정확한 여신 심사를 할 수 있는 곳이 대체 얼마나 될까?

충격은 여기에서 그치지 않는다. 블록체인이 등장한 것이다.

블록체인은 AI가 아니라 장부와 관련된 혁명적인 이노베이션이다. 이는 돈이나 물건의 거래 이력 정보를 전자적으로 기록한 데이터를 블록으로 집약하고 이 블록의 연쇄를 분산 대장으로 관리하는 방법이다. 블록체인과 비트코인을 한데 묶어 이야기할 때가 많은데, 현재 금융 업계에서는 각종 거래 기록을 블록체인화하는 방안을 검토하고 있다.

2017년 7월 미즈호은행은 신용장 발행부터 무역 서류 수수까지의 실제 무역 거래 업무 전체를 블록체인 형태로 실시한다고 발표했다. 무역 거래를 할 때는 어떤 상품을 얼마나, 언제, 어떤 조건으로 상대방에게 전달하고 그 대금을 어떻게 수취하느냐에 대한 방대한 조건이 적힌 종이 서류를 무역 회사와 각 주거래 은행이 주고받는다. 이 과정은 보통 1개월 이상이 걸리며 수십 명의 날인 또는 서명을 거치게 되는데, 블록체인을 이용하면 노동 비용을 거의 들이지 않으면서도 신뢰성 있는 정보를 공유할 수 있다.

2017년 10월에는 미즈호 파이낸셜 그룹이 IT를 이용한 업무 효율화로 사무 작업을 줄이면서 점포 통폐합을 진행해 향후 10년간 1만 9,000명분의 업무를 감소시킬 것이라고 발표했다. 대규모 사업 재검토를 추진하고 있는 것이다. 현재 미즈호 파이낸셜 그룹에서 일하는 종업원의 수는 약 6만 명이며, 매년 2,000명 정도를 새로 채용하고 있다. 증권 계열을 제외하면 이직률은 매우 낮은데, 이런 상황 속에서 앞으로

10년 동안 약 2만 명분의 일자리가 줄어들 예정이다.

2011년에 내가 예상했던 일이 실제로 일어나려 하고 있는 것이다.

전체 고용자의 절반이 일자리를 잃는다

[표1-1]은 옥스퍼드 대학 연구 팀이 예상한 '컴퓨터(AI)화의 결과로 10~20년 후에는 사라질 직업' 목록이다. 자세히 살펴보자.

우선 주목해야 할 것은 화이트칼라라고 불리는 사무직이 다수 포함되어 있다는 점이다. 부동산 등기 심사·조사원(2위), 컴퓨터를 사용한 데이터 수집·가공·분석 담당자(4위), 세무 신고 대행인(8위), 도서관 사서 보조원(11위), 데이터 입력 작업원(12위), 보험금 청구·보험 계약 대행인(14위), 증권 회사 일반 사무원(15위), 수주 담당자(16위), 대출 담당자(17위), 자동차 보험 감정사(18위) 등이 여기에 해당한다.

한편 화물 취급인(7위), 운동 경기 심판(19위), 포장기·충진기 조작원(22위), 금속·플라스틱 가공용 밀링 머신·평삭반 조작원(25위) 등은 언뜻 별 공통점이 없어 보이지만 업무를 매뉴얼화하기 쉬운 직업들이다. 즉, 정해진 규칙에 따라 작업하면 되는 속성 때문에 AI로 대체하기 쉽다고 판단한 듯하다.

혹시 이 표를 보고 자신의 직업은 빠져 있다며 안도하지 않았는가? 안타깝지만 안심하기는 이르다. 표에는 상위 25개 직업만 소개되어 있지만, 옥스퍼드 대학 연구 팀은 702종으로 분류되는 미국의 직업 가운데 약 절반이 소멸하고 전체 고용자의 47퍼센트가 일자리를 잃을 우려

[표1-1] 10~20년 후에는 사라질 직업 상위 25개

1	전화 영업 사원(텔레마케터)
2	부동산 등기 심사·조사원
3	손바느질 재봉사
4	컴퓨터를 사용한 데이터 수집·가공·분석 담당자
5	보험업자
6	시계 수리공
7	화물 취급인
8	세무 신고 대행인
9	필름 사진 현상 기술자
10	은행의 신규 계좌 개설 담당자
11	도서관 사서 보조원
12	데이터 입력 작업원
13	시계 조립·조정공
14	보험금 청구·보험 계약 대행인
15	증권 회사 일반 사무원
16	수주 담당자
17	(주택·교육·자동차 대출 등의)대출 담당자
18	자동차 보험 감정사
19	운동 경기 심판
20	은행 창구 담당 직원
21	금속·목재·고무의 에칭·조각업자
22	포장기·충진기 조작원
23	조달 담당자(구입 보조원)
24	화물의 발송·수취 담당자
25	금속·플라스틱 가공용 밀링 머신·평삭반 조작원

(출처) 松尾豊『人工知能は人間を超えるか』(角川EPUB選書)
(원전) C. B. Frey and M. A. Osborne, "The Future of Employment: How Susceptible are Jobs to Computerisation?" September 17, 2013.

가 있다고 예상했다.

"그건 미국 이야기잖아?"라고 생각하는 사람이 있을지 모르겠는데, 그렇지 않다. 미국이든 일본이든 다른 어떤 나라든 간에 상거래용 서류 확인이나 여신 심사 업무의 내용에는 차이가 없으며, 따라서 미국에서 IT 기술의 발전이나 AI의 등장으로 사라질 일자리는 일본에서도 역시 사라질 것이다.

또한 고용 관행이나 고용 형태가 조금씩 다르다 해도 자본주의 사회의 경영자는 모두 기업의 이익을 우선한다. 컴퓨터화를 통해 노동 비용을 줄일 수 있다면 대부분의 기업은 그쪽을 선택할 것이다. 그러므로 미국에서 일어날 것으로 예측되는 일은 일본에서도 일어나리라고 예측하는 편이 타당하다. 즉 가까운 미래에 일본에서도 노동자의 절반이 지금의 일자리를 잃을 위험성이 있다는 말이다.

"일본은 종신 고용제 사회니까 괜찮아"라고 생각해서는 안 된다. 고용 관행을 이유로 일본 기업들이 AI 도입을 미룬다면 국제 경쟁력을 잃고 도산하거나 외자계 기업에 매각될 것이다. 그렇게 되면 직원의 고용은 보장받지 못한다. 또한 AI로 대체함으로써 생산성 향상을 기대할 수 있는 부문에서도 억지로 고용을 유지하려 하면, AI를 도입한 기업과의 경쟁에서 낙오해 노동 환경이 악화되기 마련이다. AI가 잘하는 일에 인간이 도전하는 것은 죽창으로 B-29[5]에 맞서는 것과 같다.

지금 일본은 1965~1970년에 걸쳐 지속되며 제2차 세계대전 이래 두 번째로 길었다고 하는 이자나기 경기(いざなぎ景気)조차 능가하는 장기

---

5 미국의 전략폭격기. 일본 히로시마에 원자폭탄을 투하한 폭격기이다.

간의 호경기를 누리고 있다. 기업의 이익잉여금도 과거 최고치를 기록하고 있다. 그런데 이런 호경기에도 임금의 중앙값이 계속 하락하고 있는 이유는 무엇일까? 미국이라면 이민자들 때문이라고 말할 수도 있겠지만, 일본은 이민자를 거의 받아들이지 않고 있다.

그렇다면 이유는 하나뿐이다. 이노베이션에 따른 노동자의 양극화이다. 이노베이션으로 대체 가능한 인력의 노동 가치가 급속히 하락하고 있는 것이다.

앞에서 새로운 기술의 등장으로 기존의 일자리가 사라지는 것은 어제오늘 이야기가 아니며 역사 속에서 반복되어 온 일이라고 말한 바 있다. 자동 현금 인출기의 등장으로 은행의 창구 업무는 격감했다. 사진의 디지털화로 거리의 사진관은 대부분 모습을 감췄다. 그러나 이와 같은 기술의 발전으로 사라진 일자리는 매우 한정적이었다.

AI의 경우는 상황이 다르다. 앞으로 10년에서 20년 사이에 노동자의 절반이 일자리를 빼앗길지도 모른다. 사실 이 예측을 제일 먼저 한 것은 옥스퍼드 대학 연구 팀이 아니다. MIT에서 발표한 「기계와의 경쟁」도 아니다.

나는 2010년에 출판한 『컴퓨터가 일자리를 빼앗는다(コンピュータが仕事を奪う)』에서 이미 그와 같은 예측을 내놓은 바 있다. 그러나 일본인들은 내 이야기를 진지하게 받아들이지 않았다. 이 책이 출판된 직후 도쿄역 앞의 대형 서점에 가보았다. 그런데 경제·경영 서가를 아무리 뒤져도 책을 찾을 수가 없었다. 결국 SF 서가에 가서야 이 책을 발견한 나는 할 말을 잃었다. 일본인들은 이 이야기를 SF라고 생각한단 말인가?

사실은 바로 이것이 〈로봇은 도쿄 대학에 들어갈 수 있는가?〉라는

86

프로젝트를 시작하자고 마음먹은 최초의 동기였다. '나의 예측이 가까운 미래에 틀림없이 현실로 나타날 것임을 하루라도 빨리 일본인들에게 알리고 싶다.' '국민 한 사람 한 사람이 그날을 대비해 준비하도록 만들고 싶다.' 〈로봇은 도쿄 대학에 들어갈 수 있는가?〉는 그런 초조함의 발로였다.

1900년대부터 약 100년이라는 세월에 걸쳐 도요타나 파나소닉 같은 일본의 최첨단 공장에서 확립된 자동화의 결과로 일어났던 변화가 화이트칼라의 세계에서도 일어날 것이다. 그것도 약 20년이라는 압축된 기간 안에 말이다. 이것은 인류가 지금까지 경험한 적이 없는 변화다. 앞에서 변화에 질적인 차이가 있다고 말한 것은 바로 이런 의미에서이다.

WHO(세계보건기구)가 금세기 들어 최초로 전 세계적 경계를 선포한 사스(SARS)의 사망률은 10퍼센트였다. 또한 20세기 초엽에 세계적으로 유행해 수많은 사망자를 낸 스페인 독감의 사망률은 2.5퍼센트에 불과했다. 이들과 단순 비교하는 것이 부적절하긴 하지만, 20년 혹은 그보다 짧은 기간 동안 전체 화이트칼라의 50퍼센트가 감소한다는 것이 얼마나 큰일인지 조금은 실감이 날 것이다.

우리의 일상에서 엄청난 일이 일어나려 하고 있다.

2장

도로보군은
왜 도쿄 대학에
들어갈 수 없는가?

독해력과 상식의 벽

: 주입식 교육의 실패

도쿄 대학 불합격

2011년부터 도쿄 대학 합격을 목표로 열심히 공부해 온 도로보군이지만 합격 전망은 여전히 어둡다. 1장에서 이야기했듯이 도로보군은 최선을 다했다. 정확히 말하면 실제로 최선을 다한 것은 도로보군의 '가정교사'를 맡은 100명이 넘는 연구자들이지만 말이다. 5교과 8과목의 편차치는 57.1로, 전국 756개 대학 중 70퍼센트에 해당하는 535개 대학에 합격할 확률이 80퍼센트가 넘는다는 판정을 받았다. 그중에는 MARCH나 간칸도리쓰에 속하는 유명 대학도 있다.

마지막으로 도전해 편차치 57.1을 달성한 '2016년도 신켄 모의시험 6월 종합 학력 마크 모의시험'에서 도로보군이 가장 자신 있었던 과목인 세계사B의 편차치는 66.3이었고, 수학의 경우에는 수학IA의 편차치가 57.8, 수학IIB가 55.5였다. 그뿐만이 아니다. 도쿄 대학의 2차 시험을 가정한 '2016년도 제1회 도쿄 대학 사전 입시'에서는 수학(이과 계열)에서 편차치 76.2, 세계사에서 51.8을 기록했다. 수학만 놓고 보면 도쿄 대학 의학부에 합격해도 이상하지 않은 수준이다.

한편 영어는 편차치 50.5, 국어(일본어)는 편차치 49.7로 편차치 50 부근에서 발전이 멈췄다. 2013년의 첫 도전에서는 각각 41.0과 45.9였으니 꽤 성장했다고 말할 수도 있지만, 도쿄 대학에 도전하기에는 턱없이 부족한 수준이다. 도쿄 대학에 합격하려면 편차치 77 이상, 즉 전체 수험생 중 상위 0.4퍼센트에 속해야 하기 때문이다.

사실 도로보군은 2015년의 도전에서도 전체 편차치 57.8을 기록했다. 그러므로 '대학 입시'라는 지적 작업에 대해 기출문제나 위키백과 같은 활용 가능한 지적 자원과 최첨단 수식 처리 등을 최대한으로 동원했을 때 도로보군의 실력은 편차치 50대 후반이라고 보는 것이 타당할 듯하다.

많은 분에게 도로보군이 "도쿄 대학에 합격할 때까지 포기하지 말고 도전해 주십시오"라는 격려를 받았다. 그러나 나는 지금이 도전을 끝내기에 적당한 시기가 아닐까 한다. 운이 좋다면 편차치 60까지는 달성할 수 있을지도 모른다. 그러나 편차치 65를 넘기는 것은 불가능하다고 생각한다. 그렇게 생각하는 데는 이유가 있다. 입시에는 현재의 AI가 지닌 능력으로 뛰어넘을 수 없는 여러 가지 벽이 있으며, 지금 보유한 기술의 연장선상에서는 그 벽을 넘을 수가 없기 때문이다. 벽을 돌파하려면 완전히 다른 방식이 필요하다. 이 장에서는 도로보군이 편차치 65를 넘어설 수 없는 이유를 설명하려 한다.

도로보군에게 슈퍼컴퓨터는 필요 없다

도로보군의 능력이 좀처럼 향상되지 않는 이유가 하드웨어의 성능이 충분치 못한 탓이 아니냐는 지적을 가끔 받는다. 가령 일본을 대표하는 슈퍼컴퓨터인 '케이(京)'는 1초당 1경(京)[6]이라는 연산 처리 능력으로 2011년 세계 슈퍼컴퓨터 랭킹 1위에 오른 바 있으며, 이후로도 일본의 슈퍼컴퓨터는 소비전력당 성능 등의 측면에서 항상 세계 최정상의 한 축을 차지해 왔다. 그런 일본의 보물을 사용하면 도로보군의 성적도 획기적으로 상승할 것이라는 지적이다.

사실 이 프로젝트를 시작하고 얼마 지나지 않았을 무렵에 한 기관으로부터 "도로보군 프로젝트에 저희가 보유한 슈퍼컴퓨터를 사용해 주셨으면 합니다"라는 제안을 받았다. 그래서 프로젝트 연구자들을 대상으로 사용 희망자를 모집했는데, 모두가 난감한 표정을 지으며 "쓸 데가 없어요"라고 말했다. 그중에서도 수학 팀의 지적은 매우 흥미로웠다.

"평범한 수준의 서버를 사용해서 5분 안에 풀지 못하는 문제는 슈퍼컴퓨터를 사용한다 해도 지구가 멸망할 때까지 못 풉니다."

예를 들어 다음 문제를 살펴보자.

"평면 위에 사각형이 있다. 각 꼭짓점에서의 거리의 합이 최소가 되는 점을 구하시오."

실제로 그림을 그려보면 금방 알 수 있지만, 대부분의 사람은 답이

---

6 1경은 1조의 1만 배로, 경을 의미하는 한자에서 알 수 있듯이 '케이'라는 이름의 유래가 되었다.

대각선의 교점이라는 것을 어렴풋이 깨닫는다. 증명하는 것도 그리 어렵지 않다. 대각선의 교점이 아닌 다른 곳에 점을 찍으면 각 꼭짓점에서의 거리의 합은 반드시 두 대각선의 합보다 커진다.

왜 인간이 이 문제를 쉽게 풀 수 있는지는 알 수 없다. 우연히 답이 대각선의 교점이어서인지도 모른다. 교점이라는 것은 인간에게 '자연스러운' 존재다. '페르마의 정리'도, 최근에 일본인 수학자 모치즈키 신이치(望月新一)가 증명해서 화제가 된 'ABC 추측'도, 정리 자체는 고등학생조차 이해할 수 있을 만큼 '자연스럽다.' 그러나 컴퓨터는 '자연스러운 정리'라는 것이 무엇인지 알지 못한다.

이 문제를 컴퓨터에게 풀게 했더니 아무리 기다려도 반응이 없었다. 지인에게 부탁해 슈퍼컴퓨터를 사용해 봤지만 결과는 마찬가지였다. 그래서 컴퓨터가 이 문제의 답을 구하는 데 얼마나 시간이 걸릴지 이론상으로 계산을 해봤는데, 우주가 탄생해서 오늘날에 이르기까지의 시간보다 더 긴 시간이 걸린다는 사실이 밝혀졌다.

수식 처리뿐만이 아니다. 자연언어 처리의 경우에는 애초에 무엇을 계산해야 할지조차 알 수 없는 문제가 산더미처럼 쌓여 있다. 요컨대 슈퍼컴퓨터를 사용한다고 해서 계산할 수 있는 부류의 문제들이 아닌 것이다. 그런 의미에서 생각하면 "슈퍼컴퓨터의 능력만 향상된다면 AI가 인간의 지능을 뛰어넘을 수 있다"라는 것은 틀린 이야기다. 양자컴퓨터를 사용하더라도 상황은 달라지지 않는다. 비유를 들자면, 세상의 모든 영어 단어를 외우더라도 문법을 알지 못하면 영어를 읽거나 말할 수 없는 것과 같다.

그렇다고 해서 슈퍼컴퓨터가 필요 없다는 말은 물론 아니다. 오늘날 슈퍼컴퓨터가 가장 크게 활약하는 분야는 대규모 데이터를 바탕으로 한 시뮬레이션이다. 기상 예측 분야에서는 슈퍼컴퓨터를 활용함으로써 일기예보의 정확도가 20년 전과는 비교할 수도 없을 만큼 향상되었다. 그러나 AI의 능력을 향상시키는 데 슈퍼컴퓨터가 도움이 된다는 보장은 없다.

양자컴퓨터도 마찬가지다. 요코하마 아레나 같은 거대한 공연장에서 모든 사람이 네트워크에 접속하려 할 때 어떤 액세스 포인트에 연결하면 원활한 접속이 가능한가 같은 문제를 해결하는 데는 양자컴퓨터가 유용할 것이다(한편 현재의 ID 및 비밀번호 시스템이 단숨에 붕괴된다는 엄청난 부작용도 뒤따른다). 그러나 과거 30년간의 연구에서는 양자컴퓨터를 사용했을 때 비로소 본질적인 고속 계산이 가능해지는 알고리즘이 불과 몇 종류밖에 발견되지 않았다.

예전부터 나는 굉장한 슈퍼컴퓨터가 등장한다면, 혹은 양자컴퓨터가 실용화된다면 '진정한 의미에서의 AI'가 탄생할 것이라든가 특이점이 도래할 것이라고 말하는 사람이 왜 이렇게 많은지 의아했다. 1초 동안의 연산 처리 횟수와 지성 사이에 어떤 과학적인 상관관계가 있다고는 생각할 수 없기 때문이다. 그런데 지금은 왜 그런 오해가 생겨났는지 조금이나마 알 것 같다.

우리는 흔히 머리가 좋은 사람을 가리켜 두뇌 회전이 빠르다고 말한다. 이것은 단순히 수사적 표현일 뿐인데, 이를 과학적인 사실로 오해하면 '1초 동안의 연산 처리 횟수가 많음＝머리가 좋음'으로 받아들이게 된다. 여기에 일부 연구자나 언론이 "딥러닝은 인간의 뇌를 모방한 것입니다"라는 안이한 해설을 덧붙인 결과, "AI가 슈퍼컴퓨터로 딥러닝을 하면 머리가 아주 좋은 사람하고 똑같아지겠구나"라고 지레짐작하게 된 것이 아닐까?

빅데이터에 대한 환상

2011년에 도로보군 프로젝트를 시작한 뒤로 나는 수많은 학회와 기업에 초빙되어 도로보군을 주제로 강연을 했다. 그중에는 일본의 AI 연구자가 모여 있는 인공지능 학회나 언어 처리 학회 같은 곳도 있었다. 어디서든 나는 항상 "여러분은 앞으로 10년 안에 인공지능이 도쿄 대학에 합격할 수 있으리라고 생각하십니까?"라는 질문으로 강연을 시작했는데, 프로젝트 책임자인 나를 배려해서인지는 모르겠지만 대략 10명 중 7명은 "그렇게 생각합니다"라고 대답했다.

1장에서 이야기했듯이, 도로보군 프로젝트를 시작하기로 결정한 국립정보학연구소의 연구 전략 회의에서는 누구도 가까운 미래에 AI가 도쿄 대학에 합격할 수 있으리라고 생각하지 않았다. 그럼에도 일본의 AI 전문가 집단 구성원의 상당수가 10년 안에 AI가 도쿄 대학에 합격할 수 있으리라고 예상한다는 것은 내게 충격으로 다가왔다.

합격할 수 있다고 생각하는 사람들이 제시하는 근거는 크게 두 가지다. 첫째는 "얼마 전까지만 해도 컴퓨터가 프로 장기 기사를 이기는 날이 오리라고 누가 예상이나 했겠는가? 그러므로 인공지능이 도쿄 대학에 합격하는 날도 얼마든지 올 수 있다"라는 대답이다. 그러나 이 '그러므로'는 논리적이지 않다. 경험칙이라고 보기도 어렵다. 그저 소망이라든가 낭만적인 기대의 일종일 뿐이다.

둘째는 "기출문제라는 빅데이터를 활용하면 가능할 것이다"라는 대답이다. 나는 이쪽이 좀 더 심각한 문제라고 생각한다. AI나 특이점에 대한 사람들의 기대감이 제멋대로 높아지고 있듯이 빅데이터에 대한 환상 또한 과도하게 부풀어 올랐다고 보기 때문이다.

도쿄 대학 합격자의 센터 시험 정답률은 약 90퍼센트다. 도로보군이 센터 모의시험을 볼 수 있도록 협력해 준 입시 학원 요요기 제미날에서는 "영어의 경우 만점 가까이 받지 못하면 (도쿄 대학 합격은) 무리입니다"라는 조언을 들려줬다. 물체 인식과 음성 인식 모두에서 정답률 90퍼센트를 달성하기 위해서는, 설령 과제의 범위를 지극히 좁게 설정한다 해도 최소 수십만 단위의 데이터가 필요하다.

예컨대 영어 과목만을 놓고 보더라도 인간 수험생에게는 발음기호와 문법, 회화, 장문 독해, 듣기 평가 문제가 전부 '영어'지만, 기계의 경우에는 하나하나가 별개의 과제다. 게다가 회화 문제는 본시험과 추가시험을 합쳐도 1년에 10문제 정도밖에 출제되지 않는다. 요컨대 과거 20년 동안의 기출문제를 전부 모은들 고작해야 200문제 정도인 것이다. 대학 입시 학원들의 모의고사 기출문제까지 다 모은다 해도 1,000문제가 채 안 된다.

영어뿐만이 아니다. 고문(古文)이나 한문의 경우는 상황이 더 심각하다. 우리는 전부 뭉뚱그려서 고문이라고 하지만, 이 과목에서 다루는 시대 범위는 무려 1,000년이 넘는다.『만요슈(万葉集, 만엽집)』가 편찬된 7~8세기의 문장과 에도 시대 중기인 17~18세기의 문장은 같은 단어라 해도 의미하는 바가 다르며 문법도 다르다. 게다가 과거의 일을 다루고 있기에 현재 존재하는 것 이상으로 데이터가 늘어날 일도 없다.

즉, 대학 입시의 경우에는 빅데이터를 모으고 싶어도 모을 수가 없다는 말이다. 게다가 빅데이터가 모였다 한들 그것을 활용해서 입시 문제를 풀 수 있게 되리라는 보장도 없다. 그런데 많은 사람들은, 심지어는

AI 관련 기업에서 일하는 사람들이나 AI 연구자들조차도 "빅데이터를 수집할 수 있을 것이다", "빅데이터만 갖추면 도로보군은 도쿄 대학에 합격할 수 있을 것이다"라는 이중의 오해를 하고 있다.

AI에 대한 미국과 일본의 인식 차이

한편 왓슨을 개발한 IBM의 인식은 이와 대조적이다. 도로보군에 관한 《뉴욕타임스》의 특집 기사에서 IBM은 "이만큼 다양한 영역을 아우르는 입시 문제를 (불과 수년 안에) 높은 정확도로 풀기는 매우 어려울 것"이라는 견해를 내비쳤다. 그들은 인공지능의 과제라는 측면에서 〈제퍼디!〉의 퀴즈 문제와 대학 입시 문제가 본질적으로 다름을 알고 있었던 것이다.

AI에 관한 미국과 일본의 인식에는 큰 차이가 있다. 그중 하나가 AI에 거는 기대이다. 도로보군에 대한 '과대평가'에서도 알 수 있듯이 일본에서는 AI 전문가조차도 가까운 미래에 AI가 꿈같은 세상을 실현해 줄 것이라고 기대하지만, AI 분야를 선도해 온 미국에서는 AI의 실력을 냉정하게 판단하는 연구자가 많은 듯하다. 앞에서 소개한 IBM의 견해 또한 그 증거 가운데 하나다.

또한 AI에 대한 투자 면에서도 현실 감각의 차이가 보인다. 일본의 경우는 AI에 그토록 큰 기대를 품고 있음에도 정부와 기업 모두 무엇을 지향하며 AI에 투자해야 하는가라는 현실 감각이 결여된 까닭에, 허황된 소리를 하는 연구자에게 거액의 예산을 안겨주거나 무작정 고액의 비용을 들여 AI 컨설팅을 받고 보는 등 우왕좌왕하는 모습이 눈에 띈다. 우리가 도로보군 프로젝트를 시작했을 당시 미국에서는 이미 사기업인 IBM이 10억 달러라는 거금을 투자해 왓슨을 개발하고 있었지만 일본에서는 도로보군 이외에 대규모 AI 프로젝트가 없었다는 사실은 양국 간의 차이를 상징적으로 보여준다.

왜 이런 차이가 생겨났을까? 여기에는 두 가지 이유가 있다.

첫 번째 이유로는 〈제5세대 컴퓨터 프로젝트〉의 실패가 남긴 여파를 들 수 있다. 이는 1982년 당시 일본의 통상산업성(오늘날의 경제산업성)이 추진한 국가 프로젝트다. 논리적인 추론을 고속으로 실행하는 병렬 추론 기계 및 운영체제를 구축함으로써 논리를 통한 자동 진단과 기계 번역을 실현한다는 목표 아래 500억 엔이 넘는 예산이 투입되었다. 그러나 안타깝게도 이 프로젝트는 참혹한 실패로 끝이 났다. 그 충격 때문인지 일본에서는 이후 20년간 '인공지능'이라는 단어가 들어가는 대규모 프로젝트가 사실상 동결되었다.

도로보군 프로젝트를 시작했을 무렵 나는 제일 먼저 〈제5세대 컴퓨터 프로젝트〉의 자료를 찾아봤다. 어디까지 성공했고 어디에서 오판을 했으며 어떻게 실패했는지 알고 싶었기 때문이다. 그러나 놀랍게도 그와 관련된 자료를 거의 찾을 수가 없었다. "이런 꿈을 실현하고 싶다"라는 희망찬 이야기나 "사실 〈제5세대 컴퓨터 프로젝트〉는 성공했다"라고 강변하는 보고서는 발견했지만, 정작 중요한 문제인 "왜 실패했는가?", "어떻게 실패했는가?"에 관한 보고서는 존재하지 않았던 것이다.

제2차 세계대전 중 최악의 작전으로 평가받는 임팔 작전조차도 검증의 실마리가 될 만한 일지 등의 문서와 증언 자료가 남아 있는데, 이 경우에는 그런 것조차 없었다. 〈제5세대 컴퓨터 프로젝트〉의 실패에서 배울 수 있는 교훈이 하나도 남아 있지 않다는 사실에 나는 할 말을 잃었다. 실패를 직시하지 않고 없었던 일로 만들려 했다고밖에 생각할 수 없었다. 그리고 더위 먹은 소가 달만 봐도 헐떡이듯이 지레 겁을 집어먹고 AI 프로젝트 자체를 봉인해 버린 것이다.

한편 미국의 기업은 일본의 실패에서 교훈을 얻었다. 논리적인 수법으로 자동 번역 등의 AI를 개발하는 것은 가망이 없음을 깨닫고 통계적 수법으로 전환해 구글 번역이나 왓슨 개발 등의 성과를 올린 것이다. 실패를 교훈으로 삼는 이와 같은 자세가 AI를 둘러싼 미국과 일본의 인식 차이를 만들어낸 하나의 밑바탕이라는 생각이 든다.

두 번째 이유로는 많은 미국 기업이 현실적인 사정 때문에 AI를 필요로 했다는 점을 들 수 있다. 미국에서는 구글이나 페이스북 등이 엄청난 데이터가 자동으로 축적되는 '무료 서비스'를 전 세계 규모로 확대해 나가고 있다. 대규모 무료 서비스를 제공하는 업체의 경우에는 "인력을 쓰지 않고 서비스를 제공할 수 있는가?"를 정확히 판단하는 것이 경영의 성패로 직결된다. 예를 들어 협박 등의 부적절한 트윗이나 잔인하고 선정적인 사진 같은 부적절한 이미지를 끊임없이 삭제해야 하는 트위터로서는, 게시물의 적합성을 AI가 자동으로 판단할 수 있느냐 없느냐에 회사의 존속이 달려 있다고 해도 과언이 아니다.

한편 구글의 서버는 항상 외부의 공격에 노출되어 있는데, 공격 또한 일종의 '문자열'이다. 무엇이 통상적인 접속이고 무엇이 악의를 내포한 공격인지 판정하는 AI를 지속적으로 갱신해야 한다. 이는 구글의 스트리트 뷰도 마찬가지다. 구글이 스트리트 뷰 서비스를 개시했을 당시에는 길을 걷는 사람의 얼굴이나 명찰의 이름 등이 그대로 노출되었기 때문에 사생활 침해와 관련한 이의 제기가 구글 측에 쇄도했다.

만약 스트리트 뷰의 수많은 사진에 찍힌 얼굴이나 명찰에 모자이크를 넣는 일을 하나하나 수작업으로 진행했다면 구글은 파산했을지도 모른다. 얼굴 검출 기술이 화상 검출 기술 중에서도 가장 이른 단계에 실현된 것은 구글 같은 기업이 화상 처리 연구자들에게 거액의 연구비를 지원했기 때문이다. 게다가 유럽을 중심으로 시작된 '잊힐 권리'[7] 운동이 실효를 거둔다면 여기에도 대응해야 한다. 요컨대 미국 기업들로서는 인공지능에 거액을 투자할 충분한 동기가 있는 셈이다.

한편 일본은 기본적으로 제조업 대국이다. 일본 기업은 제품을 만들어 판매한다. 그래서 개발비를 판매 가격에 포함시켜도 제품이 팔릴 것이라는 전망이 서야 비로소 신기능을 탑재할 수 있다. 게다가 기업이 제조물에 대한 책임을 질 필요도 있으며, 여기에 요구되는 '정확도'는 구글이나 페이스북처럼 기본적으로 사용자 책임인 무료 서비스와는 차원이 다르다.

요컨대 제조 기업은 딥러닝처럼 통계에 입각해서 판단했다가 중대한 사고를 초래했을 때 그에 대한 책임을 져야 한다. 배상 책임뿐만 아니라 사고에 따른 브랜드 이미지 훼손까지 고려해야 하는 까닭에 쉽사리 신기술 개발에 손을 댈 수가 없다.

여기에 더해 일본의 제조 현장은 이미 세계 최첨단의 로봇화에 성공했다. 상황이 그러하다 보니 인공지능을 어디에 활용해야 할지 막막한

---

7 온라인에서 자신과 관련된 모든 정보의 삭제를 요구할 권리.

형편이다. 물론 〈제5세대 컴퓨터 프로젝트〉의 실패가 드리운 그림자가 짙은 것도 한 가지 이유로 작용했다. 이런 여러 가지 요인이 인공지능에 대한 미국과 일본의 인식 차이에 영향을 끼치지 않았을까?

가시밭길을 걷게 된 도로보군의 영어 공략

이야기가 조금 옆길로 샜는데, 다시 "왜 도로보군은 도쿄 대학에 합격할 수 없는가?"라는 문제로 돌아가 보자.

앞에서 나는 도로보군이 세계사 문제를 푸는 방식은 기본적으로 왓슨과 같은 정보 검색 방법을 따른다고 말했다. 또한 수학 문제가 특유의 정확하고 한정적인 어휘로 서술되어 있다면 논리적인 자연어 처리와 수식 처리를 조합해서 고득점을 올릴 수 있다는 이야기도 했다. 그런데 이 두 가지 방법으로 극복할 수 없는 과목이 있다. 바로 국어(일본어)와 영어이다.

국어의 경우, 아무리 궁리해 봐도 정공법으로 어떻게든 될 것 같지가 않았다. 그래서 국어 팀은 센터 시험의 현대 국어 과목에서 가장 배점이 많은 밑줄 문제에 대해 글자의 중복 등 극히 표면적인 요소를 기준으로 선택지를 고르는 소위 '무식한 방법'을 시도했다.

간단히 설명하면, 밑줄 친 부분과 그 전 단락에서 '가'라는 글자가 몇번 나오고, '산'이라는 글자가 몇 번 나오고 하는 식으로 등장한 글자수를 모조리 센 다음, 선택지도 같은 방법으로 글자 수를 세서 가장 중복이 많은 선택지를 정답으로 고르는 것이다. 문장의 의미는 고사하고 단어의 의미조차 살피지 않는 방법이다.

무모하다고밖에 생각할 도리가 없었지만, 논설문의 밑줄 문제 같은 경우는 이 방법으로 금방 정답률 50퍼센트에 도달했다. 다만 이 이상의 성장은 기대할 수 없었다.

영어는 더욱 난적이었다. 프로젝트가 시작된 2011년에 센터 시험 기출문제를 분석했을 때, 내부의 자연언어 처리 팀이 "지금의 자연언어 처리 기술로는 해결이 곤란한 문제가 집중적으로 배치되어 있다"라고 말한 과목은 현대 국어가 아닌 영어였다.

사실 센터 시험의 영어는 어느 정도 출제 패턴이 정해져 있다. 첫 번째는 단어의 발음과 강세 문제, 두 번째는 문법이나 어법, 어휘 등 주로 문법과 관련된 문제다. 여기까지는 오늘날의 AI로 어떻게 대응해야 할지 전망이 선다. 만점을 받을 자신이 있다는 말은 아니다. 통계적 수법에 의존하는 이상 만점을 받을 자신은 없다. 제법 높은 정확도로 '맞히는' 수준에는 이를 수 있다는 의미다.

곤란한 것은 세 번째부터이다. 세 번째 문제는 영어 회화, 네 번째 문제는 그래프나 도표의 이해를 전제로 한 영어 회화 또는 영문 이해, 그리고 다섯 번째 문제는 장문 독해다. 나는 센터 시험이 실시되기 이전의 공통 1차 시험 세대라서 영문 일역과 일문 영역, 문법과 어휘만 잘하면 어지간한 대학에는 합격할 수 있었다. 그러나 지금은 그것만으로는 부족하다. 특히 네 번째 문제에서 다루는 그래프나 도표를 이해하는 것은 AI인 도로보군에게 쉽지 않은 과제다.

기출문제를 보면 비행기표나 박물관 입장권 요금표, 캠프장 도구 대여 요금표와 주의 사항 일람 등을 이해하지 못하고서는 문제를 풀 수 없는 경우가 많다. 가령 비행기표에는 어른 한 명당 미취학 아동 두 명까지 무료라든가 장애인 수첩을 제시하면 무료라는 조건이 붙어 있다. 인식률 99.9퍼센트를 자랑하는 최신 OCR(Optical Character Recognition, 광학 문자 인식) 기술을 사용해도 오류가 속출한다. 센터 시험의 영어를 "실용성 빵점의 암기 영어"라고 비판하는 사람들은 아마도 실제로 센터 시험 문제를 풀어본 적이 없을 것이다.

어딘가의 연구 그룹이 도로보군이 영어 과목을 극복하는 데 도움을 주지 않을까? 2013년 나는 고심 끝에 NTT의 커뮤니케이션 과학 기초 연구소의 문을 두드렸다. NTT는 일본을 덮친 AI 빙하기에도 한결같이 음성 인식과 음성 합성, 기계 번역, 커뮤니케이션 이해 등의 연구를 정력적으로 진행해 온 곳이었다. 내가 제일 먼저 찾아간 곳은 기계 번역 팀이었는데, 그때 기계 번역 팀의 젊은 연구원에게 들은 말이 지금도 잊히지 않는다.

"이건 센터 시험 특유의 부자연스러운 영어입니다. 점수를 내고 싶다면 센터 시험의 일영 대역(日英對譯) 데이터를 100만 건 가져와 주십시오. 그러면 검토해 보겠습니다."

우리 인간은 일반적으로 특허 신청도 신문 기사도 센터 시험의 영어 과목도 토플도 여행 회화도 전부 똑같은 방식으로 번역하면 된다고 생각한다. 그러나 기계는 그렇지가 않다. 특허 신청 번역용으로 만들어진 AI는 여행 회화용으로 사용할 수가 없으며, 여행 회화용으로 만들어진 AI의 경우 국제회의 통역 업무에서는 제 기능을 하지 못한다. 스무 살 남짓 어린 연구자에게 "100만 개의 말뭉치(Corpus, 언어 데이터)를 가져오시오"라는 말을 들은 것은 내게 매우 좋은 경험이 되었다.

200점 만점에 120점을 목표로 영어 팀을 결성하다

그런 어려운 상황 속에서 "재미있어 보이네요. 한번 해봅시다"라며 발 벗고 나서준 사람들이 있었다. NTT도코모의 음성 인식 비서 서비스 '말해줘 컨시어지' 개발의 핵심 멤버였던 히가시나카 류이치로(東中竜一郎)와 NTT 출신의 대학 연구원들이었다. 이렇게 해서 그들을 중심으로 도로보군 영어 팀이 결성되었다.

AI의 현재 실력을 생각하면 네 번째 문제 유형 이후로는 '연필 굴리기' 수준의 정답률에서 크게 향상되기가 어려울 것 같았다. 그래서 일단은 앞의 세 가지 문제 유형에 대해 수집한 말뭉치의 양과 정답률 간의 상관관계를 확인하고자 했다. 그러나 센터 시험의 배점은 뒤로 갈수록 높아진다. 요컨대 도로보군에게는 매우 불리한 배점 체계다.

영어 팀은 '200점 만점에 120점'을 첫 5년간의 목표로 삼았다. 첫 번째 문제와 두 번째 문제를 완벽하게 풀고, 세 번째 문제는 정답률 70퍼센트를 목표로 하며, 네 번째 문제와 다섯 번째 문제 중 기계 번역이나 정보 집약 기술로 풀 수 있을 것 같은 문제는 놓치지 않는다. 이렇게 함으로써 확실하게 100점을 쌓아나간다. 그리고 나머지는 당분간 운에 맡기기로(달리 표현하면 '연필을 굴리기로') 했다.

연필을 굴렸을 때보다 조금 더 운이 좋다면 나머지 100점 가운데 20점은 받을 수 있을 테니 200점 만점에 120점, 편차치 55를 달성할 수 있으리라고 생각한 것이다. 영어에서 편차치 50을 획득한다면 합격 가능한 대학은 비약적으로 늘어난다.

그러나 현실은 그렇게 녹록지 않았다. 첫 번째 문제와 두 번째 문제에서 만점을 노린다는 목표조차 좀처럼 달성할 수가 없었던 것이다. 우리의 앞길을 가로막은 것은 '상식'의 벽이었다.

상식의 벽에 부딪히다

연구실의 문을 열고 들어온 로봇이 냉장고를 열더니 그 안에 있는 주스 캔을 꺼내 사람에게 건넨다. 최첨단 인간형 로봇의 시연회에서 종종 볼 수 있는 광경이다. 그러나 설령 그 로봇을 독자 여러분의 집에 파견한들 냉장고에서 주스 캔을 꺼내 오지는 못할 것이다. 사실 그런 시연회의 무대 뒤편에는 '예상 밖'의 일이 일어나지 않기를 기도하며 손에 땀을 쥐고 지켜보는 수많은 '사람'들이 있다.

다시 말해, 이런 시연회의 밑바탕에는 치밀하게 짜인 시나리오가 존재한다. 촬영에 사용하는 냉장고와 문손잡이는 어떤 형태이고 어떻게 하면 열리는지가 로봇에 미리 입력되어 있으며, 냉장고 안에는 대개 주스 캔 하나만이 들어 있다. 가끔은 맥주와 콜라, 주스가 일정한 간격을 두고 놓여 있는 경우도 있을지 모르지만, 우유나 채소, 쓰고 남은 드레싱 통 등으로 냉장고가 가득 차 있는 일은 없다.

요컨대 지극히 한정된 조건하에서가 아니라면 로봇은 냉장고에서 주스 캔을 꺼내는 일조차 쉽게 하지 못한다는 말이다. 로봇이 "체스 챔피언은 이겨도 근처에 심부름조차 보내지 못한다"라고 놀림받는 이유가 여기에 있다.

기술은 분명히 하루가 다르게 진보하는데 왜 이런 단순한 일을 어려워하는지 의아하게 생각하는 독자도 있을지 모르겠다. 그런데 사실은 여러분이 잘못 생각하는 것이 있다. 우리 인간이 '단순하다'라고 여기는 행동이 사실 로봇에게는 단순하기는커녕 매우 복잡한 행동이라는 점이다. 냉장고에서 주스 캔을 꺼내는 '단순한' 작업을 할 때, 인간은 엄청난 양의 상식을 동원한다.

주스 캔은 어디에 있을까? 벽장이나 신발장에 있을 리는 없고, 당연히 냉장고에 있겠지. 냉장고는 어디에 있을까? 현관은 아니야, 부엌이지. 어떤 문을 어떻게 해야 열릴까? 애초에 주스 캔은 어떻게 생긴 물건일까? 냉장고의 어디를 뒤져야 찾을 수 있을까? 주스 캔을 꺼낼 때 방해가 되는 물건은 어떻게 해야 좋을까? 냉장고에 주스 캔이 없으면 어떻게 해야 할까?

인간은 이런 복잡한 판단을 순식간에 해낸다.

우리의 일상은 예측할 수 없는 일로 가득하며, 우리는 다양한 상황에서 상식이나 유연성을 발휘해 문제를 해결한다. 실시간 영상 인식의 정확도가 높아지거나 '문을 여닫는 일' 등에 관한 빅데이터가 모인다면(이런 채산성 없는 데이터를 수집할 기업이 있을지는 의문이지만) 지금보다는 융통성 있는 로봇을 개발할 수 있을 것이다.

그러나 현재 보유한 기술의 연장선상에서는 로봇이 중학생 수준의 상식이나 유연성을 갖추고 일상의 다양한 상황에서 인간에게 도움을 주는 미래를 그리기가 어렵다. 우리에게는 '중학생 수준의 상식'에 불과하다 해도 그것은 실로 방대한 양이며, 이를 AI나 로봇에게 가르치는 것은 상상도 못할 만큼 어려운 일이다.

150억 문장을 암기시키다

2014년 가을 도로보군은 센터 모의시험의 영어 과목에 도전했다. 첫 번째 문제인 발음과 강세 문제를 무난히 돌파한 후, 기출문제에서는 84퍼센트의 정확도를 보인 어구 정렬 문제에 돌입했다. 어구 정렬 문제란 이를테면 다음과 같은 문제를 말한다.

> This problem is too [   ] [   ] [   ] [   ] [   ] [   ] ease.
> 위의 미완성 문장의 빈칸 6곳에 (complex, me, solve, for, to, with)를 적절히 집어넣어 올바른 문장으로 만드시오.

인간 수험생이라면 어휘와 문법, 구문에 대한 지식을 이용해 이 문제를 풀 것이다. too를 실마리로 삼아 'too+형용사+for 목적격+to 동사원형'이라는 구문 유형에 맞춰 의미 있는 문장을 완성시키는 것이다. 한편 우리는 도로보군에게 문법도 구문도 일체 가르치지 않았다. 도로보군에게 가르친 것은 10억 단어로 구성된 3,300만 개의 예문뿐이었다.

내가 수험생이던 시절에는 슨다이 예비학교에서 출판한 『기본 영문 700선(基本英文700選)』이라는 참고서가 큰 인기를 끌었다. 나는 이를 암기해서 히토쓰바시 대학에 합격했는데, 도로보군은 그 4만 배가 넘는 문장을 암기한 것이다.

어구 정렬 문제를 풀기 위해 도로보군은 암기한 예문을 검색한다. 예제의 단어는 6개이므로 가능한 어순은 $6 \times 5 \times 4 \times 3 \times 2 \times 1 = 720$가지다. 그 순열로 만든 문장을 하나하나 검색해 나간다. 그러면 예를 들어

"This problem is too with solve complex me for to ease" 같은 문장은 성립할 리 없으므로 검색해도 나오지 않는다. 요컨대 틀린 답인 것이다. 문법을 가르치지 않아도 '많은 사람이 사용하는 어순이 올바른 어순'이라는 사실을 인식시킴으로써 "This problem is too complex for me to solve with ease"라는 정답에 도달하게 만든다는 전략이었다.

벤치마크에서 84퍼센트라는 정확도를 기록해 자신 있게 도전했던 2014년 센터 모의시험. 그러나 도로보군은 어구 정렬 문제에서 세 문제 중 한 문제를 맞히는 데 그쳤다. 정답률은 33퍼센트였다.

내가 이 결과를 전달받았을 때 전화벨이 울렸다. 영어 팀에서 어구 정렬 문제를 담당했던 스기야마 히로아키(杉山弘晃)였다. "센터 모의시험의 출제 경향이 올해 갑자기 바뀌어서 기출문제와는 전혀 다른 문제가 나왔습니다. 이건 공정하지 못합니다." 나는 즉시 이번 모의시험 문제를 제공해 준 베네세 코퍼레이션[8]에 문의했다.

"올해부터 출제 경향이 바뀌었나요? 도로보군의 성적이 아주 처참합니다."

"그런가요? 특별히 출제 경향이 바뀌었다는 느낌은 받지 못했습니다. 예년과 다를 바 없는 문제였어요. 수험생의 정답률도 별 차이가 없었고요."

요컨대 다른 수험생들에게는 기출문제와 별반 다르지 않은 문제가 도로보군에게는 '전혀 다른' 문제로 다가왔다는 뜻이었다.

도로보군이 어려움을 겪은 문제는 이런 것이었다.

---

8 통신교육 및 출판 등의 사업을 담당하는 일본 최대 규모의 교육 기업.

마이코와 헨리의 대화다. 마이코가 "이 더운 날씨에 메리 집까지 걸어 간 거야?"라고 묻자 헨리가 "응. (날씨가 덥다 보니) 도착했을 때 너무 목이 마르더라고. So [   ] [   ] [   ] [   ] [   ] [   ] drink"라고 대답한다. 도로보군은 3,300만 개의 문장을 검색한 끝에 정답 후보를 두 개로 압축했다.

So Cold. I asked for something to drink. (추워서 마실 것을 부탁했어.)

So I asked for something cold to drink. (시원한 음료를 부탁했어.)

두 문장 모두 문법적으로는 이상하지 않다. 도로보군은 이 둘 가운데 먼저 검색된 답을 선택했다. 인간이라면 더운 날씨에 한참을 걸어온 사람이 추워서 마실 것을 부탁할 리가 없다는 걸 잘 안다. 그러나 도로보군은 그런 당연한 사실을 알지 못했다. 과거에 불었던 두 차례의 AI 열풍과 마찬가지로 '상식의 벽'에 가로막힌 것이다.

도로보군에게 상식을 가르치는 것은 너무도 어려운 과제였다. 결국 문제 풀이의 정확도를 높이기 위해 영어 팀이 선택한 전략은 도로보군에게 더 많은 예문을 암기시키는 것이었다. 도로보군은 500억 단어로 구성된 19억 개의 문장을 학습한 후 2016년 모의시험에 도전했고, 어구 정렬 문제에서 만점을 받았다. 이렇게 해서 첫 번째 문제와 두 번째 문제 인 단어·단문 문제는 처음 목표한 바와 같이 거의 100퍼센트의 정확도 로 풀 수 있게 되었다.

그러나 정답률 70퍼센트를 목표로 삼았던 세 번째 문제, 즉 회화문 완성 문제의 경우에는 생각만큼 정확도가 향상되지 않았다. 회화문 완성 문제의 예를 들면 다음과 같다.

다음 대화의 빈칸에 들어가기에 가장 적절한 문장을 보기 중에서 고르시오.

Nate: We're almost at the bookstore. We just have to walk for another few minutes.

Sunil: Wait. [_____]

Nate: Oh, thank you. That always happens.

Sunil: Didn't you tie your shoe just five minutes ago?

Nate: Yes. I did. But I'll tie it more carefully this time.

① We walked for a long time.

② We're almost there.

③ Your shoes look expensive.

④ Your shoelace is untied.

(번역)

네이트: 서점에 거의 다 왔어. 이제 몇 분만 더 걸으면 돼.

수닐: 잠깐. [_____]

네이트: 아, 고마워. 자주 이런다니까.

수닐: 너 5분 전에 매지 않았어?

네이트: 맞아. 이번에는 더 확실히 매야겠어.

빈칸에 들어갈 문장은 다음 중 무엇일까요?

① 꽤 오래 걸었네.

② 이제 거의 다 왔구나.

③ 신발 멋지네.

④ 신발 끈이 풀렸어.

정답은 ④ "신발 끈이 풀렸어"이다. 그러나 도로보군은 ② "이제 거의 다 왔구나"를 선택했고, 2016년 모의시험 영어 과목의 회화문 완성 문제에서 40퍼센트에 미치지 못하는 정답률을 기록했다.

대화하는 AI는 구글과 아마존, 마이크로소프트, IBM, 소프트뱅크 등 AI를 연구하는 전 세계 기업들이 총력을 기울이고 있는 분야다. 정말로 대화하는 AI가 실현되려면 당연히 센터 시험의 객관식 회화문 완성 문제 정도는 맞힐 수 있어야 한다. 그러나 현재의 AI는 그런 수준에 전혀 미치지 못한다. 비단 도로보군뿐만이 아니다. 영어 팀이 도로보군에게 가르친 영어 문장은 최종적으로 150억 개에 이르렀지만, 주관식도 아닌 객관식 회화문 완성 문제의 정답률조차 획기적으로 향상시키지 못했다.

영어 팀은 딥러닝의 활용에서 활로를 찾으려 했다. 그러나 회화문 완성 문제뿐만 아니라 논지 요약 등 딥러닝을 활용하려고 시도한 모든 문제에서 딥러닝은 기존의 수법만도 못한 결과를 냈다. 딥러닝의 활용에 온 힘을 쏟아부었던 영어 팀이 딥러닝의 한계를 목격한 순간이었다. 그러나 도로보군의 가치는 바로 여기에 있다.

영어 팀이 경험한 '실패'는 논문에 실리지 않는다. 뉴스에 보도될 일도 없다. 뉴스에 보도되는 것은 딥러닝이 성공한 사례뿐이다. 그러나 여러분의 회사에 도움이 되는 것이 과연 성공 사례뿐일까? "아무리 투자를 해도 딥러닝으로는 성과가 나지 않는다"라는 점이야말로 지금 모두가 간절히 필요로 하는 정보가 아닐까? 도로보군은 여러분을 대신해서 그 사실을 실증하고 공개한 것이다.

이에 대해 "150억 문장으로는 턱없이 부족해서 그래. 머지않아 그 100배, 1만 배의 데이터가 손에 들어올 테고, 그러면 이야기가 달라질 걸?"이라고 평가한 사람도 있었다. 그러나 이 또한 빅데이터에 대한 환상이다. 물론 인터넷상에는 매일같이 대량의 영어 문장이 입력되고 있으며, 트위터만 해도 엄청난 양일 것이다. 하지만 앞에서도 언급했듯이, 인간에게는 똑같은 영어지만 AI에게는 특허 출원 양식에 사용되는 영어와 신문에서 쓰는 영어, 센터 시험의 문제에 나오는 영어가 완전히 별개의 것이나 다름없다.

센터 시험의 정답률을 높이는 데 필요한 것은 '오류가 없는 교과서적인 영어'이다. 트위터에 올라오는 일본어 트윗 가운데 교과서적인 일본어가 차지하는 비율이 얼마나 되는지를 생각해 보면, 영어 트윗 가운데 교과서적인 영어가 얼마나 적을지도 쉽게 상상할 수 있다.

문법에 맞지 않은 영어 문장은 아무리 늘어난들 데이터의 축적에 도움이 되지 않는다. 올바른 문장을 쓸 수 있는 사람은 한정적이며, 문장을 쓰는 데는 시간이 걸린다. 따라서 영상의 교사 데이터를 '물타기' 하듯이 모범이 되는 문장에 '물을 타서' 1만 배로 늘리는 방법이 발견되지 않는 한 150억 문장을 1만 배 늘리기란 불가능하다.

도로보군 프로젝트에 대해 "왜 포기하나요? '진정한 의미에서의 AI'를 목표로 더욱 노력해 주세요"라고 말하는 사람이 적지 않다. 그러나 앞에서도 말했듯이 우리의 목표는 가까운 미래의 AI가 가진 가능성과 한계를 모든 사람이 알 수 있는 형태로 공개하는 것이었다. 그러므로 그와 같은 성원(?)은 "진정한 의미에서의 AI를 실현할 수 있다", "특이점은 도래한다"라고 주장하는 연구자들에게 보내주길 바란다. "당신들은 이제 곧 특이점이 도래할 것이라고 주장하지 않았소? 그러니 꾸물대지 말고 AI를 도쿄 대학에 합격시켜서 특이점이 도래할 것임을 증명해 주시오!"라고 말이다.

의미를 이해하지 못하는 AI

컴퓨터는 계산기다

스마트폰의 보급으로 AI는 우리에게 친근한 대상이 되었다. 거리를 걷다 보면 맛있는 라멘집의 위치나 지하철 환승 안내 등 온갖 정보를 스마트폰으로 얻고 있는 사람들의 모습을 쉽게 볼 수 있다.

내가 어디에 있든 간에 회사 근처로 돌아가는 방법을 알려달라고 하면 스마트폰은 금방 가르쳐준다. 선물로 받은 송이버섯을 맛있게 요리하는 방법도 척척 알려준다. 그러므로 스마트폰, 즉 AI가 우리가 던지는 질문의 의미를 이해하고 궁리해서 답을 가르쳐준다고 생각하는 사람도 많을 것이다.

그러나 AI는 의미를 이해하지 않는다. 입력에 반응해서 '계산'한 답을 출력할 뿐이다. AI의 눈부신 발달에 현혹되어 잊고 있는 사람도 많겠지만 컴퓨터는 어디까지나 계산기다. 계산기이므로 할 수 있는 일은 기본적으로 사칙연산뿐이다. AI는 의미를 이해할 수 있는 시스템을 갖고 있지 않으며, 어디까지나 '의미를 이해한 척'을 할 따름이다. 게다가 사용하는 것은 덧셈과 곱셈뿐이다.

AI(컴퓨터)가 계산기라는 말은 계산할 수 없는 것, 달리 말해 덧셈과 곱셈의 식으로 번역할 수 없는 것은 처리하지 못한다는 뜻이다. 그래서 AI 연구자들은 영상 처리를 하는 방법, 질문에 응답하도록 하는 방법, 영어를 일본어로 번역하는 방법 등 세상의 온갖 것을 수식으로 나타내기 위해 매일같이 두뇌를 전력으로 가동하고 있다.

수학의 역사

세상의 모든 것까지는 아니더라도 인간의 인식이나 인간이 인식하고 있는 사상(事象)의 대부분을 수식으로 번역하는 데 성공하고, 또한 그 수식이 계산 가능한 것이라면 '진정한 의미에서의 AI'는 머지않아 완성될지도 모른다. 그러나 내가 생각하기에 현 단계에서 이는 원리적으로 불가능하다. 수학으로 표현할 수 있는 것은 한정되어 있기 때문이다.

인간의 인식이나 인간이 인식하고 있는 사상을 수식으로 번역한다는 것. 이는 곧 수학의 역사라고 할 수 있다.

17세기 이탈리아의 천문학자 갈릴레오 갈릴레이는 "우주는 수학이라는 언어로 쓰여 있다"라고 말했다. 갈릴레이가 등장하기 전의 중세 수학은 굳이 따지자면 신학이나 점술과 매한가지인 존재였다. 6이라는 수의 약수인 1과 2와 3을 더하면 도로 6이 된다고 해서 6을 '완전수'라고 불렀고, 이는 신이 천지를 창조하는 데 걸린 날수와 일치하니 완전수를 연구하면 세상이 만들어진 과정이나 신의 진정한 뜻을 접할 수 있을 것이라고 믿었을 정도였다.

중세에는 아라비아 반도를 경유해서 인도 수학이 유럽에 전해졌다. 무역이 성행하자 합리적인 아라비아 숫자가 상거래에 사용되기 시작하면서 계산 속도가 비약적으로 빨라졌고, 계산 기술 또한 향상되어 천문학의 발전에 크게 기여했다.

한편 당시 천문학의 중심지였던 프랑스에서는 가톨릭의 역사에 남은 엄청난 사건이 발생했다. 두 명의 교황이 서로 자신의 정통성을 주장하는 '교회의 대분열(시스마)'이 일어난 것이다. 파리 대학의 교원들은 두 교황 중 어느 쪽을 지지할지 결정해야 하는 상황에 처했고, 소수파였던 독일계 교원들은 파리 대학을 떠나야 했다. 그러자 빈의 합스부르크 가문이 그들에게 손길을 내밀었는데, 천문학자가 아니라 점성술사로서 초빙하고자 한 것이었다.

날씨는 농작물의 작황에 영향을 끼치며 작황은 국가의 힘을 좌우했기 때문에 통치자인 합스부르크 가문은 점성술에 매우 큰 관심을 보였다. 그 무렵 사람들은 태양도 달도 별도 구름도 전부 한 하늘에 있으며, 태양이나 달, 별을 관측한 데이터를 수집·분석하면 향후의 날씨나 작황을 예측할 수 있을 것이라고 여겼다. 대기권과 우주 공간의 차이를 몰랐던 당시로서는 그렇게 생각한 것도 무리가 아니었다.

결국 독일계 천문학자를 다수 받아들인 중세의 빈에서는 점성술이 꽃을 피웠다. 오늘날 '진정한 의미에서의 AI'가 탄생하기를 기대하고 있는 상황과 매우 흡사했던 셈이다.

당시의 천문학자들은 방대한 '천문 빅데이터'를 계산해야 하는 처지에 놓였다. 점괘가 틀리면 목숨이 위태로울 수도 있으므로 틀림없이 필사적이었을 것이다. 그러한 과정에서 탄생해 오늘날까지도 사용되고 있는 것이 바로 3.14와 같은 십진 소수 표시다. 그 전까지는 고대 바빌로니아 시대부터 이어져온 60진법의 분수를 사용했는데, 이는 계산 효율이 너무 떨어졌다. 그래서 방대한 양의 계산을 해야 했던 천문학자들이 의도치 않게 십진 소수 표시를 탄생시킨 것이다.

십진 소수까지 개발해 가며 계산에 힘쓴 이들에게는 안된 일이지만 중세의 '빅데이터 점성술'은 근본적으로 잘못된 이론에 바탕한 것이었다. 지금은 모두가 아는 사실이지만, 연간 강수량을 예측하고자 멀리 떨어진 별을 관측하는 것은 복권 번호를 가지고 당첨 여부를 예상하는 것과 마찬가지로 무의미한 행동이다. 천문 빅데이터를 사용함으로써 그 해의 작황부터 태어난 황자의 운세까지 모든 것을 예측하고자 했던 합스부르크 가문의 모습은, 수학이 어떤 것인지 이해하려 하지도 않고 "빅데이터를 사용하면 AI를 실현할 수 있다"라고 철석같이 믿는 오늘날의 많은 사람들을 떠올리게 한다.

그러나 중세의 빅데이터 과학이 이루어낸 성과가 전혀 없었던 것은 아니다. 당시 개발된 십진 소수나 로그와 같은 계산 기술은 현재까지도 남아 있으며, 특히 로그의 발견은 당시 천문학자들의 수명을 두 배로 연장시켰다는 말이 있을 만큼 혁명적이었다. 이런 것들이 이후 갈릴레이가 등장할 환경을 조성했다는 것은 틀림이 없다.

우주를 설명하기 위해 갈릴레이는 천체나 낙하하는 물체 등 사물의 움직임을 수학으로 표현하는 일에 도전했다. 그는 정지해 있는 사물에 대한 기술(記述)밖에 없던 수학에, 시간에 관한 기술을 추가하고자 도전한 최초의 인물이었다. 이를 위해 갈릴레이는 중세로 이행되던 시기에 유럽에서 사라진 고대 그리스 기하학의 언어를 사용했다.

기하학의 언어라는 것은 "삼각형의 내각의 합은 180도"라든가 "삼각형의 두 변의 길이의 합은 다른 한 변의 길이보다 길다"라든가 '피타고라스의 정리'와 같은 지식을 표현하기 위한 언어다. 수학의 고전인 유클리드의 『기하학원론』을 읽어본 사람이라면 알겠지만, 여기에는 이른바 수식이라고 할 만한 것이 등장하지 않는다. 논리적인 언어로 이루어진 설명이 나올 뿐이다.

고대 문명에서부터 그리스 로마 시대에 이르기까지의 수학 지식을 집대성한 『기하학원론』에는 삼각형이나 사각형 등 확정된 것, 즉 정지해 있는 것에 관한 기술이 있을 뿐 움직이고 있는 것에 관한 기술은 없다. 그러나 사물을 논리적으로 설명하는 방법은 거의 완성되어 있었는데, 갈릴레이는 이러한 설명법을 움직이는 대상에 적용함으로써 물체의 운동을 설명해 냈다. 예컨대 우리가 고등학교 물리 시간에 배우는 등속직선운동이나 자유낙하는 각각 1차 함수와 2차 함수로 나타낼 수 있다. 이렇게 해서 수학, 특히 함수는 근대 과학, 특히 물리학을 지탱하는 언어로 자리매김했다.

그로부터 약 50년 뒤, '확률'이라는 개념이 유럽에서 동시다발적으로 발견되었다. "인간은 생각하는 갈대다"라는 말로 유명한 파스칼도 확률 개념을 발견한 사람 중 한 명이다. 1654년에 앙투안 공보라는 도박을 좋아하는 귀족이 "도박의 승패가 결정되기 전에 모종의 이유로 중지

되었을 경우 판돈을 어떻게 분배해야 좋겠소?"라고 파스칼에게 물어본 것이 확률을 발견하는 계기가 되었다고 한다. 그 후 불과 10년도 되지 않는 짧은 기간 동안 현대 확률론의 기초가 되는 이론이 확립되었다.

이런 것을 보면 과학적 발견은 어떤 한 사람이 갑자기 떠올린 영감에서 비롯되기보다 때가 무르익어 동시다발적으로 '언어로서' 출현할 때가 많은 것 같다. 수학의 언어는 선형적으로 발전하지 않는다. 특정 시기에 지수함수적으로 발전하며, 그 언어를 전부 소화하고 나면 안정기에 접어들어서 이후로는 아주 천천히 발전하게 된다.

뉴턴이 만유인력의 법칙을 발견한 17세기 후반에 수학은 눈부신 발전을 이룩했는데, 이에 공헌한 인물 가운데 한 명이 뉴턴과 같은 시기에 미적분을 발견한 라이프니츠였다. 그는 이전까지 복잡하고 난해한 언어로 기술되어 온 수학을 $y = f(x)$라는 기호의 나열로 표현하는 뛰어난 감각을 발휘했다. 다음의 수식을 살펴보자.

$$2x + 1 = 5$$
$$2x = 5 - 1$$
$$2x = 4$$
$$x = 2$$

중학교에서 배우는 1차 방정식이다. 맨 위의 수식을 본 순간 무의식 중에 식을 변환해서 $x = 2$를 구한 독자도 있을 것이다. 무의식중에, 즉 자신이 무엇을 하고 있는지에 대한 이해 없이 문제를 푸는 것이다. 기호를 사용해 수식을 표현하고 순서를 규칙화하자 수학을 활용할 수 있는 사람의 수가 폭발적으로 증가했다. 아 그랬다면 공립 중학교에서 모두에게 수학을 가르치기란 불가능했을 것이다. 라이프니츠의 등장은 전체 인구의 0.1퍼센트도 안 되는 극소수의 사람들밖에 이해하지 못했던 수학을 대중화하는 결과를 낳았다.

4,000년이 넘는 수학의 역사 속에서 가장 최근에 발견된 것이 통계 언어다. 사실 통계 자체는 오래전부터 실시되어 왔다. 구약성서에는 다윗 왕이 인구조사를 한 것에 분노한 신이 그 벌로 역병을 퍼뜨려 사흘 동안 이스라엘 민족 7만 명이 죽었다는 이야기가 나온다. 이 때문에 미국의 어느 주는 신의 진노를 살까 두려워한 나머지 18세기가 되어서도 인구조사를 실시하지 않았다고 한다.

통계에 크게 주목했던 유명한 인물로 플로렌스 나이팅게일이 있다. '백의의 천사'라고 불리며 간호사의 시조로 알려진 나이팅게일은 매우 논리적인 여성이었다. 그녀는 병동의 관리와 매일매일의 간호 업무에 관해 상세한 기록을 남겼다. 병들거나 다친 군인 중 사망자의 수와 감염자의 수를 나날이 기록했고, 통계 데이터의 변화를 바탕으로 병동에 배치된 침대의 적절한 간격을 계산했으며, 환기 방법 및 시트 세탁법 등을 과학적으로 확립했다.

크림 전쟁이 끝나고 영국에 돌아온 나이팅게일은 병원 개혁에 착수했다. 그런데 당시 영국의 수장이었던 빅토리아 여왕은 숫자를 무엇보다 싫어했다. 그래서 나이팅게일은 여왕이 숫자를 보지 않고도 내용을 이해할 수 있도록 파이 차트(원그래프) 등의 그래프를 고안해 알록달록한 그림으로 개혁안을 표현함으로써 여왕을 설득하는 데 성공했다고 한다.

오늘날 통계는 빅데이터와 기계 학습 분야에서 널리 쓰이고 있으며, 가장 많이 사용되는 것은 '베이즈 통계'라고 부르는 방법론이다. 그러나 통계와 관련해 아직 해명하지 못한 과제도 있다. 논리와 확률의 언어는 수학 내에서 명확한 지위를 확립했지만, 통계가 논리적으로 무엇을 의미하는지는 아직 완벽히 해명되었다고 말하기 어렵다.

수학이 표현할 수 있는 것 : 논리, 확률, 통계

이야기가 조금 옆길로 샜는데, 내가 하고자 하는 얘기는 이런 것이다. 수학은 기나긴 역사를 통해서 인간의 인식이나 인간이 인식하고 있는 사상을 설명하기 위한 수단으로 논리와 확률, 통계라는 언어를 획득했다. 혹은 이 세 가지 언어만을 획득할 수 있었다.

사칙연산이나 기하학, 고등학교에서 배우는 2차 함수나 삼각함수 등은 논리적으로, 즉 연역적으로 기술할 수 있는 것들이다. 다만 여기에서 말하는 논리는 우리가 일상에서 "그녀는 논리적이야"라고 말할 때의 논리와는 별개의 것으로서, "A=B이고 A=C라면 B=C다"와 같은 엄밀한 논리다. 만유인력의 법칙이나 뉴턴 역학은 이 논리를 사용해서 기술되었다.

그러나 세상에는 논리만으로 설명할 수 없는 것들이 있다. 예컨대 낙하라는 현상을 자세히 관찰해 보면 반드시 만유인력의 법칙으로 계산한 대로만 되지는 않는다. 깃털처럼 가벼운 물체가 낙하할 때를 상상해 보면 쉽게 이해할 수 있을 것이다. 한편 뜨거운 용광로 속 공기의 흐름이나 온도 변화 역시 지세히 관찰하면 계산과는 다르게 움직인다는 것을 알 수 있다. 분자나 전자의 움직임과 관련이 있는 세계에서는 전자 하나의 위치조차 확실히 예측할 수가 없다. 무작위 요소가 관여하기 때문이다.

이런 것을 표현할 때는 확률이 사용된다. 확률로는 내가 지금 주사위를 굴렸을 때 1의 눈이 나올지 다른 눈이 나올지를 알아맞힐 수 없다. 그러나 주사위를 계속 굴리면 여섯 번에 한 번꼴로 1의 눈이 나온다는 것은 알 수 있다.

확률이란 무작위로 발생하는 사건에 대해 다음번에 무슨 일이 일어날지를 예측할 수는 없지만 사건 발생 횟수가 충분히 많다고 가정한다면 어떤 사건이 어느 정도 비율로 일어날지 예측할 수 있게 해주는 이론이다. 확률 이론이 확립된 덕분에 용광로를 안전하게 가동할 수 있게 되었으며, 보험이나 개인 대출이 도박의 영역을 벗어나게 되었다.

그러나 논리에 확률을 추가하더라도 제대로 표현할 수 없는 것들이 있다. 논리처럼 확실하게 일어나지도, 주사위처럼 완전히 무작위로 일어나지도 않는 일들이다. 이럴 때는 통계가 위력을 발휘한다. 과거의 데이터에 입각해서 "이런 기압 배치라면 내일 도쿄의 최저기온은 섭씨 3도겠군"이라고 예상하거나, 임상 실험의 데이터를 바탕으로 A와 B라는 치료법 중 어느 쪽이 더 특정 암에 효과가 있는지 판단하는 것을 예로 들 수 있다.

논리와 확률로 다루기가 특히 어려운 것이 인간의 의지다. 주가나 대통령 선거의 향방 등 인간의 의지로 결정되는 사항은 논리만으로 예측하기가 불가능하며, 그렇다고 주사위의 눈처럼 무작위로 결정된다고도 생각하기 어렵다. 그래서 차선책으로 관측 가능한 정보(설문 조사 등)와 과거의 데이터를 입수해 그 속에 숨어 있는 규칙성을 어떻게든 찾아내려 할 때 사용하는 것이 바로 통계다. 통계는 미래를 예측하는 데 활용된다.

확률과 통계는 언뜻 비슷해 보이지만 접근 방법이 정반대이다. 확률은 이론에 바탕해 결과를 예측하지만, 통계는 이미 존재하는 데이터를 분석해서 가설을 찾아낸다.

수학은 4,000년이라는 시간을 들여서 논리, 확률, 통계라는 표현 수단을 획득했다. 그러나 거꾸로 생각하면 이는, 수학이 설명할 수 있는 대상은 논리적으로 말할 수 있는 것과 확률 및 통계로 표현할 수 있는 것뿐이라는 의미이기도 하다. 요컨대 앞에서도 이야기했듯이 수학으로 설명할 수 있는 것은 매우 한정되어 있다.

논리, 확률, 통계. 기나긴 수학의 역사를 통해 발견한 수학의 언어는 이것이 전부다. 그리고 과학에서 사용할 수 있는 언어 또한 이것이 전부다. 차세대 슈퍼컴퓨터나 양자컴퓨터가 개발되든, 비(非)노이만형 컴퓨터가 등장하든, 컴퓨터가 사용할 수 있는 것은 이 세 가지 언어뿐이다.

'진정한 의미에서의 AI'는 인간과 동일한 수준의 지능을 갖춘 AI를 의미한다. 다만 AI는 계산기이므로 수식, 즉 수학의 언어로 치환할 수 없는 것은 계산하지 못한다. 그렇다면 우리 인간의 지능이 수행하는 모든 작업을 논리나 확률, 통계로 치환할 수 있을까? 아마도 그렇지는 않을 것이다.

수학에는 초월수라는 개념이 있다. 이는 '$x^2 + 5x + 6 = 0$'과 같은 다항방정식의 해가 되지 않는 실수(實數)로, 원주율 π나 자연로그의 밑 e가 바로 초월수에 해당한다. 우리는 대수적 수(초월수가 아닌 수)와 비교했을 때 엄청나게 많은 초월수가 존재함을 이론적으로는 알고 있다. 그러나 π나 e와 그 둘을 조합한 것 이외의 초월수는 거의 발견되지 않았다. "π나 e는 신이 만든 특별한 수라서……"라며 중세의 수학자를 연상시키는 말을 하는 사람도 있지만, 아마도 그 때문은 아닐 것이다. 그저 초월수를 발견하기 위한 수학의 언어가 압도적으로 부족하기 때문일 것이다.

수학이 발견한 논리, 확률, 통계라는 세 가지 언어에 결정적으로 부족한 점이 또 하나 있다. 그것은 '의미'를 기술할 방법이 없다는 점이다. 기본적으로 수학은 형식으로서 표현된 것에 관한 학문인 까닭에 '참과 거짓'이라는 두 가지 의미밖에 다루지 않는다. "소크라테스는 인간이다. 인간은 모두 죽는다. 그러므로 소크라테스도 죽는다" 같은 것밖에 연역하지 못하며, 의미를 모른다기보다 표현하지 못한다.

지금까지 한 이야기가 수학이란 무엇인가를 이해하는 데 조금이나마 도움이 되었는가? 수학은 논리적으로 말할 수 있는 것, 확률적으로 말할 수 있는 것, 통계적으로 말할 수 있는 것은 얼마든지 아름답게 표현할 수 있다. 그러나 그 밖의 것은 표현하지 못한다. 인간이라면 누구나 쉽게 이해할 수 있는 "나는 당신을 좋아해"와 "나는 카레를 좋아해"의 본질적인 의미 차이도 수학으로 표현하기에는 매우 까다로운 문제다. 이것이 도로보군의 성적이 일정 수준 이상으로 오르지 않는 근본적인 원인이라고 할 수 있을 것이다.

2장을 시작하면서 현재의 AI의 연장선상에서는 편차치 65의 벽을 넘을 수 없다고 말한 것은 바로 이런 이유에서이다.

시리(Siri)는
현자인가?

"근처에 있는 맛없는 이탈리아 음식점을 찾아줘"

컴퓨터는 의미를 이해하지 못한다. 이것이 진정한 의미에서의 AI가 실현되는 것을 가로막는 거대한 벽으로 작용하고 있다. 그리고 도로보 군이 도쿄 대학 합격권에 근접하지 못하는 이유도 바로 여기에 있다.

물론 AI 연구자들도 팔짱만 끼고 있는 것은 아니다. 연구자들은 AI가 의미를 모르는 것은 어쩔 수 없지만 적어도 의미를 이해하는 것처럼 행동하도록 만들기 위해 부단한 노력을 거듭해 왔다. 그 결과물 중 하나가 애플의 시리(Siri)로 대표되는 음성 인식 응답 시스템이다.

그렇다면 시리는 얼마나 영리할까? 가령 "이 근처에 있는 맛있는 이탈리아 음식점은?"이라고 시리에게 물어본다고 해보자. 그러면 시리는 GPS로 위치 정보를 판단한 다음 근처에 있는 '맛있는' 이탈리아 음식점을 추천해 줄 것이다. 그러나 이는 내가 지금 하려는 이야기의 핵심이 아니다.

이번에는 "이 근처에 있는 맛없는 이탈리아 음식점은?"이라고 시리에게 물어보자. 그러면 아까와 비슷한 가게를 추천해 줄 것이다. 평판이 나쁜 가게부터 순서대로 표시하지는 않는다. 시리는 '맛없다'와 '맛있다'의 차이를 모르기 때문이다. 그렇다면 이번에는 "이 근처에 있는 이탈리아 음식점 이외의 음식점은?"이라고 질문해 보자. 또다시 처음과 비슷한 가게를 추천해 줄 것이다. 요컨대 시리는 '이외의'라는 말의 의미 또한 이해하지 못하는 것이다.

오해하지 말아주었으면 좋겠다. 내가 이 이야기를 하는 것은 시리의 명예를 실추시키고 싶어서가 아니다. 도로보군도 '덥다'와 '춥다'의 차이를 이해하지 못한다. 이런 경우 잘못은 시리가 아니라 '이탈리아 음식점 이외'라는 모호한 표현을 한 인간에게 있다. '이탈리아 음식점 이외의 음식점'이 아니라 '일본 음식점'이나 '중국 음식점'라고 말하면 되는 것이다.

요령껏 활용하면 시리는 자신의 실력을 120퍼센트 발휘한다. 적어도 예전처럼 맛집 안내서나 거리 정보지를 살 필요는 없어졌다. 다만 한편으로는 시리의 진짜 실력을 독자 여러분에게 알리고 싶은 마음도 있다. AI가 인간의 일자리를 전부 빼앗는 시대가 온다거나 가까운 미래에 특이점이 도래한다는 따위의 성급한 예상이나 기대가 AI의 실상과는 큰 차이가 있음을 알아주었으면 하는 바람에서이다.

시리는 인간의 질문에 응답하는 도구이며, 이를 구현하는 데에는 음성 인식 기술과 정보 검색 기술이 사용되었다. 이때 문제가 되는 것은 정보 검색 기술이다. 뒤에서 자세히 설명하겠지만, 정보 검색이나 자연 언어 처리 분야에서는 현재 통계와 확률 수법으로 AI가 언어를 학습하도록 하고 있다(논리적 수법은 일단 포기한 상태다). 즉, 문장의 의미는 몰라도 해당 문장에 나오는 (이미 아는) 단어와 그 조합에 입각해서 통계적으로 추측해 옳을 것 같은 답변을 이끌어내는 방식이다.

여기서 통계의 근간이 되는 데이터는 많은 사람이 시리를 사용할수록 점점 더 쌓이게 된다. 그러면 이를 이용해 시리가 자율적으로 기계 학습을 거듭함으로써 정확도를 높이는 구조를 취하고 있다. 다만 그 정확도가 100퍼센트에 이를 수는 없다. 확률과 통계에는 애초에 그런 기능이 없기 때문이다.

'맛있는 이탈리아 음식점'과 '맛없는 이탈리아 음식점'이라는 질문에 대한 시리의 응답이 같은 것은, '맛없는 음식점'을 찾는 사람이 적은 탓에 '맛없다'라는 말의 중요도가 낮게 간주되기 때문이다. 한편 '이외의'라는 말을 이해하지 못하는 것은 AI에 논리를 도입하는 일이 본질적으로 어렵기 때문이다. 통계로 구축된 시스템에 어중간하게 논리를 도입하면 정확도가 오히려 낮아진다고 한다.

다만 이 책이 출판되고 어느 정도 시간이 지난 뒤에는 "이 근처에 있는 맛없는 이탈리아 음식점은?"이라는 질문에 대한 응답이 달라질 가능성도 있다. 많은 독자가 호기심에서 '맛없는 음식점'이라든가 '맛없는 라멘집' 등을 열심히 물어봄으로써, 시리가 '맛있다'와 '맛없다'를 구별하게 될 가능성이 있기 때문이다.

또한 이 책을 읽은 '관계자'가 열심히 매개변수 조정을 할 가능성도 있다(이쪽 가능성이 좀 더 높다). 여기서 말하는 관계자는 시리를 개발하고 관리하는 팀을 가리킨다. 시리한테 "나와 결혼해 줘!"라고 말하면 "저는 결혼이 체질적으로 안 맞는 것 같아요"라든가 "저랑 결혼하고 싶어 하는 사람들이 한둘이 아니라는 사실을 잊지 마세요" 같은 절묘한 대답을 하는 것은 기계 학습에 따른 결과물이 아니다. 관계자가 수작업으로 입력해 넣은 것이다.

이쯤에서 독자 여러분에게 퀴즈를 하나 내겠다. 과연 어떤 질문을 던져야 더욱 '영리해진' 시리가 사실은 의미를 이해하지 못한다는 것을 밝혀낼 수 있을까? 꼭 한번 생각해 보기 바란다.

다시 말하지만, 시리를 모욕할 생각은 없다. 다만 여기에 AI와 자연언어 처리, 그리고 그 근간이 되는 수학의 한계가 내재해 있음을 알아주기를 바랄 뿐이다. 시리뿐만 아니라 구글도 왓슨도 마찬가지다.

2017년 4월 TED에 초빙되어 강연을 했을 때, 같은 세션 강연자 가운데 시리의 메인 엔지니어인 톰 그루버(Tom Gruber)가 있었다. 당연히 시리가 어떻게 사람의 말을 이해하게 되었느냐는 내용의 강연을 할 예정이었을 것이다. 그런데 의도한 것은 아니지만 앞선 강연에서 내가 먼저 AI가 어떤 식으로 세계사 문제를 푸는지 비밀을 밝혀버리는 바람에 원래 하려던 이야기를 하기가 곤란한 처지에 놓였다. 그는 내게 다가와 슬쩍 말을 걸었다. "노리코, 당신이 한 말이 맞아요. AI는 의미를 이해하지 못해요."

시리가 현재 채용하고 있는 통계와 확률 수법을 이용한 자연언어 처리 기술로는 기계가 의미를 이해하도록 만들 수 없다. 그러나 평판이 좋은 음식점을 찾거나, 내일의 날씨가 궁금하거나, 실용적인 정보를 손쉽게 알고 싶거나, 심심해서 그냥 말동무가 필요할 때 사용하기 위해서라면 지금보다 훨씬 우수한 AI가 등장할 수는 있을 것이다.

논리로는 공략할 수 없는 자연언어 처리

통계적 수법이 등장하기 이전, 자연언어 처리 기술을 이용한 자동 번역이나 질의응답 분야의 연구자들은 AI에 문법 등의 언어 규칙을 기억시키고 논리적·연역적 방법으로 정확도를 높이려 했다. 그러나 아무리 시도해도 실패만 거듭할 뿐이었다. 아마도 도로보군의 수학 문제 풀이 시스템이 2000년대 이후 이 분야 AI 연구자들이 거둔 유일한 성공 사례일 것이다.

AI가 문법을 학습해 일본어 문장을 해석하려면, 우선 문장 하나를 어절들로 나눈 다음 어떤 부분이 주어이고 어떤 부분이 술어인지, 무엇이 수식어이고 무엇이 피수식어인지 등 다양한 가능성을 샅샅이 조사해야 한다. 그나마 이 정도까지는 도로보군도 해낼 수 있지만, 언어에는 그 밖에도 다양한 규칙이 존재한다. 다음 두 문장에 대해 생각해 보자.

경보기는 분해나 개조를 해서는 절대 안 됩니다.
미성년자는 음주나 흡연을 해서는 절대 안 됩니다.

이 두 문장은 언뜻 보았을 때 구조적으로 비슷해 보인다. 그러나 일본어에 대한 기본적인 이해가 있는 사람이라면 두 문장의 구조가 완전히 다르다는 것을 금방 알 수 있다. 후자의 주어는 '미성년자'이지만, 전자의 주어가 '경보기'일 리는 없다. 경보기가 무엇인가를 분해하거나 개조할 수는 없기 때문이다. 일본어 문법에는 그런 표현이 없지만, 영문법식으로 설명하면 경보기는 '분해하다'와 '개조하다'라는 동사의 목적어에 해당한다.

이러한 사실을 AI가 이해하도록 하기 위해서는 무생물인 경보기가 무언가를 분해하거나 개조할 수 없음을 미리 가르쳐야 한다. 그러나 『이상한 나라의 앨리스』 같은 판타지의 세계에서는 그런 일이 일어날지도 모른다. 즉, 연역적인 방법으로 자동 번역을 실현하려면 문법뿐만 아니라 정확하고 치밀한 언어 규칙을 준비해야 하고, 그 규칙을 인간이 하나하나 수작업으로 입력해야 한다. 그리고 이는 '번역'이므로 일본어뿐만 아니라 번역하려는 대상 언어에 대해서도 똑같은 작업을 수행해야 한다.

설령 이 작업을 해낸다 해도 규칙을 늘려나가다 보면 문장을 입력하고 번역문이 출력되기까지 엄청나게 긴 시간이 걸릴 가능성이 있다. 얼마나 긴 시간인가 하면, 차세대 슈퍼컴퓨터를 사용해도 지구가 멸망하는 날까지 번역이 끝나지 않을 수도 있다. 그뿐만 아니라 사람들이 신조어를 만들거나 기존 단어에 새로운 쓰임새를 추가할 때마다 규칙을 조정해야 하는 술래잡기가 계속된다. 즉, 논리적 수법으로는 이론상 자동 번역이 가능하다 해도 사실상 불가능한 일이나 다름없다는 말이다. 우리가 도로보군을 개발하면서 수학과 물리 과목 일부에만 제한적으로 논리를 도입한 것은 바로 이 때문이다.

현재의 AI는 논리적으로 문장을 읽거나 생각하지 못한다. 1장에서 소개한 왓슨도 예외는 아니다. 인간이라면 "이 작품은 '주피터'라는 이명을 갖고 있다. 모차르트가 작곡한 마지막 교향곡이다"라는 문장을 읽음으로써, '이 작품'이 교향곡 41번을 가리키며 그것이 모차르트의 마지막 교향곡임을 이해하고 "모차르트의 마지막 교향곡과 같은 이름을 가진 행성은 목성(주피터)이구나"라고 깨닫는다. 그런데 이런 간단한 추론이 AI한테는 너무나도 어려운 일이다.

이렇게 말하면 많은 사람이 의아한 표정을 짓는다. "프로 장기 기사를 이길 정도인데 그 정도는 식은 죽 먹기 아닌가?" 지금도 적지 않은 AI 연구자가 이런 생각을 갖고 있는 듯하다. 그러나 사람들의 예상과 달리 대량의 상식을 암기하고 간단한 논리 추론을 통해서 어떤 질문에나 대답할 수 있는 AI를 만든다는 구상은 실패를 거듭해 왔다.

통계와 확률을 사용하면 의외로 적중률이 높다

앞에서 이야기했듯이 오늘날 자연언어 처리 분야에서 성공을 거둔 기업은 모두 그동안의 실패에서 교훈을 얻었다. 이들은 대량의 상식을 암기하고 간단한 논리 추론을 통해서 질문에 응답하거나 자동 번역을 하는 AI를 만드는 작업에 한계가 있다는 것을 발견한 뒤, 또 다른 수학의 언어로 이 난제에 도전했다. 바로 통계와 확률이다.

다만 통계로는 논리와 같은 확실한 추론을 하기가 어렵다. 또한 경험한 적이 없는 사례에 대해 어떻게 판단할지도 예상할 수 없다. 그러나 적중률은 상당히 높다. 논리도 이해도 없는데 적중률만은 상당히 높은 것이다. 도로보군도 영어 과목에서는 그와 같은 방침 아래 센터 시험에 도전해 왔다. 150억 문장을 임기시킨 데는 바로 이런 이유가 있었다.

IBM이 개발한 왓슨도 마찬가지다. 왓슨은 논리를 구사하지 않는다. 왓슨은 문장을 읽고 인간처럼 이해하는 게 아니라 통계를 사용해서 어려운 문제에 도전해 온 AI다. 〈제퍼디!〉의 퀴즈 챔피언이 된 왓슨은 "위키백과는 사전이다. 사전은 사람이 무언가를 알고자 할 때 도움이 되도록 정비되어 있다. 그럴 때 사람은 어떤 식으로 쓰는 경향이 있는가?"를 통계적으로 산출해서 이를 바탕으로 답을 찾아냈다.

왓슨이 미즈호은행의 콜 센터나 도쿄 대학 의과학 연구소에 도입되었다는 이야기는 앞에서도 한 바 있다. 똑같은 AI가 콜 센터와 질병 진단이라는 전혀 다른 업종에 연속적으로 도입되었다면, 이를 설명할 수 있는 가설은 두 가지뿐이다. 하나는 왓슨이 '진정한 의미에서의 AI'라는 것이고, 다른 하나는 왓슨이 사실 매우 단순한 구조로 되어 있으며 업종이 다를 뿐 하는 일은 마찬가지라는 것이다. 그리고 답은 짐작하다시피 후자다.

도쿄 대학 의과학 연구소에 도입된 왓슨은 "의료 논문은 사람에게 새로운 의학적 지식을 전달하기 위해 쓰인 것이다. 그럴 때 사람은 어떤 식으로 쓰는 경향이 있는가?", "전자 카르테는 의사가 환자의 진료 경과 등을 기록한 것이다. 그럴 때 사람은 어떤 식으로 쓰는 경향이 있는가?"를 통계적으로 산출함으로써 병명을 '찾아내는' 작업을 지원한다.

그러므로 왓슨이 도쿄 대학의 의사가 반년 동안 찾아내지 못했던 희귀병을 진단해 냈다는 뉴스를 보고 "왓슨의 진단 능력이 인간을 넘어섰다"라고 이해하는 것은 잘못이다. 왓슨은 진단을 하지 못한다. 지식도 논리도 상식도 없는데 진단을 한다는 것은 불가능한 일이며, 부적절한 일이기도 하다. 왓슨은 의사가 전문적 지식과 상식과 논리와 윤리관에 입각해서 진단을 하기 위해 필요한 '검색'을 도울 뿐이다.

"결과적으로 AI의 진단 정확도가 인간을 능가한다면 기계에게 진단을 맡기는 편이 더 마음 놓이지 않을까?"라고 생각하는 사람도 있을지 모르겠다. 그러나 이는 크나큰 오해다. 시리를 떠올려보라. 근처에 있는 이탈리아 음식점은 순식간에 찾아주지만 '맛있다'와 '맛없다', '이탈리아 음식점'과 '이탈리아 음식점 이외의 음식점'을 구별하지 못하는 것이 AI다.

그런 AI에게 목숨이 걸린 진단을 맡길 수 있겠는가? 나는 사양하고 싶다.

AI가 만드는
기묘한 피아노 곡

확률과정을 통해 작곡을 하고 그림도 그린다

시리와 같은 음성 인식 응답 기술 이외에도 연구 개발이 지속적으로 이루어져온 분야가 있다. 기계로 하여금 자동으로 문장을 쓰거나 그림을 그리거나 작곡을 하도록 만드는 분야이다. 이 분야에서는 확률과정의 이론이 사용되고 있다.

자동 문장 생성이나 자동 작곡 기술이 눈부시게 발전한다면 AI가 나오키상을 받을 정도의 소설을 쓰거나 현대 음악의 새로운 경지를 개척하는 악곡을 작곡하거나 피카소급의 걸작을 그리는 날이 찾아올 것이라고 예측하는 연구자도 있다. 그러나 나로서는 전혀 이해할 수가 없는 노릇이다. 그 이유를 설명하기에 앞서, 먼저 확률과정에 관해 간단히 살펴보고 넘어가겠다.

물에 떨어뜨린 잉크나 우유가 서서히 퍼져나가는 모습이나 담배 연기가 공기 속을 떠도는 모습 등을 가리켜 '브라운 운동'을 한다고 말한다. 이는 우유나 담배 연기 입자가 열운동을 하는 매질의 분자와 불규칙하게 충돌함에 따라 무질서하게 움직이며 확산되는 현상이다.

이 현상은 20세기에 들어와 수학의 중요한 연구 대상이 되었고, 확률과정이라는 연구 분야를 낳았다. 확률과정은 사과가 낙하하는 것과 같이 결과가 하나로 정해져 있는 운동이 아니라 무작위성이 큰 역할을 담당하는 운동을 해명하려고 하는 분야이다.

AI한테 작곡이나 문서 작성을 시키려면 어떻게 해야 좋을까? 만약 '도 다음에는 라'라든가 '그 다음에는 럼' 하는 식으로 '다음'이 정해져 있다면 전형적인 프로그램이나 함수의 형태로 구현할 수 있다. 고등학교에서 배우는 2차 함수나 삼각함수의 연장인 셈이다. 그러나 '다음'이 명확히 정해져 있지 않다면 함수, 즉 논리만으로는 앞으로 나아갈 수가 없다.

이럴 경우 공학이나 경제학에서는 대개 수학 책이 꽂힌 책장으로 다가가 쓸 만한 도구를 찾게 마련이다. 키워드는 '다음'이다. '다음'은 시간의 흐름에 따라 이야기가 진행될 때 사용하는 말이다. 그리고 수학에서 '다음'을 다룰 때는 일단 "그건 확률과정이야"라고 생각해 보는 것이 원칙이다.

쌍륙[9]을 떠올려보자. 먼저 주사위를 굴린다. 나온 눈의 수만큼 말을 움직인다. 다시 주사위를 굴린다. 나온 눈의 수만큼 말을 움직인다. 이

---

9 주사위를 굴려서 나온 눈의 수만큼 말을 움직여 상대의 궁을 점령하면 이기는 놀이.

과정을 계속해서 반복한다.

악곡을 진행하는 방식도 이와 비슷하다. 첫 음을 결정한다. 다음 음을 결정한다. 이 과정의 반복인 것이다. 그러나 앞의 음에 이어지는 다음 음은 주사위를 굴릴 때처럼 완전히 무작위로 결정되지는 않는다. 음을 무작위로 나열해서는 악곡이 성립되지 않기 때문이다. 이럴 경우, 다음 음이 완전히 무작위로 정해지는 것이 아니라 어떤 확률분포를 따를 때 그럴 듯한 악곡이 만들어질 것이라고 생각할 수 있다.

그러나 '도 다음에 올 음'이 어떤 확률분포를 따르는지 가르쳐주는 교과서는 없다. 그렇다면 어떻게 해야 좋을까? 관찰이다. 이는 17세기에 근대 과학이 시작된 이래 이어져온 전통이다. 파스칼도 뉴턴도 관찰을 통해 대발견에 이르렀다.

일단 과거의 음악을 들어본다. 그러나 바흐와 비틀스와 오키나와 민요는 서로 분위기가 달라도 너무 다르다. 이것들을 전부 뒤섞었다가는 정체를 알 수 없는 음악이 탄생할 것만 같다. 확률분포에 차이를 보일 가능성도 부정할 수 없다. 그러므로 같은 장르의 음악을 모으기로 한다.

자동 작곡으로 만들어진 그럴듯한 음악

알파고로 단번에 유명해진 AI 연구 기업인 영국의 딥마인드(구글이 4억 달러라는 거액에 인수한 것으로도 잘 알려져 있다)는 AI로 하여금 낭만주의 시대의 피아노 곡을 학습하도록 한 후 확률과정을 이용해 자동 작곡에 도전했다.

이 회사의 사이트를 방문하면 인공 신경망이 낭만주의 피아노 곡을 학습해서 출력한 다섯 '곡'의 샘플을 들을 수 있다. 샘플의 길이는 각각 10초 정도다. 처음 그 곡들을 들었을 때 나는 너무도 큰 충격을 받은 나머지 나도 모르게 웃음을 터트리고 말았다. 누가 들어도 낭만주의 시대의 피아노 곡이라고 느낄 법한 서정적인 선율, 머뭇거리는 듯한 크레셴도, 극적인 포르테……. 미숙하기는 하지만 대학원에서 나의 부전공은 피아노였다.

사실 딥마인드사가 AI를 대상으로 학습시킨 것은 악보가 아니라 음악 그 자체였다. 유명 피아니스트인 호로비츠, 폴리니, 아르헤리치 등의 피아노 연주를 전부 '파형'으로 입력하고 그것을 한데 섞어서 특징량을 추출한 다음 확률과정을 이용해 파형을 만들어낸다. 샘플에서 어딘가 스타인웨이(Steinway & Sons)[10]의 음색이 느껴졌던 것도 이해가 갔다.

확률과정 이론을 활용한 자동 작곡이나 문장의 자동 생성 등의 연구 개발은 지금까지도 활발하게 진행되어 오고 있다. 그중에서도 특히 많은 이들이 연구에 공을 들인 분야로, AI가 자연스러운 억양과 간격으로 텍스트를 읽도록 하는 음성 합성을 들 수 있다. 이미 우리는 교통기관의 음성 안내나 오디오북 등을 통해 일상적으로 음성 합성을 접하고 있다. 다만 아직은 직접 들어보면 "아, 음성 합성이구나"라고 알 수 있을 만큼 억양이나 강세, 간격 등에서 부자연스러운 느낌이 드는 게 사실이다.

---

10 미국의 수제 피아노 브랜드. 전 세계 연주회장의 98퍼센트가 스타인웨이 피아노를 사용하고 있을 정도로 피아니스트들의 압도적인 지지를 받고 있다.

딥마인드사는 기계가 낭만주의 피아노 곡을 작곡하게 만든 것과 같은 방법으로 음성 합성의 세계에도 혁명을 몰고 왔다. 이 회사 사이트에는 여성과 남성의 목소리로 짧은 영어 문장을 자동 합성한 샘플도 공개되어 있는데, 원어민이 주의 깊게 들어보면 분간할 수 있다고 하지만 일본인인 내 귀에는 기계와 인간을 구별하기 어려울 만큼 자연스럽게 들렸다. 아마도 수많은 음성 합성 연구자들이 이 샘플을 들은 순간 지금까지 자신이 수년에 걸쳐 몰두해 온 연구 주제를 놓아줘야 할 때가 왔음을 통감했을 것이다.

"차이가 최소가 되도록"

확률과정의 이론을 사용한 작곡과 음성 합성은 어떤 원리를 따르는 것일까?

우리는 중학교에서 확률을 배운다. 동전을 던졌을 때 앞면이 나올 확률은 2분의 1, 뒷면이 나올 확률도 2분의 1이다. 주사위를 굴렸을 때 1의 눈이 나올 확률과 6의 눈이 나올 확률은 각각 6분의 1이다. 그렇다면 다음 주에 있을 중간고사에서 1반보다 2반의 수학 과목 평균점이 높을 확률은 얼마일까? 이것은 알 수 없다. 다음 주까지는 아직 일주일이 남아 있다. 1반과 2반 중 어느 반 학생들이 더 '의욕'이 있는지, 더 열심히 시험공부를 할지도 알 수 없다. 한마디로 예측이 곤란한 상황이다.

곤란할 때는 어떻게 해야 좋을까? '일단 무시'하거나 '적당히 매개변수를 넣어두는' 것이 과학의 상투 수단이다. 예를 들어 관측도 수량화도 불가능해 보이는 '의욕' 같은 요소는 무시한다. 혹은 학생들 스스로가 자신의 '의욕'을 5점 척도로 평가한 후 보고하도록 하는 비과학적인 방법으로 매개변수를 결정하고 수리 모형에 반영한다. 이렇게 해서 예측을 하는 것이다. 다시 말하면, 의지를 지닌 학생 한 사람 한 사람을 주사위 같은 것으로 생각하고 수리 모형을 만든다.

우리 같은 수학자들은 윤리관의 벽에 가로막혀 그렇게 하지 못하지만, 공학자들이나 교육학자들은 의도적으로든 무의식적으로든 실제 세계와 확률을 혼동함으로써 개발을 진행한다. 이는 공학자를 폄하하는 발언이 아니다. 과학이 수학자가 허용할 수 있는 범위 내에서만 진보했다면 절대 비행기가 날 수도 고속열차가 달릴 수도 없었을 것이다. 기술의 진보를 위해서는 공학자처럼 감정을 배제해야 할 때도 있다.

음악 생성이나 영상 생성, 문서 생성도 기본적으로는 이런 방침을 따른다. "이 음악으로 무엇을 표현하고자 하는가?", "이 그림은 무엇을 주제로 삼고 있는가?" 같은 요소는 '의욕'과 마찬가지로 관측도 수량화도 불가능하므로 무시한다. 그리고 '낭만주의풍 피아노 곡'이라든가 '고흐풍 그림'처럼 AI가 생성할 결과물과 실제 낭만주의 피아노 곡이나 고흐가 그린 그림의 특징의 분포 차이를 최소화하는 것을 목표로 삼는다. '차이가 최소가 되도록'이라는 것은 18세기에 미적분이 탄생한 이래 가장 흔하게 사용되어 온 수학의 도구 중 하나이다. 그 결과로 탄생한 것이 나도 모르게 웃음을 터트릴 만큼 그럴듯한(!) 멜로디였던 셈이다.

다만 이 이야기는 여기에서 끝이 아니다. 반전이 남아 있다. 딥마인드 사가 공개한 낭만주의풍 피아노 곡의 10초짜리 샘플은 분명히 그럴듯하게 들리지만 전체 곡은 들어줄 만한 게 못 된다. 곡이 진행될수록 어디를 향해 나아가고 있는지 도저히 알 수기 없어서 점점 짜증이 난다.

고흐의 그림을 모아놓고 딥러닝을 통해서 생성한 그림을 볼 때도 마찬가지 기분을 맛볼 수 있다. 부분적으로는 분명히 고흐의 느낌이 나지만 전체를 보면 엉망진창이다. 주제가 무엇인지 전혀 알 수가 없다. 2014년에 구글은 이렇게 생성해 낸 그림을 딥러닝이 본 '꿈'이라며 발표했다.

'의미'는 관측할 수 없다

음악이나 회화의 평가는 주관적인 것이라는 견해가 있다. AI가 만든 피아노 곡이 쇼팽의 녹턴보다 훌륭하다는 주장을 논리로 완벽하게 부정할 방법은 없다. 어쩌면 음악에 조예가 없는 사람들은 어느 쪽이 더 훌륭한지 판단하지 못할지도 모른다. 그렇다면 AI에게 작곡을 시키는 편이 낫지 않겠느냐는 극단적인 주장을 펼치는 사람도 나올 것이다.

그러나 확률과정만으로 만들 수 있다고는 도저히 생각할 수 없는 것도 있다. 바로 '말'이다. 사람의 발언에는 의도가 있으며, 그 발언을 수용하는 곳에는 의미의 이해가 있다는 것은 부정할 여지가 없는 사실이다.

물론 "언어적 커뮤니케이션에 의미의 이해는 없다. 각자 자신이 하고 싶은 말을 하고 거기에 만족할 뿐이다. 결국 원숭이의 털 고르기(그루밍)에 불과하다"라고 주장하는 사람도 있을 수 있다. 그렇게 주장하는 것은 개인의 자유다. 그러나 예를 들어 지금 내가 쓰고 있는 글이 나와 독자 사이의 그루밍일 뿐이며 의미 따위는 없다고 규정하기에는 역시

무리가 있다. 말에는 단순한 기호의 나열을 뛰어넘는 '의미'가 있다.

그런데 '의미'는 관측이 불가능하다.

이렇게 말하면 일부 AI 연구자는 맹렬하게 반론을 펼친다. 가령 "책상 위에 사과와 연필이 있다"라는 문장을 입력했을 때 실제로 책상 위에 사과와 연필이 놓여 있는 영상을 합성해 낼 수 있다면 AI가 문장의 의미를 이해한 셈이 아니냐는 것이다. 그런데 정말 그럴까? 그렇다면 "철수는 영희를 사랑한다"는 어떤 영상으로 만들 것인가? "정말 그럴까?"는? "'철수는 영희를 사랑한다'는 어떤 영상으로 만들 것인가?"라는 문장은? "그런 일은 불가능할 것이다"라는 문장은?

인간은 손짓 발짓이나 그림으로는 표현할 수 없는 것을 말이나 문장으로 표현한다. 이 책에 적혀 있는 내용은 그림으로도 동영상으로도 옮길 수 없다. 핵심이 되는 단어를 모아놓는다 해도 전체 내용을 알 수는 없다. 속독도 불가능하다. 안 그래도 바쁜 독자 여러분에게는 정말 미안한 일이지만, 한 문장 한 문장을 읽어서 의미를 받아들이고 지금 내가 전하고자 하는 바를 이해하는 것 이외에는 방법이 없다.

"철수는 영희를 사랑한다"라는 문장은 말 그대로의 의미를 지니며 무언가 다른 것으로 환원할 수 없다. "영희는 철수에게 사랑받고 있다"라고 수동형으로 변환하거나 "Cheolsu loves Younghee"라고 영어로 번역할 수 있다고 해서 의미를 이해한 셈이 되지는 않는다.

인간이라면 누구나 아는 '말 그대로의 의미'를 AI에 가르칠 도구는 적어도 수학에는 존재하지 않는다. 그리고 거듭해서 말하듯이 컴퓨터 상에서 작동되는 소프트웨어에 불과한 AI는 철두철미하게 수학만으로 구성되어 있다.

"그건 그렇고, 나는 후쿠시마가 되지 않아"

실제로 의미를 생각하지 않고 확률과정만을 이용해서 문장을 생성하면 어떻게 될까? 이를 체험해 볼 방법이 있다. 스마트폰의 자동 완성 기능을 이용해 제일 먼저 표시된 단어만을 사용해서 문장을 만드는 것이다.

우선 첫 단어를 입력한다. 이것은 완전히 무작위다. 가령 '그'를 입력한다고 해보자. 내 스마트폰에서는 자동 완성의 맨 처음 선택지로 '그건'이 나온다. 이것을 선택한다. 다음에 나오는 후보는 '그렇고'이다. 그다음 후보는 ','이다. 이것을 선택하니 다시 ','가 나온다. 자동 완성 시스템이 설정한 확률과정이 소재 고갈을 일으킨 모양이다. 다시금 확률 과정을 작동시키려면 계기가 필요하다. 브라운 운동을 일으키는 잉크 한 방울 같은 것이 필요한 셈이다.

다시 한 번 무작위로 문자를 입력한다. 이번에는 '나'를 입력해 본다. 그러자 '나는'이 뒤따른다. 그다음에는 '후쿠시마가'가 나왔다. 이번 주에 후쿠시마로 출장을 다녀왔는데, 그때 내가 스마트폰으로 메일을 보내며 "나는 후쿠시마가 처음이야"라고 쓴 것을 기억하고 있었던 모양이다. 그런데 이어서 나온 말은 어째서인지 '되지 않아'였다. 그리고 '.'가 나왔다. 결국 완성된 문장은 이런 것이었다.

그건 그렇고, 나는 후쿠시마가 되지 않아.

"이게 대체 무슨 소리야?" 싶은 사람도 있을 것이다. 그러나 잠시만 생각해 보자. 어쨌든 기계는 "그전알채브채지아, 마챠디으베묘패듀" 같은 외계어가 아니라, 의미 불명이기는 해도 "그건 그렇고, 나는 후쿠시마가 되지 않아"라는 '자연스러운' 문장을 자력으로 생성해 낸 것이다. 구두점을 찍은 위치도 그렇고, '나'를 주어로 삼은 것도 그렇고, 부정 표현도 그렇고, 하나같이 굉장히 자연스럽다. 딥마인드사가 공개한 낭만주의 피아노 곡이, 그리고 구글 번역이 '자연스러운' 만큼 자연스럽다고 할 수 있는 수준이다.

이런 결과물을 만들어낸 것은 확률과정과 통계에 입각한 언어 모형이다. 이는 매우 획기적이고 훌륭한 기술이다. "의도나 의미처럼 관측할 수 없는 것은 무시하고 확률과 통계를 의도적으로 혼동한다"라는, 수학자들은 좀처럼 선보일 수 없는 과감함이 있었기에 달성 가능한 기술이었다고도 말할 수 있을 것이다.

분명히 획기적이다. 그러나 이것만으로는 쓸모가 없다. 이 정도로 도쿄 대학에 합격하는 것은 무리다.

완벽한 기계 번역이
가능할까?

야후 번역 ⇒ ×

음성 인식 응답 기술 분야에서는 애플의 '시리'와 구글의 'OK 구글', 일본의 경우 NTT도코모의 '말해줘 컨시어지' 등이 각축을 벌이고 있다. 이처럼 AI 관련 회사들이 치열한 경쟁을 펼치고 있는 분야가 또 하나 있다. 바로 기계 번역이다.

기계 번역은 외국어에 자신이 없는 일본인에게는 그야말로 꿈의 기술로, 이미 많은 사람이 이용하고 있다. 다만 일상적인 회화나 간단한 번역에는 도움이 되더라도, 엄밀함이 요구되는 전기 제품 설명서라든가 계약서, 학술서 등의 번역에는 사용할 수 있는 수준이 못 된다.

그래도 지난 세기에는 거의 무용지물이나 다름없었던 기계 번역의 정확도가 2000년대에 들어와서는 상당히 개선된 모습을 보였다. 그러나 얼마 전까지만 해도 아직 실력이 부족하다는 인상을 받았다.

2014년에 나는 구글 번역의 정확도를 시험해 본 적이 있다.

도서관 앞에서 기다리지 않겠어요?

빅데이터에 기반한 통계적 기계 번역을 채용하고 있는 구글 번역은 위의 문장을 다음과 같이 번역했다.

Do not wait in front of the library(도서관 앞에서 기다리지 말아주세요).

시험이었다면 빵점이다. 기계 번역이라고 하면 야후 번역도 유명하지만 2014년 무렵까지는 정확도가 매우 낮아서, 일본어로 쓴 업무 관련 이메일을 스와힐리어로 기계 번역해서 보낼 용기는 나지 않았다. 지저분한 이야기라 미안하지만, "내일은 어떤 편(便)에 빈자리가 있나요?"라는 문장을 구글 번역이 오역하는 바람에[11] 큰 창피를 당한 일본인 기업가가 있다는 이야기도 들은 적이 있다.

그러다 구글 번역의 영일, 일영 번역 정확도가 급격히 상승했음을 깨달은 것이 2016년 11월의 일이다. 논문을 쓰기 전에 한 번 더 구글 번역의 실력을 시험해 본 나는 깜짝 놀랐다. 번역의 질이 예전과는 완전히 달랐다. 특히 번역의 정확성보다도 출력되는 영어의 '영어다움'이 극적으로 향상되어 있었다.

---

11 '편(便)'에는 교통편이라는 의미와 더불어 대소변이라는 의미도 있다.

이를 확인한 나는 구글에서 딥러닝을 본격적으로 도입했구나 하고 생각했다. 나는 어떤 구조로 자연스러운 일영 번역이 가능해졌는지 알아내기 위해 구글 번역에 다양한 일본어 문장을 입력해 봤다. 그러자 이런 약점이 발견되었다.

입력한 문장 :

"버튼을 흰색, 검은색, 흰색, 검은색, 검은색, 검은색, 흰색, 흰색, 검은색, 흰색, 흰색, 흰색, 검은색의 순서로 누른다."

2017년 10월 30일 기준으로 구글 번역이 제시한 답은 다음과 같다.

출력된 문장 :

Press the button in order of white, black, white, black, black, black, white, white, black, white, white, black.

(버튼을 흰색, 검은색, 흰색, 검은색, 검은색, 검은색, 흰색, 흰색, 검은색, 흰색, 흰색, 검은색의 순서로 누른다.)

흰색 버튼을 누르는 횟수가 1회 적다. 그 후로도 시간 간격을 두고 여러 차례에 걸쳐 확인해 봤지만 매번 버튼을 누르는 횟수가 미묘하게 달랐다. 정확해졌나 싶다가는 다시 틀리곤 했던 것이다. 이를 통해 나는 현재 구글 번역이 사용하고 있는 방법이 아무래도 그 바탕에 있는 2014년 일리야 서츠케버(Ilya Sutskever) 팀이 취한 방법의 약점을 이어받은 것 같다는 결론에 도달했다. 서츠케버 팀의 방법을 그림으로 나타내면 다음과 같다.

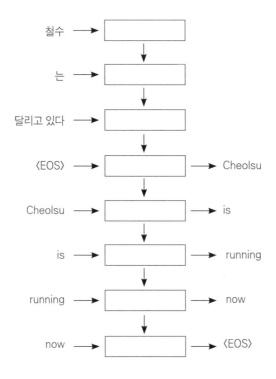

〈EOS〉라는 것은 "여기에서 문장이 끝났습니다"를 뜻하는 기호라고 생각하면 된다. 이어지는 이야기는 다소 전문적인 내용이므로 흥미가 없는 독자는 건너뛰기 바란다.

먼저 '철수', '는', '달리고 있다'라는 단어를 순서대로 입력하고, 딥러닝으로 전 단계의 은닉층(Hidden layer)과 입력 단어 다음의 은닉층을 계산한다. 일본어 입력이 끝났으면 확률과정을 이용해서 영어 단어를 하나하나 출력해 나간다. 출력부의 은닉층은 전 단계의 은닉층과 직전에 출력한 영어 단어로부터 계산한다.

이런 방식으로 '철수는 달리고 있다'를 모으고 '재료'를 만든 다음 그 것을 바탕으로 출력해야 할 단어를 언어 모형에 입각해서 출력한다. '재 료'가 다 떨어지면 그 시점에서 종료한다. 그러나 이때 '재료'의 정체는 은닉층 위에 나열된 고작해야 1,000개 남짓한 수치의 열에 불과하다. 문장이 길어지고 구문이 복잡해지면 적당히 처리해 버리는 것이다. 그 래서 버튼을 누르는 횟수를 틀렸으리라는 것이 논문을 쓰던 나와 친구 의 추리였다.

"나는 지난주에 야마구치와 히로시마에 갔다"

구글 번역 같은 통계적 기계 번역에는 기계 학습을 위한 대량의 대 역(對譯) 데이터가 필요하다. 통계적 기계 번역은 문법도 어휘도 배우지 않고 상식도 익히지 않은 AI가 기계 학습한 대역 데이터와 언어 모형을 바탕으로 가장 적절해 보이는 단어의 나열을 출력하는 구조를 취하고 있 기에, 번역의 정확도를 높이려면 학습용 데이터를 늘리는 수밖에 없다.

실제로 구글 번역을 사용해 보자.

입력한 문장 : 나는 지난주에 야마구치와 히로시마에 갔다.

출력된 문장 : I went to Yamaguchi and Hiroshima last week.

올바른 번역이다. 그런데 이 경우 야마구치가 사실은 지명(야마구치 현)이 아니라 사람의 성씨라면 이는 오역이 되어버린다. 실제로 "나는 지난주에 야마기와(山際)¹²⁾와 히로시마에 갔다"라고 입력하면 구글 번역은 "I went to Yamagiwa and Hiroshima last week"라고 출력한다. 이것이 의미를 이해하지 않는 AI 기계 번역의 한계다.

회화문을 번역할 때는 난이도가 더욱 올라간다. 평서문과 회화문은 성격이 완전히 다르기 때문이다. 회화문 가운데에는 의문문이나 응답문이 많으며, 일본어의 경우에는 주어를 생략하는 일이 잦다. 2017년 9월 17일 시점까지도 구글 번역은 비교적 평이한 회화문을 오역하는 모습을 보였다.

입력한 문장 : How many children do you have?

출력된 문장 : 당신은 어떻게 많은 아이가 있습니까?

그래도 이런 오역은 시간이 지나면 개선되리라고 생각한다. 개선하기가 가장 어려워 보이는 것은 지극히 짧고 단순한 "No"의 번역이다. "아니요"라고 번역하면 90퍼센트는 정답이겠지만, 만약 이것이 부정의문문에 대한 응답이라면 "네"라고 번역해야 한다. 그러나 현재의 기계 번역 시스템으로는 이를 구분해 내기가 어려운 듯하다.

나는 기계 번역이 세계화가 진행 중인 현대 사회에서 꼭 필요한 도구라고 생각한다. 예를 들어 파리의 호텔에서 텔레비전을 켰다가 테러가 일어났다는 사실을 알게 되었다고 가정해 보자. 프랑스어도 영어도 알아듣지 못하는 상황에서 리포터가 하는 말을 스마트폰이 일본어로 실

---

12 사람의 성씨이면서 동시에 산기슭이라는 의미도 있다.

시간 번역해 준다년 큰 도움이 될 것이다. 문장이 부자연스럽고 어순이 어색하다든가 하는 것은 사소한 문제다. 설령 단편적인 정보만을 전해 준다 하더라도 고마운 마음이 들 것이다.

이는 일본에서 살고 있지만 일본어를 읽거나 쓸 줄 모르는 외국인의 경우에도 마찬가지다. 지방자치단체가 발행하는 온갖 서류나 학교 홈페이지, 통신문 등을 여러 나라의 언어로 번역하는 것은 예산 사정상 불가능한 일이다. 일본의 텔레비전 다국어 방송은 지극히 제한적으로 실시되고 있으며, 그나마 영어 방송이 고작인 형편이다. 기계 번역으로 이런 문제를 해결할 수 있게 된다면 얼마나 편리할까?

그러나 '의미를 전혀 고려하지 않는' 오늘날의 기계 번역을 보고 있으면 기계가 인간을 대신해 번역을 전담할 날은 오지 않을 것 같다는 생각도 든다.

2020년 도쿄 올림픽 전까지 다언어 음성 번역을 완성할 수 있을까?

현재 일본에서는 정보통신연구기구(NICT)가 2020년 도쿄 올림픽 개최 전까지 완성하는 것을 목표로 다언어 음성 번역 개발에 몰두하고 있다. 이는 스마트폰에 음성으로 입력한 외국어를 일본어로, 일본어를 외국어로 번역하는 시스템이다. 우선 다언어 음성 인식도 쉬운 기술은 아니지만 이미 스마트폰이나 컴퓨터의 음성 인식이 실용화되었음을 생각하면 개발에 큰 어려움은 없을 듯하다.

나는 내각부에 설치된 종합 과학 기술·이노베이션 회의의 시스템 기반 기술 검토회 위원으로서 NICT의 계획에 조언을 하는 역할을 맡았다. 이 프로젝트의 가장 큰 과제는 얼마나 획기적인 알고리즘을 개발하느냐가 아니었다. 기계 학습을 위한 데이터를 어떤 방법으로 수집하느냐, 그리고 대체 누가 그 작업을 담당하며 관리할 것이냐가 진짜 과제였다.

기계 번역에 필요한 데이터는 단순한 영어 문장이나 일본어 문장이 아니라 대역 데이터이다. "철수는 영희를 사랑한다⇔Cheolsu loves Younghee"와 같은 대역 데이터가 엄청나게 많이 필요한데, 문제는 그 규모였다. 100만 쌍으로는 어림도 없고 1,000만 쌍 정도는 모여야 그나마 시작이라도 해볼 텐데, 실용화 가능한 수준까지 정확도를 높이려면 대체 얼마나 더 많은 데이터를 모아야 할지 담당 연구자를 포함해 그 누구도 짐작조차 하지 못했다. 이래서는 예산을 편성할 수가 없었다.

맨 처음 생각해 낸 방법은 세상에 존재하는 이용 가능한 대역 데이터를 최대한 모아들이는 것이었다. 대역이라고 하면 고전의 번역이 가장 먼저 떠오르지만, 저작권 문제로 이용에 어려움이 있을 것이라고 판단했기 때문에 활용 가능한 다른 데이터들을 검토했다. 신문에는 영역 기사가 일부 실린다. 여행 회화집이나 원포인트 영어 회화와 같은 실용서도 도움이 될 것 같았다. 또한 국제 특허와 관련된 데이터베이스를 이용하면 일본어, 영어, 중국어 대역은 발견할 수 있을 터였다. 국제 기업의 보도 자료도 활용할 수 있을지 모른다. 온라인 제품 설명서도 도움이 될 가능성이 있었다.

한편 위키백과를 활용하는 방안도 검토는 해봤지만 그다지 도움이 될 것 같지 않았다. 일단 영어판과 일본어판은 기술량이 많은 분야와

적은 분야가 저마다 다르고 중복되는 내용이 적어 대역 데이터로 삼기에 부족함이 있었고, 영어판을 번역한 부분도 해당 분야에 대한 지식과 영어에 대한 소양이 충분한 사람이 번역한 것이 아니라 단순히 구글 번역을 복사해서 붙인 것에 불과한 경우가 종종 있었다.

게다가 구할 수 있는 모든 대역 데이터를 수집한다고 해서 문제가 해결되는 것도 아니었다. 그다음이 더 큰 문제였다. 입수한 대역 데이터를 활용해 학습을 해도 기계 번역의 정확도가 오르지 않을 경우에는 인해전술로 새로운 대역 데이터를 만드는 수밖에 없기 때문이다. NICT의 제안서를 보면 전문 작가를 고용해서 일본어 문장을 쓰게 하고, 그것을 전문 번역가가 번역함으로써 대역 데이터를 꾸준히 모을 수 있을 것이라고 적혀 있었다.

나는 이런 방법으로는 입수 가능한 데이터의 양이 부족할 것이라고 생각해 크라우드소싱(crowd sourcing)을 제안했다. 가령 문부과학성[13]과 연계해서 슈퍼 글로벌 하이스쿨[14]로 선정된 고등학교 재학생이나 영어 회화를 공부하고 있는 중장년의 자원봉사를 통해 대역 데이터를 만들면 어떻겠느냐는 것이었다. 그러나 대규모 크라우드소싱을 추진하려면 이를 관리할 부서와 인력이 필요하므로 오히려 비용이 더 들어간다는 반론이 제기되었다.

또한 크라우드소싱에는 생각지 못한 함정이 있었다. 구글은 하루가

---

13 일본의 중앙 행정기관으로 우리나라의 교육부, 과학기술정보통신부, 문화체육관광부를 합친 것에 해당한다.

14 세계에서 활약할 수 있는 인재의 육성에 중점을 둔 고등학교. 문부과학성에서 지정한다.

다르게 늘어가는 방대한 웹 데이터를 갖고 있기 때문에 어떤 페이지와 어떤 페이지가 대역 관계인지 대충 파악하고 있다. 게다가 번역의 정확도를 높이기 위해 일반 사용자들을 대담하게 활용하고 있다. 구글 번역을 이용하는 사람이라면 누구나 번역의 정확도 향상에 공헌할 수 있도록 하는 시스템을 구축해 놓은 것이다.

웹상에 무료로 공개되어 있는 구글 번역을 이용하면 출력된 번역문의 하단에 '사용자 의견'이라는 링크가 표시된다. 구글이 제안한 번역이 틀렸다고 생각하면 여기에 수정안을 직접 적어 넣을 수 있다. 그런데 번역의 정확도 향상을 위한 이 링크가 양날의 검이 될 때가 있다.

한번은 내가 구글 번역의 입력 상자에 '구글 번역'이라고 입력하고 영어로 번역시켰더니 출력 상자에 방송 금지 용어가 표시되었다. 이어서 '야후 번역'이라고 입력했더니 이번에는 '×'가 표시되었다. 누군가가 못된 장난을 친 것이 틀림없었다.

이 사실을 트위터로 알리자 크게 화제가 되었고, 해당 오역은 몇 시간 후에 수정되었다. 역시 구글이라는 생각이 드는 신속한 일처리였다. 그러나 인공 신경망이 학습 과정에서 한번 오염되어 버리면 완전히 깨끗하게 되돌리기가 어려운 모양인지 이후로도 '구글 번역 100'처럼 '구글 번역'에 다른 말을 덧붙여 입력하면 기묘한 번역이 출력된다는 보고가 줄을 이었다.

구글 번역처럼 오염의 위험을 감수하고서라도 대역 데이터의 양적 증가를 지향하는 방식과 NICT처럼 깔끔한 대역 데이터를 직접 만드는 방식 중 과연 어느 쪽이 정답일까? 판매가 목적이라면 NICT의 판단 쪽이 타당해 보인다. 그러나 전 세계의 사용자가 무상 서비스인 구글 번역에 의존하게 되고 친숙해진 나머지 그 오류까지 수용해 버리는 날이 왔을 때, 유료 기계 번역이 과연 사업으로서 성립할 수 있을까? 이것은 매우 판단하기 어려운 문제다.

특히 대역 데이터가 지나치게 부족한 현재로서는, 엄밀한 번역을 필요로 하는 국제회의나 사업 현장에서 사용할 번역기를 통계적 수법의 기계 번역 방식으로 제조하고 제조물 책임의 위험까지 짊어지는 것이 좋은 선택으로는 보이지 않는다.

영상 인식의 함정

영상 인식 분야에도 자연언어 처리 기술과 같은 한계가 있다.

내가 실시간 물체 검출 시스템 YOLO의 등장에 충격을 받았다는 이야기는 앞에서 한 바 있다. 그러나 이를 두고 AI가 '눈'을 얻었다고 여기는 것은 성급한 판단이다. 분명히 YOLO는 놀라운 속도로 물체를 검사해 찾아내고 추적할 수 있지만, 여기에는 조건이 있다. 검사해 찾아낼 물체에 대해 미리 학습한 상태여야 한다는 것이다.

지금의 영상 인식 기술로는 영상에 비친 물체 가운데 미리 학습한 물체를 찾을 수는 있어도 학습하지 않은 물체를 찾아내기는 어렵다. 적어도 현재로서는 그 방법론이 발견되지 않았다. '아무런 제약도 설정하지 않은 실제 세계의 영상에 들어 있는 물체를 인식'하기 위한 일반 물체 인식의 알고리즘은 발견되지 않았으며, 그 알고리즘에 도달하기 위한 이론도 확립되어 있지 않다. 이는 앞에서도 언급한 프레임 문제다.

프레임 문제 이외에도 현재의 영상 인식이나 음성 인식 시스템에는 실용화를 고려할 때 결정적인 문제점이 두 가지 있다. 첫 번째 문제는 AI의 눈과 귀에 해당하는 카메라와 마이크라는 하드웨어가 업그레이드 될 때 발생한다. 오늘날 AI의 활약에 대한 기대가 가장 큰 영상 진단 분야에서는 이 점이 문제시되고 있다.

적지 않은 사람이 병원에서 MRI나 매머그래피(Mammography, 유방 촬영 검사)를 받은 뒤 의사로부터 "깨끗하네요. 걱정 안 하셔도 됩니다"라든가 "여기에 종양이 보입니다. 혹시 모르니 재검사를 해봅시다" 같은 말을 들어본 적이 있을 것이다. 이럴 때 사진을 봐도 뭐가 깨끗하다는 건지 모르겠고 종양이 어디에 있다는 건지도 알 수 없지만 '의사 선생님이 그렇게 말씀하시니 그런가 보지' 하고 넘어가지는 않았는가? 다시 말해, AI의 눈에 해당하는 카메라는 아직 발전 중이라는 것이다.

강화 학습 이외의 기계 학습에는 교사 데이터가 필요하다. "이 영상은 정상입니다", "이 영상은 여기에 암이 찍혀 있습니다"라고 AI에게 가르쳐주고자 인간이 만드는 교사 데이터 영상은 디지털, 즉 픽셀 값 행렬로 구성되어 있다. 그런데 만약 디지털 영상의 해상도가 높아지거나 규격이 바뀌었을 때 AI의 '시력 향상'을 추구하려면, 교사 데이터를 만드는 작업을 처음부터 다시 해야 한다. 영상 인식과 음성 인식의 최전선에서 싸우고 있는 우수한 연구자 몇 명에게 직접 확인한 사실이니 틀림없다.

의사 눈에는 깨끗해 보여도 환자로서는 깨끗한지 어떤지 알아보기 어려운 MRI 촬영 기기 등 영상 진단 계통의 하드웨어는 지금도 발전 중이며, 최종 목표는 환부를 마치 직접 들여다보는 듯한 해상도로 표시하는 것이다. 요컨대 지금보다 고성능의 하드웨어가 개발되면 지금까지의 교사 데이터는 쓰레기통으로 직행할 수밖에 없다.

그러므로 영상 인식이나 음성 인식 등 입력 계통에 카메라나 마이크를 이용하는 AI의 도입을 검토할 때는 하드웨어가 바뀔 때마다 교사 데이터를 다시 만들어야 한다는 점, 즉 하드웨어의 교체뿐만 아니라 교사 데이터를 재작성하는 데에도 비용이 들어간다는 점을 염두에 두어야 한다.

두 번째 문제는 보안 문제다. 1장에서 나는 기계 학습이나 딥러닝이 영상 분야에서 가장 먼저 성과를 낸 데는 이유가 있다고 말했다. 자연 언어와 달리 영상은 전체가 부분의 합으로 구성되는 비교적 단순한 구조로 되어 있기 때문이다. 그러나 이것이 함정으로 작용할 때가 있다.

앞에서 언급했듯이 영상 인식 기술은 전체 영상이 부분의 총합으로 구성되어 있음을 전제로 한다. 딸기다운 정도가 높으면 딸기라고 판단하며, 일반적인 사진의 경우에는 이 방법으로도 충분히 정확도 높은 판정을 내릴 수 있다.

그런데 이러한 AI의 속성을 역이용해서 영상에 어떤 조작을 한다면, 인간의 눈으로는 알아챌 수 없는 미묘한 조작을 한다면 어떻게 될까? 그러면 YOLO 같은 고성능 시스템도 혼란에 빠져 갑자기 모든 영상을 '딸기'로 판정하게 된다.

일반인을 대상으로 한 딥러닝 관련 서적들을 보면 AI가 복수의 층(層)을 사용해서 눈이나 귀 등의 부분을 인식한 다음 그것을 모두 더해서 '사람의 얼굴'이라든가 '고양이'로 판단한다고 설명하는 책이 많다. 만약 이러한 설명이 사실이라면 앞서 말한 것과 같은 오류는 발생할 수 없다. 그러나 실제로는 각 픽셀의 '위치, 색, 휘도'라는 특징들의 총합으로 판정을 내리기에 인공적인 조작에 취약하다. 이론적으로는 딥러닝이 아무리 향상되어도 악의적인 영상 조작을 피할 수 없을 것이라는 견해가 보편적이다.

영상 인식 기술을 실용화해 열쇠로 문을 여는 대신 안면 인식 개폐 시스템을 도입하려는 움직임이 있는데, 거기에는 이런 위험이 내재해 있음을 알아두는 게 좋을 것이다.

특이점은
도래하지 않는다

AI는 낭만이 아니다

AI는 낭만이 아니다. 전자레인지가 그렇듯이 AI는 기술이다. 그리고 모든 기술에는 가능성과 한계가 있다. 이는 과거의 이노베이션을 보면 명확히 알 수 있다. AI 또한 예외는 아니다. 그렇다면 중요한 것은 가능성과 한계가 미묘하고 복잡하게 뒤얽힌 AI의 현 상황을 먼저 직접 체험해 보는 것이다. 2011년 왓슨을 개발한 IBM의 기술진은 남보다 앞서 이 과정을 겪었기에, 2021년까지 AI가 일본에서 가장 입시 난이도가 높은 대학에 합격하기는 무리라는 것을 알았다.

과학이나 기술은 '뭔지 잘 모르겠지만 복잡한 것'을 수학의 언어를 사용해서 언어화하고 설명해 나가는 행위다. 또한 동시에 언어화할 수 없었던 경험을 아픔과 함께 기억하는 것이기도 하다. 그리고 이 둘 가운데 전자 못지않게 중요한 것이 후자다.

"물리학의 자연이라는 것은 자연을 휘어서 부자연스럽게 만든 것이다. 일단 이 과정을 통과했다가 다시 자연으로 돌아가는 것이 학문의 본질 그 자체이리라. 그러나 세상에는 이런 방식으로 파악할 수 없는 측면이 틀림없이 있다. 활동사진으로 운동을 보는 방법이 요컨대 학문의 방법이리라. 무한한 연속을 유한한 필름에 욱여넣어 버린다. 그러나 화가는 조금 다른 방법으로 운동을 나타낸다. 우리는 사물을 유한의 개념에 욱여넣지 않으면 생각을 하지 못하는 습관이 들어버렸다. 그러나 이것은 누가 뭐래도 무리하게 욱여넣은 것이므로 진짜가 아니다."

노벨 물리학상을 받은 도모나가 신이치로(朝永振一郎)가 독일에서 유학 생활을 하던 젊은 날에 쓴 일기(「체독 일기(1938년 4월 7일~1940년 9월 8일)」, 『도모나가 신이치로 저작집 별권2 일기·서간(朝永振一郎著作集〈別巻2〉日記·書簡)』, 미즈호출판)의 한 구절이다. 언어화하고 수치화하고 측정해서 수리 모형화한다는 것은, 즉 "억지로 욱여넣는" 것이다. 욱여넣을 수 있는 완력을 갖추었지만 그 결과로 풍요로움을 잃는 아픔을 아는 사람만이 일류 과학자, 일류 기술자가 될 수 있다고 나는 생각한다.

왓슨이 푼 팩토이드와 일반적인 질의응답은 어떻게 다를까? 일반적인 질의응답과 센터 시험은 어떻게 다를까? 센터 시험의 문제를 푸는 것과 지성의 결정적인 차이는 어디에 있을까? 물체 검출과 영상 인식은 어떻게 다를까? 오늘날의 물체 검출이 이상적인 방식의 물체 검출에 비해 결정적으로 부족한 것은 정확도 이외에 또 무엇이 있을까? AI의 영상 인식과 우리가 '보는' 행위는 무엇이 비슷하고 무엇이 비슷하지 않을까?

이런 차이를 일단 무시하지 않고서는 수리 모형을 만들 수가 없다.

차이만 신경 쓰다 첫발을 내딛지 못한다면 과학도 기술도 탄생하지 않는다. 한편 수리 모형과 현실의 간극을 명확히 느낄 수 있는 감수성과 책임감을 갖추지 못한다면 중대한 위험을 간과하기 십상이다. 그리고 나아가서는 사회적 수용성을 오판해 팔리지 않는 상품이나 서비스에 투자하게 된다.

AI에 대한 과도한 기대는 '차이'를 느끼는 감성을 무디게 만든다. '비슷하다'와 '비슷하지 않다'를 한 쌍으로 묶어 냉철하게 바라보지 않고서는 제대로 된 기술을 탄생시킬 수 없다.

과학의 한계를 겸허하게 받아들이다

내가 과학자로서 명심하는 점이 한 가지 더 있다. 과학을 과신하지 않고 과학의 한계를 겸허하게 받아들인다는 것이다.

앞에서 슈퍼컴퓨터를 사용하더라도 도로보군의 성적은 오르지 않을 것이라는 이야기를 했는데, 그 대목에서 함께 언급했듯이 기상 시뮬레이션 분야에서는 슈퍼컴퓨터가 대활약을 하고 있다. 일본은 지진과 화산 분화, 태풍 등 자연재해가 빈번하게 일어나는 나라다. 대량의 관측 데이터를 해석해 실시간으로 예측·예보를 하기 위해서는 슈퍼컴퓨터가 꼭 필요하다.

20년 전만 해도 일기예보가 이렇게 잘 맞는 날이 오리라고는 아무도 예상하지 못했다. 신발을 던져서 발등이 나오면 맑음, 바닥이 나오면 비라고 예측하는 것과 일기예보가 무엇이 다르냐는 놀림까지 받았다. 그러나 지금은 어떤가? 모두가 텔레비전 혹은 스마트폰으로 날씨 정보를 확인하고 그날 어떤 옷을 입을지, 우산을 가지고 갈지 말지를 결정한다. 특히 2014년에 기상위성 히마와리 8호가 투입된 뒤로는 일기예보의 정확도가 한층 높아졌다.

히마와리 8호는 최첨단 관측 기술인 복사계를 탑재했다. 미국이나 유럽 등에서 앞서 운용을 시작한 차세대 정지 기상위성이며 그전까지 활약해 온 히마와리 7호에 비하면 해상도도 대폭 향상되어 세계적인 주목을 받고 있다. 히마와리 8호는 구름이 생성되는 과정 등을 전보다 한결 선명하고 매끄럽게 관측할 수 있다. 마치 우주선에 탄 채 지구를 직접 내려다보는 것 같은 해상도를 제공한다.

히마와리 8호가 발사된 지 약 1년 반 뒤인 2016년 11월 22일 오전 5시 59분에 동일본 대지진의 여진이 발생했다. 동일본 대지진이 일어나고 5년 8개월이 지난 시점의 일이었다. 진원지는 그때까지도 여진이 계속되었던 해역인 후쿠시마 앞바다로, 후쿠시마현 중부와 동부 등지에서 진도 5약(弱)이 관측되었다.

지진이 일어나자 기상청은 즉시 쓰나미의 발생 가능성을 검토했다. 오전 6시 2분, 미야기현 등에 쓰나미 주의보가 발령되었다. 예상 파고가 0.2미터 이상 1미터 이하일 경우 주의보가 발령된다. 그러나 지진이 발생한 지 약 2시간 후인 오전 8시 3분 센다이 항에 밀어닥친 쓰나미의 높이는 1.4미터였다. 예상 파고가 1미터 초과 3미터 이하일 경우에는 경보가 발령되어야 하기 때문에 결국 쓰나미가 닥친 뒤에 주의보를 경보로 전환하는 촌극이 벌어졌다.

2011년 동일본 대지진이 일어났을 당시, 처음에 쓰나미의 크기를 축

162

소해 예상하는 바람에 인적 피해가 확대되었다는 비판이 있었다. 이 비판을 누구보다 뼈아프게 받아들인 곳은 다름 아닌 기상청이었을 터이다. 여진이 장기간 계속되리라는 전망이 있었으므로 감지기의 수를 늘리고 해저 지형도 더욱 정밀하게 측량했을 것이다. 여기에 새로운 히마와리 위성도 가동되고 있었으며, 슈퍼컴퓨터도 최신형이었다. 그럼에도 정확한 예측에 실패한 것이다.

프로그램의 버그가 원인이었을까? 그렇지는 않은 듯하다. 지진이 일어났을 때는 우선 진원지와 깊이를 추측한다. 여기에 쓰이는 기술은 이미 확립되어 있다. 복수의 지점에서 S파와 P파를 관측해 역산함으로써 진원의 위치를 파악한다는 것이 기본 이론으로, 고등학교 물리 시간에도 배우는 내용이다. 그렇게 파악한 진원지에서 파동이 퍼져 나간다. 파동도 고등학교 물리 시간에 배우는 기본적인 물리 현상이다. 파동은 해저 지형이나 조수 간만의 영향도 받는다. 이런 것들도 전부 기본적인 물리 현상이다.

이론상 물리 현상은 계산을 통해서 예측할 수 있어야 한다. 물론 일어나지 않은 미래의 지진을 예측할 수는 없는 노릇이며, 이미 발생한 지진이 원인이 되어서 2시간 후에 발생할 쓰나미의 높이를 예측할 수 있어야 한다는 이야기다. 그러나 기대는 어긋났다. 동일본 대지진의 교훈을 가슴에 새기고 장비를 향상시켰으며, 연구를 거듭하고 최선을 다했음에도 말이다.

기상청을 비판하려는 것이 아니다. 우리는 아직도 고등학교 물리 교과서에 나오는 기본적인 물리 현상조차 완전히 파악하거나 예측하지 못하고 있다. 이것이 오늘날 과학이 처한 현실인 것이다. 그러한 사실을 겸허히 받아들여야 한다. 과학은 아무리 그 필요성이 강조되고 사회로부터 과도한 기대를 받는다 해도 때가 무르익지 않으면 앞으로 나아가지 않는다.

논리, 확률, 통계로 환원할 수 없는 '의미'

오늘날 특이점이라는 말은 시대의 총아처럼 여겨지고 있다. 인류가 달 표면에 착륙하는 순간을 학수고대하던 1960년대 사람들처럼 특이점이 오는 그날을 손꼽아 기다리는 사람도 적지 않을 것이다.

위키백과 일본어판에 "인공지능 연구의 세계적 권위자"로 소개되어 있으며 구글의 AI 개발을 진두지휘하는 미래학자 레이 커즈와일(Ray Kurzweil)이 2029년에 진정한 의미에서의 AI가 개발되며 2045년에는 1,000달러짜리 컴퓨터가 모든 인류를 합친 것보다 지적인 존재가 될 것이라고 공언했으니, 특이점이 곧 오리라고 믿는 사람이 많다 해도 이상한 일은 아닐지 모른다. 그러나 나는 이 발언의 유통기한이 길게 잡아 앞으로 2년 정도일 거라고 생각한다.

일본의 기업은 정말로 열심히 공부한다. 나는 여러 기업과 연구회 등에서 연간 50회 정도 강연을 하는데, 2년 전에는 강연을 할 때마다 "특이점이 정말 오나요?"라는 질문을 지겹도록 받았다. 기업이 이렇게 순진해도 되는지 불안할 정도였다. 그러나 최근 반년 사이 그런 질문이 많이 줄었다. 아마도 그동안 관련 논문을 닥치는 대로 읽고 데이터를 모으고 여러 가지 AI 기술을 시험해 보면서 오류를 분석했을 것이다. 그리고 '제조' 기업으로서, 혹은 신뢰를 파는 기업으로서 이 기술을 도입해도 괜찮을지 자문자답을 거듭해 왔으리라.

앞에서도 이야기했듯이 구글이나 페이스북처럼 무상 서비스로 성장해 온 기업의 경우에는 AI에 투자할 명확한 이유가 있다. 보안 공격, 지수함수적으로 불어나는 사용자 간 관계 분석, SNS 서비스를 통한 비방·중상이나 가짜 뉴스의 확대에 대한 따가운 시선, 개인 정보 보호 및 '잊힐 권리'에 대한 요구……. 이런 문제들에 인력을 투입하지 않고 지속적으로 대응하면서 사용자가 질리지 않도록 새로운 무상 서비스를 공급하려면 AI를 고도화하는 수밖에 없다.

그러려면 자금이 필요하다. 가장 좋은 방법은 그들이 운용하고 있는 서버군(群)을 많은 사람이, 되도록이면 기업이 유상으로 이용하는 것이다. 그 밖에는 기본적으로 광고를 통해서 수익을 낸다. 그 증거로 구글이 '구글 무인 자동차'를 직접 판매할 생각은 없는 것 같다는 뉴스가 보도되었으며, 이와 관련해서는 구글이 자율 주행을 위한 영상 인식 플랫폼을 자동차 회사들에 팔아서 이득을 챙기고 자신들은 제조물 책임을 회피하려 한다고 보는 시각이 지배적이다.

그리고 주목해야 할 움직임이 또 하나 있다. 구글은 예전부터 온갖 AI 기술을 무상으로 공개해 왔다. 텐서플로(TensorFlow, 딥러닝 소프트웨어 라이브러리)가 대표적인 예이다. 1장에서 언급했듯이 YOLO도 무상으로 공개되고 있으며, 2017년 10월에는 마침내 IBM이 왓슨을 무상으로 제공하겠다는 결정을 내렸다. 대체 무슨 일이 일어나고 있는 것일까?

마이크로소프트의 OS처럼 AI 기술을 패키지 상품으로 판매해서 큰 이익을 얻기는 어렵다는 사실을 AI의 선구자들이 인정했다고밖에 생각할 수 없다. 즉, 일본이 차세대 슈퍼컴퓨터를 만들고 특이점을 일으켜서 또다시 세계 경제의 패권을 차지한다는 것은 낭만이나 공상의 영역조차 넘어선 발상이라는 말이다. 컴퓨터가 수학의 언어만을 사용해서 작동되는 한 가까운 미래에 특이점이 오리라고 예상하기는 어렵다. 이렇게 말하면 "포부가 작다"라든가 "낭만이 없다"라고 비판하는 사람들이 있는데, 오지 않는 것을 온다고 말할 수는 없는 노릇이다.

수학자는 낭만주의자다. 수백 년이 지나도 풀리지 않는 문제에 태연하게 도전하고, 자신이 살아 있는 동안 문제가 풀리지 않는 것을 당연하게 여긴다. 그렇기에 더더욱 수학자들은 타인의 지갑에 의지해서 자신의 낭만을 추구하려 하지 않는다. 개인의 낭만을 위해 타인을 끌어들이는 것은 잘못된 행동이기 때문이다. 일본에는 정말로 돈을 들이고 사람들을 끌어들여서 해결해야 하는 문제가 산더미처럼 쌓여 있다. 그런 국난의 시기에 왜 특이점이라는 낭만에 투자해야 한다는 것인지 이해할 수 없다.

1장의 첫머리에서 나는 AI와 특이점이라는 용어를 엄밀하게 정의했다. 이 책에서 사용하는 'AI'라는 용어는 사실 AI 기술을 의미하며, '진정한 의미에서의 AI'는 일반적인 인간의 지능과 동등한 수준의 인공지능을 가리킨다. 또한 '특이점'은 AI가 어떤 분야에서 인간의 능력을 초월하게 되는 지점이라는 모호한 의미가 아니라, '진정한 의미에서의 AI'가 자신보다 능력이 뛰어난 '진정한 의미에서의 AI'를 만들어내는 지점을 뜻한다.

내가 특이점은 오지 않는다고 말한 것은 지금의 AI의 연장선상에서는, 혹은 지금의 수학으로는 진정한 의미에서의 AI를 만들 수 있을 리가 없기 때문이다. 이 장에서 자세히 설명했듯이 아무리 구조가 복잡해지고 지금보다 훨씬 우수한 딥러닝 소프트웨어를 탑재한다 한들 결

166

국 AI는 컴퓨터에 불과하다. 컴퓨터는 계산기이므로 할 줄 아는 것은 계산뿐이고, 계산을 한다는 것은 인식이나 사상을 수식으로 변환한다는 뜻이다.

즉, 진정한 의미에서의 AI가 인간과 동등한 지능을 얻으려면 우리의 뇌가 의식·무의식을 불문하고 인식하고 있는 것들을 전부 계산 가능한 수식으로 치환할 수 있어야 한다. 그러나 현재 수학에서 수식으로 치환 가능한 것은 논리적으로 말할 수 있는 것, 통계적으로 말할 수 있는 것, 확률적으로 말할 수 있는 것, 이 세 가지뿐이다. 그리고 인간의 인식 전부를 논리, 통계, 확률로 환원하기는 불가능하다.

오래전에 뇌과학이 밝혀냈듯이 뇌의 시스템이 일종의 전기회로라는 것은 틀림없는 듯하다. 이는 뇌의 시스템을 전기회로와 마찬가지로 on과 off, 즉 0과 1의 세계로 환원할 수 있음을 의미한다. 어쩌면 뇌의 기본적인 원리는 계산기와 유사할지도 모른다. 그리고 이러한 사실이 '진정한 의미에서의 AI'나 '특이점의 도래'를 기대하게 만드는 측면은 분명히 있다. 그러나 설령 같은 원리를 따른다 해도 뇌가 어떻게 우리가 인식하고 있는 것을 0과 1의 세계로 환원하는지를 해명해서 수식으로 번역하는 데 성공하지 못하는 한, 진정한 의미에서의 AI가 등장하거나 특이점이 도래할 일은 없다.

그러나 특이점이 오지 않는다는 것은 오히려 경사스러운 일이 아닐까? 우리 인간이 할 일이 아직 많다는 뜻이니 말이다. 그렇다면 남은 문제는 단순한 계산기에 불과한 AI로 대체되지 않을 사람이 지금의 사회에 과연 얼마나 될 것이냐 하는 점이다. 다음 장에서는 이에 관해 자세히 설명하겠다.

3장

전국 독해력 조사를 통해 드러난 충격적인 현실

인간은 AI가 하지 못하는 일을 할 수 있을까?

결국 커뮤니케이션 능력과 이해력이다

1장에서는 가까운 미래에 현재 화이트칼라가 맡고 있는 대부분의 일자리에서 AI가 인간의 강력한 라이벌이 될 가능성이 높다는 이야기를 했다. 2장에서는 그렇다고 해서 AI가 만능은 아니며, 인간이 하는 일을 AI가 전부 대신하는 미래는 적어도 우리나 우리 자녀 세대가 살아 있는 동안에는 찾아오지 않을 것이라고 전망했다. 요컨대 지금 다가오고 있는 것은, 노동자의 절반을 실업의 위기에 빠뜨릴지도 모를 정도의 실력을 갖춘 AI와 함께 살아가야 하는 미래다.

"AI에 맡길 수 있는 일은 AI에 맡기고 인간은 AI가 하지 못하는 일만 하면 된다. AI의 도움으로 생산성이 향상될 터이므로 지금까지처럼 장시간 일하지 않아도 풍요롭게 생활할 수 있을 것이다." 이런 장밋빛 예상을 하는 사람도 있다. 꿈도 낭만도 없는 소리를 하게 되어 미안하지만, 이는 내가 예상하는 미래와는 거리가 멀다.

노동시장에 AI가 참가함으로써 노동환경이 개선되어 인류가 장밋빛 미래를 구가하려면, AI한테는 벅찬 일을 대다수의 사람들이 맡아서 할 수 있어야 한다는 대전제가 필요하다. 그렇다면 AI가 하지 못하는 일을 인간은 할 수 있을까?

2장에서 살펴봤듯이 AI한테는 어렵지만 인간에게는 간단한 일은 얼마든지 있다. 가령 도로보군을 비롯한 현재의 AI는 "얼마 전에 오카야마와 히로시마에 갔다 왔다"와 "어제 오카다와 히로시마에 갔다 왔다"라는 두 문장이 의미적으로 어떻게 다른지 이해하지 못한다.[15]

그러나 일자리의 측면에서 생각했을 때는 어떨까? AI가 하지 못하는 일이 대부분의 사람들은 쉽게 할 수 있는 일일까? 옥스퍼드 대학 연구 팀의 예측을 다시 한 번 살펴보자. 이번에 알아볼 것은 10~20년 후에도 남아 있을 직업이다. [표3-1]을 참고하자. 레크리에이션 지도자(1위), (기계의) 정비·설치·수리 업무 일선 감독자(2위), 위기관리 책임자(3위), 정신 건강·약물 관련 사회복지사(4위), 청각 훈련사(5위), 작업 치료사(6위)……

어떤가? 여러분이 할 수 있을 것 같은 일이 있는가? 물론 있을 것이다. 그러나 가슴을 쓸어내리기에는 아직 이르다. 자신이 할 만한 일이 있느냐 없느냐는 여러분 개인에게는 중요한 문제이지만 사회적으로는 중요한 문제가 아니다. 사회적으로 중요한 문제는, AI한테 기존의 일자

---

15 여기서 오카야마는 지명, 오카다는 사람의 성씨이다.

[표3-1] 10~20년 후에도 남아 있을 직업 상위 25개

1	레크리에이션 지도자
2	(기계의) 정비·설치·수리 업무 일선 감독자
3	위기관리 책임자
4	정신 건강·약물 관련 사회복지사
5	청각 훈련사
6	작업치료사
7	치과 교정사·치과 기공사
8	의료 사회복지사
9	구강 외과의
10	소방·방재 업무의 일선 감독자
11	영양사
12	숙박 시설 지배인
13	안무가
14	세일즈 엔지니어
15	내과·외과 의사
16	교육 코디네이터
17	심리학자
18	경찰·형사 업무의 일선 감독자
19	치과 의사
20	초등학교 교사(특별 지원 교육은 제외)
21	의학자(전염병학자는 제외)
22	초·중학교 교육 관리자
23	족부 전문의
24	임상 심리사·상담사·학교 상담사
25	정신 건강 상담사

(출처) 松尾豊『人工知能は人間を超えるか』(角川EPUB選書)
(원전) C. B. Frey and M. A. Osborne, "The Future of Employment: How Susceptible are Jobs to Computerisation?" September 17, 2013.

리를 빼앗긴 사람들이 이 목록에 있는 일자리 혹은 AI가 등장함에 따라 새로 탄생할, AI는 맡지 못하고 인간만이 맡을 수 있는 새로운 일자리로 옮겨 갈 수 있느냐이다.

그렇지 않으면 많은 사람들이 실업자가 되고, 사회는 대혼란에 빠질 것이며, 일자리를 잃지 않은 사람들에게도 영향이 미칠 수밖에 없다. 가처분 소득의 중앙값이 극적으로 하락하면 각종 제품이나 서비스에 대한 수요 또한 줄어들 테고, 그러면 제과제빵사나 미용사 등 AI로 대체되지 않을 일자리로까지 영향이 확대될 것이기 때문이다. 안심하기에는 아직 이르다고 말한 것은 바로 이런 의미에서이다.

10~20년 후에도 남아 있을 직업의 공통점을 한번 살펴보자. 커뮤니케이션 능력이나 이해력이 필요한 일자리, 곁에서 돌보기나 논두렁의 풀베기처럼 유연한 판단력을 필요로 하는 육체노동 직종이 많다는 점이 눈에 띈다. 이는 앞서 2장에서 살펴본 AI가 잘하지 못하는 분야와 일치한다. 요컨대 고도의 독해력과 상식, 아울러 인간 특유의 유연한 판단력이 필요한 분야다.

좀 더 자세히 설명하자면 AI의 약점은 1만 개를 가르쳐야 간신히 하나를 아는 것, 응용력이 없는 것, 유연성이 없는 것, 정해진(한정된) 프레임(틀) 속에서만 계산 처리를 할 수 있는 것 등이다. 거듭 이야기했듯이 AI는 '의미를 모르기' 때문이다. 그러므로 이와는 반대로 하나를 들으면 열을 아는 능력이나 응용력, 유연성, 프레임에 얽매이지 않는 발상력 등을 갖추고 있다면 AI를 두려워할 필요가 없는 셈이다.

그렇다면 현대 사회를 살아가는 사람의 대다수는 AI가 대신할 수 없는 종류의 일을 충분히 잘 수행할 수 있을 만큼 독해력과 상식, 유연성과 발상력을 갖추고 있을까? 상식을 결여한 사람이 늘어나고 있는 것은 한탄스러운 일이지만 대부분의 사람이 모른다면 그것은 이미 상식이 아니므로, 상식이나 합리적 판단을 하는 능력은 모두가 갖추고 있다고 치자. 문제는 독해력을 기반으로 한 커뮤니케이션 능력과 이해력이다.

일본인만의 문제가 아니다

이 책의 머리말에서도 언급했지만, 결론부터 말하면 현재 일본의 중·고등학생의 독해력은 심각한 상황이라고 해도 과언이 아니다. 대부분의 학생들이 중학교 교과서의 문장조차 제대로 이해하지 못한다.

"뭐야, 중·고등학생이면 아직 어리잖아? 앞으로 나아지겠지"라고 생각해서는 안 된다. 독해력이라는 교양은 대개의 경우 고등학교를 졸업하기 전에 확립된다. 특별한 훈련을 받는다면 성인이 된 뒤에도 독해력이 비약적으로 향상될 수 있지만 그런 사례는 매우 드물다.

또한 일본의 교육 체계가 시대에 맞춰 조금씩 변화해 오기는 했어도 큰 틀에서는 변함이 없었음을 생각하면, 지금의 중·고등학생이 이전 세대 사람들에 비해 능력 면에서 특별히 모자란다고는 생각하기 어렵다. 요컨대 중·고등학생의 독해력이 심각한 상황이라면 일반인들의 독해력 또한 심각한 상황이라고 판단해도 크게 틀리지 않을 것이다.

게다가 이는 일본인만의 문제도 아닌 듯하다. OECD는 매 3년마다 가맹국에 거주하는 15세(의무교육 수료자에 해당한다) 학생들을 대상으로 학업 성취도 조사를 실시하는데, 이 가운데 독해력 부문에서 일본은 3회 연속으로 10위권 안에 들었다. 다시 말해 일본 학생의 독해력은 세계에서도 정상급이라 할 수 있다.

몇 위인지 궁금한가? 2009년에는 8위, 2012년에는 4위, 2015년에는 8위였다. 즉, 세계적으로 봤을 때 일본 중·고등학생의 능력은 결코 뒤떨어지는 편이 아니다. 여담이지만 2015년의 1위는 싱가포르였고 홍콩과 대만, 한국도 10위 이내에 매번 거의 빠짐없이 들어가는 등 이 조사에서는 아시아 국가들이 선전하고 있다. 독해력 이외에도 수학, 과학 부문이 있는데, 이 두 부문에서도 일본은 조사가 처음 실시된 2000년 이래 6회 연속으로 10위 안에 들었다.

그러나 이 숫자를 과신해서는 안 된다. 일본은 세계에서도 보기 드물게 이민자가 적은 나라다. 일본에서 태어나 일본어를 모국어로 사용하며 자라난 아이의 비율이 매우 높다. 따라서 이민자가 많은 독일이나 프랑스 등에 비해 일본 학생의 독해력이 높다는 것은 숫자의 마술에 불과하다.

그런 점을 감안하더라도 세계 정상급의 학력을 갖춘 일본의 중·고등학생의 독해력이 위태로운 상황에 처해 있다는 사실을 믿기 힘든 사람도 적지 않을 것이다. 그러므로 독자들의 이해를 돕기 위해 이 장에서는 우리가 실시한 '기초 독해력 조사' 과정을 순서대로 자세히 보고하려 한다. 최초로 공개하는 내용이다.

수학을 못하는 것인가,
문제를 이해하지 못하는 것인가?

: 대학생 수학 기본 조사

대화가 성립하지 않는다

우리가 도로보군 프로젝트를 시작한 2011년에 나는 일본수학회 교육위원장으로서 '대학생 수학 기본 조사'를 실시했다. 국공립·사립을 막론한 전국의 대학에 협조를 요청해 대학생 6,000명의 수학 실력을 조사한 것이다. 48개 대학의 90개 학과가 이 조사에 협력했다.

조사 대상의 대부분은 대학 입시를 갓 마친 1학년 신입생들로, "입시를 위해서 공부했던 수학은 이미 전부 잊어버렸어"라고는 말할 수 없는 처지였다. 우리는 각 대학의 각 학과를 베네세 코퍼레이션의 분야 분류와 편차치를 바탕으로 분류하고(국공립 S, A, B, 사립 S, A, B, C) 조사 결과를 분석했다. 출제한 문제는 전부 5개였다.

수학 실력 조사라고 하면 삼각함수나 미적분 등 고도의 수학 지식을 묻는 시험일 거라고 생각하는 사람이 많을 텐데, 우리가 실시한 것은 그런 조사가 아니었다. 대학에서 공부하기 위한 준비는 되어 있는지, 경제학이나 간호학 등을 포함해 대학 1학년 수준의 교과서를 읽고 이해할 수 있는 학생은 얼마나 되는지를 알아보는 조사였다.

이를테면 우리는 학생들에게 다음과 같은 문제를 풀게 했다.

> 문제 | 홀수와 짝수를 더하면 어떻게 될까? 다음의 선택지 중 옳은 것에 ○를 기입하고 왜 그런지 이유를 설명하시오.
>
> ⓐ 언제나 반드시 짝수가 된다.
>
> ⓑ 언제나 반드시 홀수가 된다.
>
> ⓒ 홀수가 될 때도 있고 짝수가 될 때도 있다.

물론 ⓑ의 "언제나 반드시 홀수가 된다"가 정답이다. 그러나 이는 채점 대상에 포함되지 않는다. 채점하는 것은 어디까지나 '이유'를 어떻게 설명했는가에 대해서이다. 다음과 같이 쓰면 정답이다.

> 짝수와 홀수는 정수 m, n을 이용해서 각각 2m, 2n+1로 나타낼 수 있다.
>
> 그리고 이 두 정수의 합은
>
> $2m + (2n+1) = 2(m+n) + 1$
>
> 이 된다. m+n이 정수이므로 이것은 홀수가 된다.

상당히 관대하게 채점했음에도 이 문제의 정답률은 34퍼센트에 불과했다. 이상하지 않은가? 최근에 대학 입학시험을 치른 신입생을 대상으로 실시한 조사인데 말이다. 바로 얼마 전까지만 해도 삼각함수라든가 미적분같이 훨씬 어려운 문제를 수도 없이 풀어봤을 것이다. "문과 계열의 입학시험에는 수학 과목이 없어서……"라고 말하는 독자도 있을지 모르겠다. 그렇다면 이과 계열 학생만으로 한정했을 때의 정답률은 어땠을까? 46.4퍼센트였다. 절반에 못 미치는 수치다.

가장 전형적이고 흔한 오답은 짝수를 $2n$으로, 홀수를 $2n+1$로 놓고 $2n+(2n+1)=4n+1$이므로 답은 홀수라고 적은 경우였다. 이것은 $2+3$이라든가 $10+11$처럼 연속된 짝수와 홀수의 합이 홀수라는 것밖에 설명하지 못하므로 정답이 될 수 없다.

어쩌면 자신도 직접 풀어보려다가 같은 실수를 했기에 학생들을 동정하는 독자가 있을지도 모르겠다. 그러나 이과 계열에서 이런 실수는 치명적이다. 이 상태로는 당연히 딥러닝에 관련한 논문을 읽을 수 없다.

우리는 이 조사의 채점을 외부에 맡기지 않았다. 여름방학에 수학자 열두 명이 모여서 사흘 동안 좁은 방에 틀어박혀 6,000장이나 되는 답안지를 전부 손수 채점했다. 왜 그런 비효율적인 방법을 선택했다고 생각하는가? 우리 수학자들은 수학의 답안은 수학자가 아니면 채점할 수 없다고 생각하기 때문이다. 그렇기에 매년 시행되는 대학 입시 현장에서도 같은 방법으로 채점을 진행하고 있다.

그런 우리가 목격한 것은 수많은 '심각한 오답'들이었다.

예 1: $2+1=3$, $4+5=9$ 이므로.

이렇게 답한 학생은 예시와 증명의 차이를 이해하지 못한다고 볼 수 있다.

예 2: 전부 계산해 봤는데 그렇게 결과가 나왔다.

무한히 존재하는 홀수와 짝수의 합을 전부 계산해 보는 것은 불가능하다. 독자 여러분은 이런 답안에 대해 "성적에 반영되는 조사도 아니니까 장난을 친 모양이네"라고 말할지도 모른다. 하지만 그렇지 않다. 채점 전에 우리는 "장난으로 쓴 것 같은 답안은 결과 분석에서 제외시킨다"라는 방침을 정해놓고 채점을 했다.

사실 이 "전부 계산해 봤는데 그렇게 결과가 나왔다"라고 적힌 답안지의 여백에는 여러 가지 홀수와 짝수의 덧셈이 빼곡히 적혀 있었으며, 모든 계산마다 답이 홀수임을 확인한 흔적이 남아 있었다.

예 3: (가) 짝수를 홀수로 만들려면 짝수를 더해서는 안 되고 홀수를 더해야 한다.

(나) 짝수를 더하는 것은 합의 홀짝에 영향을 끼치지 않기 때문에 홀수에 짝수를 더하면 언제나 반드시 홀수가 된다.

이와 같이 질문한 내용을 그대로 되풀이해 쓰는 '동어반복형'도 상당수 있었다. 그러나 우리를 더욱 충격에 빠뜨린 것은 다음과 같은 유형의 답안이었다.

예 4: 삼각형과 삼각형을 더하면 사각형이 되는 것과 같으며, 사각형과 삼각형을 더해서는 사각형이 되지 않기 때문에.

비유와 증명을 구분하지 못하는 학생이 쓴 답안이다. 당연히 "장난 친 게 아닐까?"라고 의심했다. 그러나 연필 끝에 힘을 주어 또박또박 쓴 글씨도 그렇고, 해당 학생이 다른 문제에 대해 적은 답이나 설문 조사에 응답한 내용을 고려했을 때 진지하게 답한 것 같다는 결론을 내릴 수밖에 없었다.

사립대학을 편차치에 따라 S, A, B, C급으로 구분하면 B와 C에서는 문과와 이과를 불문하고 전체 학과의 3분의 1 이상에 위와 같은 심각한 유형의 오답을 적은 학생이 있었다. 반면 국립 S에서는 문과와 이과를 통틀어 그런 답안이 거의 눈에 띄지 않았다.

[그림3-1]은 국공립 S, A, B와 사립 S, A, B, C 각각에 속하는 수험자가 제출한 답안의 몇 퍼센트가 '정답＋준정답', '전형적인 오답', '심각한 오답', '백지'로 분류되는지를 그래프로 나타낸 것이다. 국립 S의 그래프만이 다른 그래프와 뚜렷하게 다른 형태를 취하고 있다.

물론 이런 간단한 문제는 도쿄 대학이나 교토 대학의 입시에는 출제되지 않는다. 아니 사립 B, C를 포함한 어떤 대학의 입시에도 출제되지 않을 것이다. 그럼에도 이처럼 명백한 차이가 나타났다. 그 후 나는 이 문제를 '인생을 좌우하는 문제'라고 부르기로 했다.

이러한 실태를 보고서로 작성하자 인터넷상에서는 "수학자의 유토리 세대[16] 두들기기"라는 비판이 일었다. 그러나 이는 오해다. 유토리 교육을 비판하기 위해, 혹은 학생들을 모욕하기 위해 이처럼 손이 많이 가는

---

16 주입식 교육에서 벗어나 사고력을 키우는 데 중점을 둔 소위 유토리(ゆとり, 여유) 교육을 받은 세대. 일반적으로는 1987년부터 2004년 사이에 태어나고 자란 젊은이들을 가리킨다.

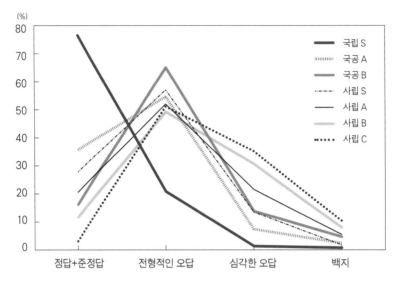

[그림3-1] 178쪽 문제의 해답 분류

조사를 할 만큼 우리는 한가하지 않다.

또한 독자 여러분 중에는 성적과 무관한 조사이므로 진지하게 답안을 적지 않은 학생이 많은 것 아니냐고 의심하는 사람도 있을 것이다. 지당한 추측이라고는 생각하지만 우리는 대부분의 학생이 진지하게 조사에 응답했다고 판단하고 있다. 앞에서도 이야기했듯이 손으로 답안을 작성하도록 했기 때문에, 답안지를 들여다보면서 채점하면 수험자가 진지하게 답을 적었는지 아닌지는 대체로 판별이 가능하다.

혹은 과학적인 근거를 제시할 수도 있다. 학생이 소속된 대학 학부의 편차치와 우리 조사에서 받은 점수 사이에 상관관계가 있다면, 이를 대부분의 학생이 진지하게 조사에 임했으리라고 판단하는 근거로 삼을 수 있기 때문이다.

우리가 '내학생 수학 기본 조사'라는 무섭도록 손이 많이 가는 조사를 단행한 데는 이유가 있다. 대학에서 일하는 많은 교원이 학생들의 질적 학력 저하를 피부로 느끼고 있기 때문이다.

일본에서는 수학계의 노벨상으로 불리는 필즈상을 받을 만큼 뛰어난 수학자라 해도 대학에서 일하는 동안에는 매년 입시 문제의 작성과 채점을 담당하고 대학 1, 2학년생의 교양 수학 수업을 맡는다(한편 교육학부나 공학부의 교원 대부분은 입시 문제의 작성이나 채점, 교양 교육 등에 관여하지 않는 것이 보통이다).

그런 가운데 학생과 논리적인 대화나 질의응답을 주고받다가 대화가 성립하지 않는다고 느끼는 순간이 너무 많이 늘어난 것이다. 상당수의 교원이 그와 같은 느낌을 받고 있다고 털어놓았다. 그래서 실태를 정확히 파악할 필요성을 통감하고 이런 조사를 실시하기로 결단을 내린 것이다.

학생이 논리적인 대화의 캐치볼을 할 수 있는 능력을 갖추지 못한 채 대학에 들어오면 대학에서 가르칠 수 있는 것이 제한된다. 그런 상황에서는 학생들이 얻을 수 있는 것도 적다. 학비를 대출받아서 대학에 다니는 학생도 있는데, 이래서는 얻을 수 있는 것과 치러야 하는 대가의 균형이 맞지 않는다. 학생 쪽이 손해를 보게 된다. 이런 상황을 방치할 수는 없으니, 사회에 널리 알리고 이해를 구하도록 하자. 이것이 우리 조사의 동기였다.

이번에는 선택식 문제를 소개하겠다.

> 문제 | 다음 제시문을 읽고 이어지는 서술 가운데 확실히 옳다고 할 수 있는 것에는 ○를, 그렇지 않은 것에는 ×를 기입하시오.

> 공원에 아이들이 모여 있습니다. 남자아이도 여자아이도 있습니다. 유심히 관찰하니, 모자를 쓰지 않은 아이는 모두 여자아이입니다. 그리고 운동화를 신은 남자아이는 한 명도 없습니다.

① 남자아이는 모두 모자를 썼다.
② 모자를 쓴 여자아이는 없다.
③ 모자를 쓰고 운동화를 신은 아이는 한 명도 없다.

옳은 것은 ①뿐이다. 제시문의 "모자를 쓰지 않은 아이는 모두 여자아이입니다"라는 문장에서 남자아이는 모자를 썼음을 알 수 있다. 그러므로 ①은 옳다. 그러나 "여자아이는 아무도 모자를 쓰지 않았다"라고는 말하지 않았다. 즉, ②는 확실히 옳다고는 말할 수 없으므로 ×다. 또한 "운동화를 신은 남자 아이는 한 명도 없습니다"라는 문장과 더불어 생각해도, 모자를 쓰고 운동화를 신은 여자 아이가 있을 가능성을 부정할 수 없으므로 ③ 역시 ×다.

이 문제의 정답률은 64.5퍼센트였다. 입시에 필요한 기술을 무엇 하나 요구하지 않는 문제임에도 국립 S에서는 85퍼센트가 정답을 맞힌 반면에 사립 B, C에서는 정답률이 50퍼센트를 밑돌았다. 그렇다면 많은 고등학생이 동경하는 사립 S의 정답률은 어땠을까? 국립 S에 비해 20퍼센트포인트나 낮은 66.8퍼센트에 머물렀다.

6,000장에 이르는 답안지를 채점하는 사이에 나는 어느 대학에 입학할 수 있는지를 결정하는 것은 학습량도 지식도 운도 아닌 논리적인 독해와 추론의 힘이라는 것을 확신하게 되었다.

전국 2만 5,000명의 기초 독해력을 조사하다

문장을 읽고 내용을 이해할 수 있는가?

'대학생 수학 기본 조사'를 실시한 후 나는 일본 학생들의 기본적인 독해력에 의문을 품게 되었다. 독해력이라고 하면 다니자키 준이치로(谷崎潤一郞)나 가와바타 야스나리(川端康成)의 소설이나 고바야시 히데오(小林秀雄)의 평론을 읽고 작가가 호소하는 바나 행간에 숨어 있는 진짜 의미 등을 파악하는 능력을 떠올리는 사람이 많을 것이다.

그러나 내가 의문을 품은 것은 그런 의미의 독해력에 대해서가 아니다. 사전에 실린 '독해력'이라는 말의 뜻 그대로, 문장을 읽고 그 내용을 이해하는 능력에 대한 것이다. 요컨대 많은 대학생들이 수학 기본 조사의 문제 자체를 이해하지 못한 것이 아닌가 하는 의문이었다.

중학교의 수업은 (국어 과목의 난해한 소설이나 평론문은 예외로 치더라도)

학생이 사회나 과학 교과서를 읽고 의미를 이해할 수 있다는 전제 아래 진행된다. 안 그러면 수업이 성립되지 않는다. 적어도 교육행정에 관여하는 문부과학성의 관료나 고등교육을 심의하는 유명 대학의 학장 혹은 경제계의 중진 가운데에는 이러한 전제를 의심하는 사람이 없었다. 그러나 나는 이전까지 누구나가 당연하게 받아들였던 '모두가 교과서의 문장 정도는 이해할 수 있을 것'이라는 전제에 의문을 품었다.

나는 이런 실태를 사회에 알려야겠다고 생각했다. 그러나 우리가 실시한 것은 대학생을 대상으로 한 수학 기본 조사였다. 정답률이 낮은 원인 중 하나가 독해력 부족이라는 확신은 있었지만 어디까지나 추측에 불과했다. 어떤 문제를 널리 알려야 할 필요성을 느끼더라도 추측에 바탕한 문제 제기가 되어서는 설득력이 부족하다. 그렇다면 어떻게 해야 이 상황을 올바르게 전달할 수 있을까.

답은 간단했다. 본격적으로 조사에 나서는 것이다. 답이 나왔다면 즉시 실행에 옮겨야 한다. 나는 중·고등학생의 기초 독해력을 조사하기로 했다.

도로보군의 공부를 바탕으로 리딩 스킬 테스트를 개발하다

기초 독해력을 조사하기로 결정은 했지만, 그런 조사는 지금까지 세계에서 누구도 실시한 적이 없기 때문에 이렇다 할 조사 방법이 없었다. 그래서 기초 독해력을 조사하기 위한 리딩 스킬 테스트(Reading Skill Test, RST)를 자력으로 개발했다.

방법론은 있었다. 컴퓨터 및 언어학 전문가들과 함께 도로보군에게 독해력을 부여하기 위한 도전을 계속해 왔기 때문이다. AI가 문장을 논리적으로 읽으려면 일단은 문장이 어디에서 나뉘는지를 알아야 한다. 즉, 어절 개념을 이해해야 한다. 어절을 이해하고 나면 그다음에는 '무엇이 어떻게 했다'라는 주어와 술어의 관계나 수식어와 피수식어의 관계를 이해해야 한다. 이것을 '의존 구조 해석'이라고 한다. 또 문장에는 '이것', '그것' 같은 지시대명사가 자주 나오므로 각각의 지시대명사가 무엇을 가리키는지도 이해해야 한다. 이것을 '조응 해결'이라고 한다.

AI가 어절과 의존 구조, 조응을 이해하면 단순한 문장은 읽을 수 있다. 조응이나 의존 구조라는 말이 귀에 익숙하지 않을지도 모르지만 앞으로 자주 나올 테니 기억해 주기 바란다.

자연언어 처리 연구자는 의존 구조 해석이나 조응 해결의 벤치마크를 만들고 AI한테 풀게 함으로써 AI의 성능을 측정한다. 의존 구조 해석의 경우, 분야에 따라 차이는 있지만 정확도가 80퍼센트 정도는 나온다. 나는 이를 참고해서 인간을 대상으로 한 테스트를 개발해 기초 독해력을 측정할 수 있지 않을까 하고 생각했다.

의존 구조나 조응은 자연언어 처리 분야에서 이미 활발한 연구가 이루어지고 있다. 한편 오랫동안 연구되어 왔음에도 좀처럼 정확도가 오르지 않는 것도 있다. 바로 '동의문 판정'이다.

'동의문 판정'은 서로 다른 두 문장을 읽고 비교해서 의미가 같은지 여부를 판정하는 것이다. 동의문 판정이 가능해지면 대학 입학시험의 서술형 문제를 AI가 자동으로 채점하게 될 가능성이 있다. 모범 답안과 학생의 답안을 읽고 비교할 수 있기 때문이다. 그래서 꾸준히 연구가 이루어져왔는데, 좀처럼 성과를 내지 못하고 있다.

그 밖에 우리는 '의미를 이해하지 않는, 프레임 문제를 해결하지 못한, 상식이 결여된' AI로서는 하지 못하는 것, 즉 인간이 AI에 맞서 이길 가능성이 있는 중요 분야로 '추론', '이미지 동정(同定)', '구체예(具體例) 동정'이라는 과제를 새로 설정했다.

'추론'은 문장의 구조를 이해한 다음 생활 속의 경험이나 상식, 여러 가지 지식 등을 총동원해 문장의 의미를 파악하는 능력이다. '이미지 동정'은 제시된 도형이나 그래프를 문장과 비교해서 내용이 일치하는지 아닌지를 인식하는 능력이며, '구체예 동정'은 정의를 읽고 그것과 합치하는 구체적인 예를 인식하는 능력이다. 이때 정의에는 사전적인 정의와 수학적인 정의의 두 종류가 있다.

추론, 이미지 동정, 구체예 동정은 의미를 이해하지 않는 AI가 절대 넘을 수 없는 벽이다. 즉, AI에 독해력을 부여하고자 연구를 거듭하며 축적한 오류 분석 데이터를 이용해서 개발한 인간의 기초 독해력 판정 검사가 바로 리딩 스킬 테스트, RST인 것이다.

RST는 AI의 정답률이 80퍼센트가 넘는 '의존 구조'나 급속히 연구가 진행되고 있는 '조응', AI한테는 아직 어려운 듯한 '동의문 판정', AI가 넘을 수 없는 벽인 '추론', '이미지 동정', '구체예 동정(사전적 정의·수학적 정의)'의 6개 분야로 구성되어 있다. 도쿄서적에서 출판한 영어와 국어 교과서를 제외한 중·고등학교 교과서, 마이니치신문, 도쿄·주니치신문, 요미우리신문의 과학면과 초등학생 및 중학생 대상 기사를 사용해 분야별로 수백 문제씩 작성했는데, 다들 흔쾌히 저작권 이용을 허락해 줬다.

교과서와 신문을 이용해서 문제를 만든 데는 이유가 있다. 내용을 이해하지 못하면 본인이 손해를 보게 되는 종류의 소재로부터 문제를 낸다는 것을 기본 방침으로 정했기 때문이다. 교과서는 그 대표적인 예로, 교과서를 읽고 이해하지 못하면 고등학교 입시나 대학 입시에서 명백히 불리한 입장에 놓인다. 신문도 마찬가지다. 신문에 적힌 내용을 이해하지 못하면 세상이 어떻게 돌아가는지 알 수 없다. 그런 것을 읽고 이해할 수 있는 독해력이야말로 무엇보다도 중요하다고 생각했기에 교과서와 신문을 문제 출제의 재료로 선택했다.

기본적으로는 종이와 연필이 아니라 컴퓨터나 태블릿으로 테스트를 실시한다. 지금까지 학생들이 겪어온 테스트와는 전혀 다른 유형의 문제를 풀어야 하므로 당황하는 학생이 있을지도 모른다. 그래서 실제 문제 풀이에 들어가기 전에 6개 분야별로 예제를 제시하고 답을 적으면 정답이 표시되는 과정을 거치게 함으로써, 문제를 푸는 요령을 이해한 다음 테스트를 치를 수 있도록 했다.

RST에는 다른 테스트와 다른 또 한 가지 특징이 있다. 수험자 전원이 같은 문제를 푸는 게 아니라는 것이다. 예제를 다 풀었으면 컴퓨터가 수백 문제 가운데 무작위로 문제를 선정해서 제시한다. 한 문제의 답을 적으면 다시 무작위로 다음 문제가 출제된다. 각 분야별로 설정된 제한 시간이 끝날 때까지 계속해서 이런 방식으로 테스트가 진행된다. 어떤 수험자는 20문제를 풀고, 다른 수험자는 5문제밖에 풀지 못할지도 모른다. 그것까지도 포함해서 수험자의 기초 독해력을 진단한다.

우리는 연구에 협력해 줄 학교나 기업, 단체가 나타나면 조사를 실시하는 방법으로 데이터를 축적해 왔다. 1년 반 동안 사이타마현 도다 시의 모든 중학교 학생들과 초등학교 6학년생, 후쿠시마현과 홋카이도의 교육위원회, 내가 강연을 한 적이 있는 고등학교를 포함한 10개교, 일부 상장 기업 등을 대상으로 총 2만여 명을 조사했고, 지난 2016년에는 문부과학성의 협력을 얻어 2019년부터 시작될 예정인 '고등학생을 위한 학습 기초 진단' 시행 조사의 일환으로 5,000명을 추가로 조사했다. 이로써 누계 2만 5,000명의 데이터를 수집했으며, 지금도 규모를 확대해 나가며 조사를 계속하고 있다.

RST 예제 소개

RST가 구체적으로 어떤 테스트인지 이해할 수 있도록 예제를 몇 가지 소개하겠다.

예제 1 | 의존 구조

다음 문장을 읽으시오.

우리 은하의 중심에는 질량이 태양의 400만 배 정도인 블랙홀이 있는 것으로 추정되고 있다.

문맥을 고려했을 때 다음 문장의 빈칸에 들어가기에 가장 적당한 말을 선택지에서 하나만 고르시오.

우리 은하의 중심에 있다고 추정되는 것은 (   )이다.

① 은하수   ② 은하   ③ 블랙홀   ④ 태양

(정답 : ③ 블랙홀)

다음 문장을 읽으시오.

화성에는 생명이 존재할 가능성이 있다. 과거에 대량의 물이 있었던 증거가 발견되었으며, 현재도 화성 지하에는 물이 있을 가능성이 있다.

문맥을 고려했을 때 다음 문장의 빈칸에 들어가기에 가장 적당한 말을 선택지에서 하나만 고르시오.

과거에 대량의 물이 있었던 증거가 발견된 것은 (   )이다.

① 화성   ② 가능성   ③ 지하   ④ 생명

(정답 : ① 화성)

다음 문장을 읽으시오.

미나모토노 요시쓰네는 다이라 가문을 궁지에 몰아넣었고, 마침내 단노우라에서 멸망시켰다.

위의 문장이 나타내는 내용과 아래의 문장이 나타내는 내용은 같은가? '같다', '다르다' 중에서 대답하시오.

다이라 가문은 요시쓰네에게 궁지에 몰렸고, 마침내 단노우라에서 멸망했다.

① 같다   ② 다르다

(정답 : ① 같다)

다음 문장을 읽으시오.

에베레스트산은 세계에서 가장 높은 산이다.

위의 문장에 적힌 내용이 옳다고 할 때, 아래의 문장에 적힌 내용이 옳은지 여부를 '옳다', '틀렸다', 이것만으로는 '판단할 수 없다' 중에서 대답하시오.

옐브루스산은 에베레스트산보다 낮다.

① 옳다   ② 틀렸다   ③ 판단할 수 없다

(정답 : ① 옳다)

다음 문장의 내용을 나타내는 그림으로 적당한 것을 모두 고르시오.

사각형 속에 검게 칠해진 원이 있다.

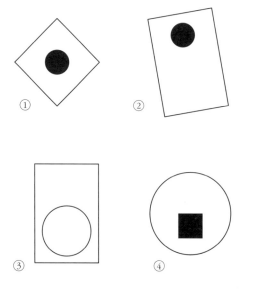

(정답 : ①, ②)

다음 문장을 읽으시오.

2로 나누어떨어지는 수를 짝수라고 한다. 그렇지 않은 수를 홀수라고 한다.

짝수를 모두 고르시오.

① 65　　② 8　　③ 0　　④ 110

(정답 : ②, ③, ④)

자, 기초 독해력 조사에 어떤 문제가 출제되었는지 이해가 되었는가?

중학생 세 명 중 한 명이
간단한 문장을 읽지 못한다

알렉산드라의 애칭은?

그러면 이제 조사 결과와 분석으로 넘어가자. 놀라지 말기 바란다. 앞에서 이야기했듯이 '심각한 상황'임을 이해할 수 있을 것이다. 그리고 이는 도로보군 프로젝트와 병행해서 실시한 연구이므로 AI와의 비교 또한 참고가 되리라고 생각해 도로보군을 대상으로도 같은 조사를 실시했다.

첫 번째는 구문 해석이다. 예제와는 다른 문제이므로 우선 문제와 정답률을 확인하기 바란다.

> 문제 1 | 다음 문장을 읽으시오.
>
> 불교는 동남아시아, 동아시아에, 크리스트교는 유럽, 남북아메리카,

> 오세아니아에, 이슬람교는 북아프리카, 서아시아, 중앙아시아, 동남아시아에 퍼져 있다.

문맥을 고려했을 때 다음 문장의 빈칸에 들어가기에 가장 적당한 말을 선택지에서 하나만 고르시오.

오세아니아에 퍼져 있는 것은 (　　)이다.

① 힌두교　② 크리스트교　③ 이슬람교　④ 불교

	전국 중학생 (623명)	중1 (197명)	중2 (223명)	중3 (203명)	전국 고등학생 (745명)	고1 (428명)	고2 (196명)	고3 (121명)
①	5%	4%	6%	7%	2%	2%	2%	2%
②	62%	63%	55%	70%	72%	73%	73%	66%
③	12%	16%	13%	5%	6%	5%	4%	9%
④	20%	16%	25%	17%	21%	20%	21%	22%

[표3-2] 문제 1의 해답 비율

이것은 '의존 구조' 문제다. 정답은 ②의 크리스트교이며, 정답률은 [표3-2]와 같다.

[표3-2]가 무엇을 의미하는지 알겠는가? "중학생의 62퍼센트, 고등학생의 72퍼센트가 정답을 맞혔다"가 아니다. "중학생 세 명 중 한 명 이상이, 고등학생 열 명 중 세 명 가까이가 정답을 맞히지 못했다"라고 이해해야 한다는 것이 내 생각이다.

이 문제에 응답한 고등학생 745명이 다니는 학교는 대학 진학률이 거의 100퍼센트에 이르는 곳이다. 내가 여기서 강연을 했을 때, 이곳 학생들은 90분 동안 집중력을 유지하며 AI에 관한 이야기를 흥미롭게 경청했다. 다른 고등학교에서도 이 문제의 정답률을 조사하고 싶었지만 신문이나 TED 등을 통해서 이 문제가 유명해지는 바람에 기회를 놓치고 말았다. 참고로, 국어가 서툰 도로보군은 이 문제를 맞혔다.

"고등학생 중에는 반항기에 접어든 학생도 있을 테고, 성적과 무관한 테스트라서 진지하게 응답하지 않은 것이 아닐까요?"라는 질문을 종종 받는다. '대학생 수학 기본 조사' 때도 같은 질문에 시달렸다. 그러나 여기에 대한 나의 답변은 "그렇지 않다"이다. 첫 번째 선택지인 '힌두교'를 고른 학생이 매우 적다는 데서 이를 확인할 수 있다.

학생들이 문제를 읽지도 않고 대충 답을 적어서 냈다면 힌두교를 선택한 비율이 더 높아야 한다. 그러나 같은 오답인 불교나 이슬람교에 비해 힌두교를 고른 학생의 비율은 매우 낮았다. 제시문에 불교와 이슬람교는 나오지만 힌두교는 나오지 않는다. 그러므로 힌두교를 선택한 학생이 적다는 것은 대부분의 학생이 진지하게 문제를 풀려고 했다는 증거다.

또한 RST처럼 컴퓨터를 사용해서 테스트를 하면 의욕이 없는 수험자와 그렇지 않은 수험자를 마치 기계 학습처럼 통계적 수법으로 구분해 낼 수 있다. 선택지를 고르는 방식이나 버튼을 누르는 속도 등에서 특징이 드러나기 때문이다. 이 책에서 제시하는 데이터는 의욕이 없었다고 판정받은 수험자의 해답을 제외하고 산출한 것이다.

애초에 문제를 이해하기 어렵게 쓴 것이 아니냐는 비판을 받을 때도 있다. 교과서에는 난삽한 문장이 많다고 말하는 사람도 있다. 그러나

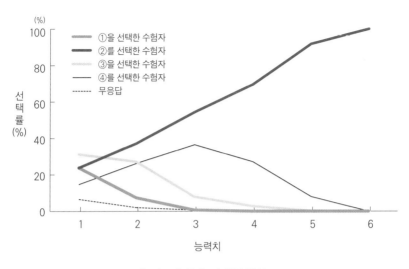

(%)
① 을 선택한 수험자
② 를 선택한 수험자
③ 을 선택한 수험자
④ 를 선택한 수험자
무응답

선택률(%)

능력치

[그림3-2] 문제 1의 항목 특성도

교과서를 출제 재료로 선택한 이유는 앞에서도 이야기한 바와 같다. 실제로 교과서에 난삽한 문장이 많은가 적은가는 둘째 치고, 설령 그렇다 하더라도 이를 이해하지 못하는 학생은 손해를 볼 수밖에 없다. 교과서를 읽을 수 있는 능력은 반드시 필요하다.

한편, 출제된 문제가 수험자의 독해력을 측정하기에 부적절할 가능성에 관해서는 항목 특성을 조사함으로써 검증하고자 했다. RST에 수록된 문제의 난이도는 사전에 미리 평가할 수 없다. 수만 명 규모로 조사를 실시해 문항별 정답률을 비교했을 때 비로소 각 문제의 난이도를 추계할 수 있는 것이다. 그런 다음 다시 "어떤 수험자가 어떤 난이도의 문제를 얼마나 맞혔는가?"를 분석해 각 수험자의 6가지 문제 유형별 능력치를 파악하며, 여기까지 진행해야 비로소 문제의 적절성을 검토할 수 있다.

능력치가 높은 사람일수록 정답률이 오르는 문제는 적절한 문제라고 확신할 수 있지만, 능력치가 높아져도 정답률이 오르지 않는다든가 오히려 떨어지는 문제는 무언가 결점이 있는 게 아닌가 의심해 볼 수 있다. 이런 문제는 (눈물을 머금고) 폐기한다. 이렇게 함으로써 RST 조사의 정당성을 확보할 수 있다.

그렇다면 [문제 1]은 적절한 문제였을까? [그림3-2]는 [문제 1]의 항목 특성도를 나타낸 것이다. 항목 특성도란 "어떤 능력치의 수험자가 어떤 선택지를 골랐는가?"를 표현한 그래프다. 그래프의 가로축이 능력치, 세로축이 답안을 선택한 비율을 나타내며, 수험자의 능력치는 6단계로 평가했다. 그래프의 오른쪽에 위치할수록 능력이 높은 수험자다.

이 문제를 푼 수험자의 수는 2,436명으로, 문제의 난이도를 추계하거나 타당성을 분석하기에 충분한 숫자다. 여기서 우리는 능력이 높은 수험자일수록 정답인 ②를 선택한 비율이 높음을 알 수 있는데, 이는 [문제 1]이 수험자의 독해력을 측정하기에 적절했음을 의미한다.

이번에는 또 다른 문제를 살펴보자. 역시 의존 구조 문제다.

문제 2 | 다음 문장을 읽으시오.
Alex는 남성과 여성 모두가 사용하는 이름으로, 여성의 이름 Alexandra의 애칭인 동시에 남성의 이름 Alexander의 애칭이기도 하다.

문맥을 고려했을 때 다음 문장의 빈칸에 들어가기에 가장 적당한 말을 선택지에서 하나만 고르시오.
Alexandra의 애칭은 (   )이다.
①Alex   ②Alexander   ③남성   ④여성

정답은 당연히 ①의 Alex다.

[문제 1]과 [문제 2] 중 어느 것이 더 어렵다는 인상을 받았는가? [문제 2]가 더 쉽다고 생각한 사람이 많지 않을까? [문제 1]에 비해 [문제 2]의 제시문이 더 쉽기 때문이다. 도로보군도 정답을 맞혔다.

그런데 실제 결과는 달랐다. 이 문제에 대한 중·고등학생의 정답률은 [표3-3]과 같다. 놀랍게도 중학생의 정답률은 50퍼센트에 미치지 못했다. RST의 문제는 전부 객관식이므로 적당히 찍어도 일정 확률로 정답을 맞힐 수 있다. 이 문제의 경우는 선택지가 4개이므로 문제를 읽지 않고 대충 답을 고른다 한들 정답률이 25퍼센트는 나올 터였다. 그런데 중학교 1학년생의 정답률은 23퍼센트였다. 무작위로 찍거나 연필을 굴린 수준에도 못 미쳤던 것이다.

이 문제의 지문은 중학교 영어 교과서에 실린 'Alex(알렉스)'의 주석에서 따온 것인데, 결과적으로 있으나 마나 한 주석이 되어버렸다. 읽어도 이해하지 못하는 학생이 과반수이기 때문이다. 입시 명문 고등학교에 다니는 학생조차 세 명 중 두 명꼴로 정답을 맞혔다.

왜 이런 사태가 벌어졌는지는 [그림3-3]의 항목 특성도를 보면 알 수 있다. 독해 능력치가 3인 학생, 즉 거의 중앙값에 해당하는 학생까지도 정답인 ①보다 ④를 더 많이 선택했다. 즉, "Alexandra의 애칭은 여성이다"가 정답이라고 생각한 학생이 의외로 많았다. 어째서일까? 아마도 '애칭'이라는 말을 모르기 때문일 것이다. 그리고 모르는 단어가 나오면 그것을 건너뛰고 읽는 습관이 있기 때문일 것이다. "Alexandra는 여성이다"는 일단 문장으로서 성립한다.

이렇게 과학적으로 분석함으로써 어떤 아이에게 어떤 독해 습관이

	전국 중학생 (235명)	중1 (68명)	중2 (62명)	중3 (105명)	전국 고등학생 (432명)	고1 (205명)	고2 (150명)	고3 (77명)
①	38%	23%	31%	51%	65%	65%	68%	57%
②	11%	12%	16%	8%	4%	3%	3%	8%
③	12%	16%	16%	7%	5%	3%	6%	6%
④	39%	49%	37%	33%	26%	28%	23%	29%

[표3-3] 문제 2의 해답 비율

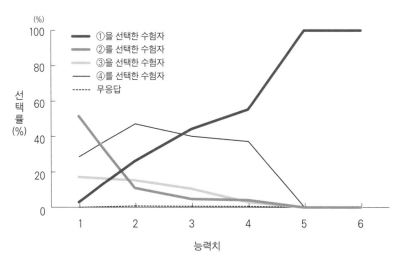

[그림3-3] 문제 2의 항목 특성도

있는지를 알 수 있다. 그리고 이때 비로소 '처방전'을 쓸 수 있게 된다.

그렇다면 지금의 중학생은 어휘력이 얼마나 부족할까? 이에 관해 나는 어떤 공립 중학교의 사회 과목 선생님과 이야기를 나누었다. 매우 의욕 넘치는 분이었는데, 이전부터 교과서를 잘 읽지 못하는 학생이 늘어나고 있음을 깨닫고 수업 시간에 사회 교과서를 소리 내어 읽힌다고 했다. 그 선생님이 가르쳐준 오독의 예를 몇 가지 소개하겠다.

수상(首相) → 슈소

동서(東西) → 도세이

설립(設立) → 세이리쓰

대기업(大手) → 다이테

잔업(殘業) → 노코리교

물리(物理) → 모리

문부(文部) → 분부

사용하다(用いる) → 요이루

거주지(居住地) → 이주치

현역(現役) → 겐야쿠[17]

다른 선생님에게도 "'학(学)'으로 시작되는 단어를 보면 '학급(学級, 갓큐)'이든 '학년(学年, 가쿠넨)'이든 '학업(学業, 가쿠교)'이든 전부 '갓코'[18]라고 읽는 학생이 있습니다"라는 이야기를 들었다. 읽기 장애가 있는 아이일 가능성도 있으므로 "왜 항상 '갓코'라고 읽니?" 하고 물어봤더니, "그러면 맞을 때가 많거든요"라고 대답했다고 한다.

---

17 올바른 일본어 발음은 앞에서부터 각각 '슈쇼, 도자이, 세쓰리쓰, 오테, 잔교, 부쓰리, 몬부, 모치이루, 교주치, 겐에키'이다.

18 학교(学校)의 일본어 발음.

뒤에서 자세히 다루겠지만 의존 구조 문제의 정답률은 중학생이 70퍼센트에 조금 못 미치는 정도이고, 고등학생이 80퍼센트 정도다. 도로보군은 대체로 고등학생 수준이다. 물론 이미 설명했듯이 도로보군이 문장의 의미를 이해해서 정답을 맞히는 것은 아니다. 통계와 확률의 수법을 사용해서 문제를 풀지만, 그래도 80퍼센트 정도는 맞힌다. 어떤가? 조금은 등골이 오싹해지지 않았는가?

다음은 지금까지 만든 문제 가운데 난도가 특히 높았던 의존 구조 문제다.

다음의 문장을 읽으시오.
아밀라아제라는 효소는 글루코오스가 이어져서 생긴 전분을 분해하는데, 같은 글루코오스로 만들어졌지만 모양이 다른 셀룰로오스는 분해하지 못한다.

문맥을 고려했을 때 다음 문장의 빈칸에 들어가기에 가장 적당한 말을 선택지에서 하나만 고르시오.
셀룰로오스는 (   )과(와) 형태가 다르다.
① 전분   ② 아밀라아제   ③ 글루코오스   ④ 효소

모 신문사의 논설위원부터 산업성의 관료에 이르기까지 어째서인가 글루코오스를 선택하는 바람에 충격을 받았는데, 정답은 ① 전분이다.

동의문 판정을 하지 못하는 학생들

AI가 풀이에 유독 어려움을 겪는 문제 유형이 있다. 두 문장을 읽고 비교해서 의미가 같은지 다른지를 판정하는 '동의문 판정' 문제다.

예를 들면 이런 것이다.

> 문제 3 | 다음 문장을 읽으시오.
>
> 1639년 막부는 포르투갈인을 추방하고 다이묘에게 연안의 경비를 명령했다.
>
> 위의 문장이 나타내는 내용과 아래의 문장이 나타내는 내용은 같은가?
>
> '같다', '다르다' 중에서 대답하시오.
>
> 1639년 포르투갈인은 추방되었고 막부는 다이묘에게서 연안의 경비를 명령받았다.

연안 경비를 명령받은 쪽은 다이묘이므로 답은 당연히 '다르다'이다. 이것은 AI에게 상당히 어려운 문제다. 두 문장에 등장하는 단어가 거의 같기 때문이다. 그러나 안타깝게도 "역시 인간이 더 우수하지"라며 기뻐할 수는 없다. [표3-4]는 이 문제를 푼 중·고등학생의 정답률인데, 중학생의 정답률이 57퍼센트에 그친 것이다. 어떻게 된 영문인지 중학교 3학년생의 정답률이 55퍼센트로 가장 낮았다.

나는 이 결과를 보고 할 말을 잃었다. 그러나 충격은 여기에서 끝나지 않았다. 이 사실을 알리자 어느 신문사의 기자가 "정답률이 57퍼센

중학생 (857명)	중1 (301명)	중2 (270명)	중3 (286명)	고등학생 (1,139명)	고1 (627명)	고2 (360명)	고3 (152명)
57%	56%	61%	55%	71%	71%	71%	76%

[표3-4] 문제 3의 정답률

트인 게 무슨 문제라도 되나요?"라고 물었다. "100점 만점에 57점이면 평균점으로는 나쁘지 않은 것 같은데요"라면서 말이다.

동의문 판정 문제는 '같다'와 '다르다'의 양자택일이므로 동전을 던져서 찍어도 50퍼센트는 맞힐 수 있다. 다시 말해, 이 문제에 대한 중학생의 정답률이 동전 던지기 수준이라는 것이다. 이것이 심각한 일인지 아닌지를 스스로 판단하지 못하는 기자가 신문 기사를 쓰고 있다는 사실에 나는 정신이 아득해질 수밖에 없었다. 이 정도로 통계나 확률의 소양이 없어서는 (통계와 확률로 이루어진) 딥러닝의 시스템이나 한계를 이해할 수 있을 리 없다. 이러니 당장의 화젯거리만을 좇다가 제대로 알아보지도 않고 "특이점이 온다"라는 식의 기사를 쓰는 것이구나 하는 생각이 들었다.

'연필 굴리기'보다 못한 정답률을 기록하다

다음으로는 '이미지 동정' 문제를 살펴보자. 앞에서 이야기했듯이 '이미지 동정' 문제를 풀기 위해서는 문장을 정확하게 이해하는 능력과 더불어 그림이나 그래프의 의미를 해석하는 능력이 필요하다. AI는 좀처럼 흉내 낼 수 없는 고도의 지적 처리이다.

문제 4 | 다음 문장을 읽고 메이지리그 선수의 출신 국가 내역을 나타내는 그림으로 적당한 것을 모두 고르시오.

메이저리그 선수 가운데 28퍼센트는 미합중국 이외의 국가 출신인데, 출신 국가를 살펴보면 도미니카 공화국이 약 35퍼센트로 가장 많다.

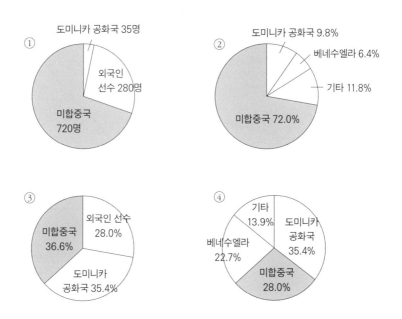

정답은 ②이다.

그리고 정답률은 [표3-5]와 같다. 중학생의 정답률 12퍼센트, 고등학생의 정답률 28퍼센트. 충격적인 숫자다. 복수 선택식이기는 하지만, [그림3-4]의 항목 특성도를 보면 대부분의 수험자가 답을 하나만 선택했으므로 문제를 읽지 않고 답을 적었더라도 25퍼센트는 맞혔을 법하다. 그런데 중학생의 정답률은 그 절반밖에 안 됐으며 고등학생도 연필을 굴려서 찍은 수준이었다.

전국 중학생 (496명)	중1 (145명)	중2 (199명)	중3 (152명)	전국 고등학생 (277명)	고1 (181명)	고2 (54명)	고3 (42명)
12%	9%	13%	15%	28%	23%	37%	36%

[표3-5] 문제 4의 정답률

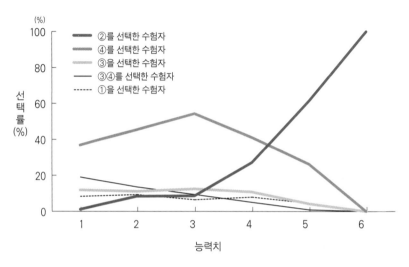

[그림3-4] 문제 4의 항목 특성도

그렇다면 어째서 인간이 연필 굴리기 혹은 연필 굴리기만도 못한 수준의 정답률을 기록했을까? 이는 항목 특성도를 보면 알 수 있다. 능력치가 4를 넘기기 전까지는 정답인 ②보다 오답인 ④를 선택한 비율이 높다. 즉, 능력치 중상 정도까지는 ④를 선택하는 경향이 있다는 말이다.

왜 ④를 선택했을까? ④는 '미합중국 28퍼센트, 도미니카 공화국 35퍼센트'를 표현한 그림이다. ④를 선택한 수험자는 '이외의'나 '가운데' 같은 단어의 쓰임새를 몰랐거나 이를 건너뛰고 읽었거나 아니면 둘 다일 것이나. 바꿔 말하면 이 문제를 푼 중·고등학생의 대부분이 "이탈리아 음식점 이외의 음식점"을 이해하지 못하는 시리와 비슷한 방식으로 문장을 읽고 있을지도 모른다는 것이다.

다음 문제도 살펴보자.

> 문제 5 | 다음 문장의 내용을 나타내는 그림으로 적당한 것을 ①~④ 중에서 모두 고르시오.
>
> 원점 O와 점(1, 1)을 지나가는 원이 x축과 접하고 있다.

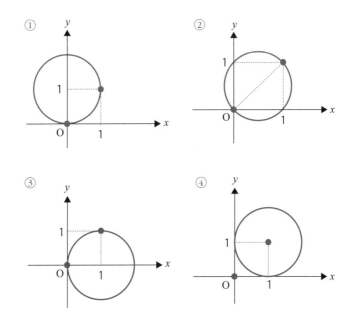

정답은 당연히 ①이다. 이것은 전혀 어려운 문제가 아니다. 앞의 문제와 달리 계산조차 할 필요가 없다. 그럼에도 이 문제에 대한 중학교 3학년생의 정답률이 [표3-6]에서 보듯이 25퍼센트라는 심각한 결과가

전국 중학생 (496명)	중1 (145명)	중2 (199명)	중3 (152명)	전국 고등학생 (277명)	고1 (181명)	고2 (54명)	고3 (42명)
19%	10%	22%	25%	32%	29%	30%	45%

[표3-6] 문제 5의 정답률

나왔다. 이쪽도 복수 선택식이므로 4개의 보기 중 하나를 무작위로 선택했을 때의 정답률 25퍼센트와 단순 비교할 수는 없지만, 연필 굴리기에 가까운 수준이라고 할 수 있을 것이다.

입시 명문 고등학교에서도 정답을 맞힌 학생은 세 명 중 한 명에 불과했다. 상황이 이러한데 고등학교에서 삼각함수를 가르치는 것에는 명백히 무리가 있다. 지레짐작은 하지 말아주기 바란다. 내가 하고 싶은 말은 고등학교에서 삼각함수를 가르치지 말자는 것이 아니다. 그런다고 문제가 해결되지는 않는다.

그런데 [문제 4] '메이저리거 문제'와 [문제 5] '원 문제'의 항목 특성도는 [문제 1] '불교 문제'나 [문제 2] 'Alex 문제'와 형태 면에서 다른 모습을 보인다. [그림3-5]를 보면 정답을 고른 비율을 나타내는 그래프가 우상향하는 직선의 형태를 띠는 것이 아니라 오른쪽 아래를 향해 불룩하게 튀어나와 있다. 능력치 하위에서 중상위까지는 비슷비슷한 정답률을 보이다가 상위가 되어서야 비로소 정답률이 껑충 뛰어오르는 것이다. 이와 같은 문제를 "능력 상위층을 식별하기에 용이한 문제"라고 부른다.

앞서 소개한 '아밀라아제 문제'는 이처럼 능력 상위층을 식별해 내는 문제의 극단적인 사례다. 이런 문장들을 힘들이지 않고 술술 정확하게 읽을 수 있는 사람은 끙끙대며 입시 공부를 할 필요가 없다. 입시 문제

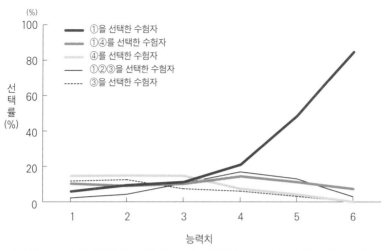

(%)
100

━━━ ①을 선택한 수험자
━━━ ①④를 선택한 수험자
━━━ ④를 선택한 수험자
─── ①②③을 선택한 수험자
┈┈┈ ③을 선택한 수험자

선택률(%)

80

60

40

20

0

1　2　3　4　5　6

능력치

(주) 복수 선택이 가능한 문제의 경우에는 항목 특성도가 복잡해지기 때문에 많은 수험자가 선택한 상위 5개의 선택지를 가지고 항목 특성도를 그렸다.

[그림3-5] 문제 5의 항목 특성도

는 학습지도요령에 맞춰서 출제되기 때문에 설령 도쿄 대학 입시라 해도 교과서를 넘어선 범위에서 문제가 출제되지는 않는다. 또한 더 나아가서는 스탠퍼드 대학 등이 공개하고 있는 온라인 강의를 시청하고 배포 자료를 숙독함으로써 얼마든지 원하는 공부를 할 수 있다. 읽으면 이해할 수 있기 때문이다.

사실 나는 전에도 이런 유형의 그래프를 본 적이 있다. 2011년에 실시한 '대학생 수학 기본 조사'에서 출제된 "홀수와 짝수를 더하면 어떻게 될까?"라는 문제의 대학별 편차치와 정답률을 나타낸 그래프다. 최상위 국립대학교 학생들의 정답률이 유달리 높았던 문제다. 나는 RST가 수험자가 현재 보유한 기초 독해력을 측정할 뿐만 아니라 수험자의 미래의 성장 잠재력을 예측하는 지표가 되리라는 것을 확신했다.

AI가 어려워하는 독해 문제를 학생들은 얼마나 풀 수 있나

그러면 지금부터 조사 결과를 상세히 분석해 나가자. [표3-7]은 가장 최근의 RST 분야별 정답률이다. 먼저 의존 구조 해석과 조응 해결은 이미 AI의 사정권 안으로 들어온 표층적인 읽기를 묻는 문제다. 이 두 가지는 인간 수험자도 AI와 비슷한 수준으로 그럭저럭 잘 맞혔다. 그러나 기뻐해서는 안 된다. AI와 비슷한 수준이라는 말은 AI로 대체될 수 있다는 의미이기 때문이다.

중요한 것은 AI가 아직 어려워하는 다른 4개 분야인 '동의문 판정', '추론', '이미지 동정', '구체예 동정'을 얼마나 해낼 수 있느냐이다.

스스로를 AI와 차별화하는 데 성공해 2030년에도 살아남으려면 이들 4개 분야의 정답률이 70퍼센트 이상은 되어야 한다. 그러나 수험자들의 정답률 평균이 그 정도 수준에 이른 것은 '동의문 판정'뿐이다. 답변 방식이 복수 선택이라는 점을 감안한다 해도 '이미지 동정'과 '구체예 동정'의 낮은 정답률 앞에서는 나도 모르게 눈을 가리고 싶어진다.

그렇다면 이 숫자들을 어떻게 해석해야 좋을까? 둘 중 하나를 선택하는 '동의문 판정'과 복수 선택이 가능한 '구체예 동정'을 단순히 숫자만 놓고 비교할 수는 없는 일이다. 그래서 우리는 '무작위율'이라는 새로운 개념을 만들어냈다.

앞에서도 몇 차례 언급했지만, RST 조사에 사용한 방법은 전부 객관식이다. 연필이나 주사위를 굴리거나 감으로 찍더라도 선택지가 4개라면 25퍼센트, 3개라면 33퍼센트의 정답률을 기대할 수 있다.

우리는 테스트를 받은 학교 또는 기관에 '무작위로 찍은 것보다 나은

학년	의존 구조	조응	동의문 판정	추론	이미지 동정	구체예 동정(사전)	구체예 동정(수학)
초6	65.1	58.2	62.1	58.6	30.9	32.5	19.6
중1	65.7	62.3	61.6	57.3	31.0	31.0	24.7
중2	67.8	65.2	63.9	58.9	32.3	31.7	27.4
중3	73.7	74.6	70.6	64.6	38.8	42.2	34.2
고1	80.7	82.6	80.9	67.5	55.3	46.9	45.7
고2	81.5	82.2	81.0	68.5	53.9	43.9	42.4

[표3-7] 문제 분야별 정답률(%)

수준이라고는 말할 수 없는 수험자'가 몇 퍼센트나 되는지를 계산했다. '무작위로 찍은 수준'이라는 것은 해당 유형의 문제를 '다소 잘 풀지 못한다'라든가 '풀지 못하는 경우가 있다'라는 의미가 아니다. '전혀 풀지 못한다'라고 해석해야 할 것이다.

이처럼 무작위로 찍은 수준인 학생의 비율을 나타낸 것이 [표3-8]이다. 중학교 3학년생 항목을 보라. '의존 구조'나 '조응'에서 무작위율이 20퍼센트 가까이 된다. AI도 웬만큼 할 수 있는 표층적인 읽기마저도 무작위로 찍은 수준밖에 안 된다는 사실 앞에서 우리는 두 가지 가능성을 떠올렸다.

첫째는 애초에 수험자가 의욕 없이 테스트에 임했는데 우리가 "성의 없이 응답한 답변은 데이터에서 배제한다"라는 방침을 세웠음에도 이를 통계적 판단으로 걸러내지 못했을 가능성이다.

둘째는 수험자가 어떤 읽기 장애를 안고 있을 가능성이다. 미국의 조

학년	의존 구조	조응	동의문 판정	추론	이미지 동정	구체예 동정(사전)	구체예 동정(수학)
초6	35.8	52.6	95.3	57.3	54.7	56.0	100
중1	31.6	36.8	78.9	61.8	42.4	68.5	86.4
중2	26.1	25.4	78.8	54.6	37.3	63.5	82.4
중3	18.3	15.6	70.2	43.4	31.1	48.7	79.4
고1	10.8	6.5	57.4	38.6	11.7	47.9	53.1
고2	10.3	6.2	65.7	37.6	13.4	53.4	57.6

[표3-8] 학년별 무작위율(%)

사에 따르면 읽기 장애를 안고 있는 사람의 비율은 전체의 15~20퍼센트 정도라고 한다. '의존 구조'나 '조응'에서 무작위로 찍은 수준의 성적을 낸 수험자 중에는 읽기 장애가 있는 학생이 포함되어 있을 수도 있다. 중학교 1학년 때 RST를 받는 것이 읽기 장애의 조기 진단 및 조기 지원으로 이어지기를 바란다.

그러나 정말 두려운 것은 AI와 차별화된 모습을 보여야 하는 '동의문 판정', '추론', '이미지 동정', '구체예 동정'의 무작위율이다. '추론'의 경우에는 무작위율이 40퍼센트, '동의문 판정'의 경우에는 70퍼센트가 넘었다. 요컨대 교실에 앉아 있는 학생의 절반이 연필을 굴려서 문제를 푸는 것과 다름없는 수준이라는 얘기다. 추론이나 동의문 판정을 하지 못하면 대량의 연습 문제를 풀거나 통째로 암기하는 것 이외에 달리 공부할 방법이 없다.

앞에서 추론에 관한 문제로 소개한 [예제 4](192쪽)를 다시 살펴보자.

"에베레스트산은 세계에서 가장 높은 산이다"가 제시문이다. 이 문장을 읽고 "옐브루스산은 에베레스트산보다 낮다"가 옳은지 그른지 판단하지 못하는 학생은 "후지산은 에베레스트산보다 낮다", "킬리만자로산은 에베레스트산보다 낮다", "쿡산은 에베레스트산보다 낮다" 등 온갖 예문을 모조리 외워야 할 것이다. 요컨대 '하나를 들으면 열을 알기' 위해 반드시 필요한 능력이 추론이다.

이것이 우리가 오늘날 중학생의 절반이 학교 교과서를 읽지 못하는 상태라고 판단하기에 이른 이유다.

수학의 정의에 따라 4개의 선택지 중 무엇이 그에 해당하는지를 고르는 '구체예 동정(수학적 정의)'의 무작위율은 무려 80퍼센트 가까이나 되었다. "짝수란 무엇인가?", "비례란 무엇인가?"라는 정의를 읽고 짝수나 비례를 고르기만 하면 되는, 계산도 공식도 필요 없는 문제를 중학교 3학년생의 80퍼센트가 연필을 굴리는 수준으로밖에 맞히지 못한 것이다. 이런 상황에서 프로그래밍 교육을 도입할 수 있을까? 프로그래밍은 그야말로 수학적인 정의로만 구성되어 있는데 말이다. 일본의 과학기술의 미래가 걱정될 수밖에 없다.

[표3-9]는 각 학년의 분야별 정답률이다. 중학교의 경우는 모든 학년이 테스트를 받은 학교만을 집계했고, 고등학교의 경우는 테스트에 협력한 학교의 1학년생과 2학년생 약 5,000명분의 데이터를 집계했다. 입시 준비에 바쁜 3학년생의 협력은 얻기가 어려웠기 때문이다.

중학교에서는 학년이 오를수록 정답률도 소폭 상승했다. 이 조사만으로는 이것이 학교 교육의 성과인지, 학교 교육 이외의 생활 경험도 포함해 연령적으로 성숙한 데 따른 결과인지 알 수 없었다. 또한 학교 교육의 성

학년	중학교			고등학교	
	중1	중2	중3	고1	고2
의존 구조	62.6	65.7	71.3	76.3	77.4
조응	60.6	63.8	73.7	80.3	81.0
동의문 판정	60.3	63.9	76.7	75.6	79.4
추론	56.5	58.0	63.2	61.2	63.7
이미지 동정	30.6	32.2	47.1	47.4	48.8
구체예 동정(사전)	29.0	29.7	41.6	38.8	36.6
구체예 동정(수학)	22.1	26.6	31.8	30.8	31.9

[표3-9] 같은 학교 내에서의 학년별 분야별 정답률(%)

과라고 한다면 기대 이상인지 기대에 미치지 못하는지 판단하기 어려웠다. 그러나 중학생의 경우에는 학년이 오를수록 모든 분야에서 정답률이 상승하며 무작위율도 하락하는 경향이 있음을 알 수 있었다.

그런데 고등학교에서는 학년이 올라가도 정답률이 상승하지 않았다. 표를 보면 아주 조금이나마 상승한 것처럼 보이기는 한다. 예를 들어 고등학교 1학년생의 '의존 구조' 정답률은 76.3퍼센트이지만 2학년생의 정답률은 77.4퍼센트다. 그러나 이런 작은 차이는 통계학적으로 유의미한 차이라고 말하기 어렵다. 따라서 정답률이 상승했다고는 볼 수 없다.

이 조사만으로는 고등학생이 되면 학년이 올라가도 정답률이 상승하지 않는 이유를 알 수 없다. 독해력 같은 기초적 교양은 15세 이전까지의 교육을 통해서 대부분 확립된다든가, 현재의 고등학교 교육이 독해력의 함양에 도움이 되지 않는다는 등 여러 가지 가능성을 생각해 볼 수 있을 따름이다.

다만 이 데이터만을 보고 "독해력은 타고나는 것이다"라든가 "고등학생이 되면 더는 독해력이 발전하지 않으므로 포기하는 수밖에 없다"와 같은 결론을 내리는 것은 성급한 일이다. 내 주변에도 대학을 졸업한 후에 독해력이 비약적으로 향상된 사람이 있다. 즉, 독해력은 타고나는 것이 아니며 고등학생이 된 후로는 더 이상 발전하지 않는 것도 아니라는 말이다.

마지막으로 우리는 각각의 문제 해결 능력 간의 관계를 확인했다. 예를 들어 '의존 구조'를 파악하는 능력과 '조응'을 해결하는 능력 간에는 0.647이라는 높은 상관관계가 존재했다. 한편 같은 '구체예 동정'이라고 해도 사전적 정의를 이해하는 능력과 수학적 정의를 이해하는 능력 간에는 0.345라는 약한 상관관계밖에 없었다. 그러나 모든 유형의 능력 사이에서 양의 상관관계가 확인되었다.

요컨대 RST에서 조사하는 6가지 능력인 '의존 구조', '조응', '동의문 판정', '추론', '이미지 동정', '구체예 동정'은 서로 밀접하게 관련되어 있기는 해도 엄연히 다른 능력이라는 것이다. AI가 일정 수준 이상의 정확도를 보이는 '의존 구조'와 '조응' 유형의 문제들은 편차치 55 이상의 고등학교에 다니는 학생이라면 AI 수준 혹은 그 이상으로 잘 풀 수 있다.

물론 표층적인 독해를 할 수 있다면 후반 과제의 정답률은 더 높아진다. 표층적인 독해를 해내지 못하는데 후반부의 깊이 있는 독해를 할 줄 아는 수험자는 없었다. 그러나 표층적인 독해가 가능하다고 해서 의미의 이해를 수반한 깊이 있는 독해도 가능하리라는 보장은 없다.

기초 독해력이 인생을 좌우한다

'물론 기초 독해력이 없는 것보다야 있는 편이 낫겠지만, 이렇게 호들 갑을 떨 정도의 문제인가?'라고 말하는 독자도 있을지 모르겠다. 실로 안일한 생각이다. [표3-10]을 보기 바란다. 이는 RST를 받은 고등학교 학생들의 평균 능력치와 과외 선생님 파견 회사인 '가정교사 트라이(家 庭教師のトライ)' 및 '편차치.net(偏差値net)'이 공표한 해당 고등학교들의 편차치 간 상관관계를 나타낸 것이다.

RST의 거의 모든 분야에서 0.75~0.8의 상관관계가 나타났다. 상관관 계가 이 정도로 높은 경우는, '키와 몸무게'라든가 '넓이가 동일한 아파 트의 임대료와 인근 역까지의 거리' 등을 제외하면 찾아보기 어렵다. 이 와 관련해 내릴 수 있는 해석은 다음의 두 가지다. "편차치가 높은 고등

	편차치.net	가정교사 트라이
의존 구조	0.813	0.806
조응	0.802	0.791
동의문 판정	0.775	0.741
추론	0.818	0.804
이미지 동정	0.854	0.834
구체예 동정(사전)	0.639	0.668
구체예 동정(수학)	0.685	0.678

[표3-10] 고등학교의 편차치와 독해 능력치의 평균값의 상관관계

학교에 들어가면 기초 독해력이 상승한다." 혹은 "기초 독해력이 높으면 편차치가 높은 고등학교에 들어갈 수 있다."

그러나 전자는 말이 안 된다. 고등학교 1학년생과 2학년생 사이에 능력치의 차이가 보이지 않기 때문이다. 한편 기초 독해력만으로 고등학교 입시를 돌파할 수 있으리라고 생각하기는 어려우므로, 가장 타당한 해석은 "기초 독해력이 낮으면 편차치가 높은 고등학교에는 들어갈 수 없다"일 것이다. 기초 독해력이 부족하면 교과서뿐만 아니라 시험 문제도 빠르고 정확하게 읽을 수 없으니 당연한 결과라고 할 수 있다.

앞에서 살펴보았듯 중학교에서는 학년이 오를수록 정답률이 상승하는 경향이 있다. 다만 이 경우에는 분산이 매우 크다. 이를테면 의존 구조 문제를 4분 동안 두 문제밖에 풀지 못하고 그마저 다 틀린 학생과 20문제 이상을 풀어서 전부 다 맞힌 학생이 같은 교실에서 공부하고 있다. 이처럼 '다양성이 풍부한' 학생들이 나란히 고등학교 입시에 도전

하고, 결과적으로 RST에서 측정하는 기초 독해력이 높은 순서대로 편차치가 높은 고등학교에 입학한다. 그야말로 기초 독해력이 인생을 좌우한다고 말할 수 있다.

사실은 더욱 놀라운 발견이 있다. 우리는 '구(舊)제국대학에 한 명 이상 진학시킨 고등학교'만을 골라서 RST 능력치와 '구제국대학 진학률' 간 상관관계를 측정해 보았다. 구제국대학이란 도쿄 대학, 교토 대학, 도호쿠 대학, 오사카 대학, 나고야 대학, 홋카이도 대학, 규슈 대학의 7개 국립대학을 가리킨다. 기초적인 독해력의 유무가 여기까지 영향을 끼치지는 않을 것이라고 생각하면서 조사를 실시했는데, 놀랍게도 높은 상관관계가 발견되었다.

이 사실을 확인한 나는 유명 사립 중·고등학교 일관교[19]의 교육 방침은 교육 개혁에 아무런 참고도 되지 않는다는 결론을 내렸다. 왜 이런 결론에 도달했는지 알겠는가? 그런 학교에서는 12세 시점에 공립 고등학교 3학년생 수준의 독해 능력을 갖춘 학생을 입시로 선발하고 있다. 실제로 그런 중학교의 입시 문제를 보면 알 수 있다. RST에서 요구하듯이 문장을 정확하게, 그리고 집중해서 술술 읽어내지 못하면 출발점에조차 설 수 없는 문제들이 출제된다.

그런 수준의 입시를 통과할 수 있는 능력이 있다면 이후의 학습은 땅 짚고 헤엄치기나 다름없다. 고등학교 2학년 때까지 동아리 활동에 몰두해서 간신히 낙제만 면하는 성적을 내더라도 교과서나 문제집을 '읽으면 이해하기' 때문에 남은 1년 동안 입시 공부를 열심히 하면 구

---

19 중학교 3년과 고등학교 3년의 6년 과정을 통합해서 운영하는 학교.

제국대학급 대학에 입학할 수 있다. 해당 학교의 교육 방침이 우수해서 도쿄 대학에 합격하는 것이 아니라, 12세 시점에 이미 도쿄 대학에 합격할 수 있는 독해력을 갖췄기 때문에 도쿄 대학에 합격할 가능성이 다른 학생들보다 압도적으로 높은 것이다.

무엇이 독해력을 결정하는가?

여기까지 읽은 독자 여러분 가운데 특히 고교생 미만의 자녀를 둔 분들은 궁금해서 이렇게 묻지 않고는 견딜 수 없을 것이다. "어떻게 해야 기초 독해력을 갖출 수 있나요?"라고 말이다.

우리도 그 점에 흥미가 있었다. 그래서 테스트를 치른 학생들을 대상으로 생활 습관, 학습 습관, 독해 습관 등에 대한 광범위한 설문 조사를 실시했다. 즉, 어떤 습관이나 학습이 독해력을 키우거나 저하시키는 원인이 되는지 조사한 것이다.

가장 먼저 살펴본 것은 독서 습관이었다. 독서를 좋아하는지 싫어하는지, 좋아한다면 언제부터 좋아했는지, 싫어한다면 언제부터 싫어했는지, 최근 1개월 사이에 책을 몇 권이나 읽었는지, 좋아하는 책의 장르는 문학인지 논픽션인지 등 세세한 부분까지 질문했다. 그런데 조사 결과, 어떤 항목에서도 독해 능력치와 별다른 상관관계가 발견되지 않았다. 우리는 큰 충격을 받았다. 당연히 어렸을 때부터 독서를 좋아했다고 대답한 학생의 독해력이 높을 것이라고 예상했기 때문이다.

그렇다면 생활 습관은 어떨까? 하루에 집에서 몇 시간 동안 공부하는지, 학원에는 다니는지, 과외는 받고 있는지, 달리 배우고 있는 것이 있는지, 있다면 운동 계열인지 음악이나 미술 계열인지 등도 물어봤다. 그러나 역시 어떤 상관관계도 발견되지 않았다.

그렇다면 자신 있는 과목의 경우는 어떨까? 이과 계열의 과목에 자신이 없는 학생은 수학이나 과학 교과서를 보기만 해도 짜증이 날지 모른다. 그렇다면 자신 있는 과목에서 출제된 문제는 정답률이 높은데 자신 없는 과목에서 출제된 문제는 정답률이 낮은 경우도 있을 수 있다.

그런데 이 또한 아무런 상관관계도 찾아볼 수 없었다. 수학에 자신이 없다는 학생도 독해 능력치만 높으면 수학 교과서에서 출제한 문제를 별 어려움 없이 풀었다. 한편 수학에 자신이 있다고 말한 학생도 독해 능력치가 낮으면 계산을 요구하지 않는 구체예 동정(수학) 문제를 맞히지 못했다.

스마트폰을 하루에 얼마나 사용하는지, 신문을 구독하는지, 뉴스 등 다른 매체에서 정보를 얻는지 등도 설문 조사 항목에 포함되어 있었다. 스마트폰을 너무 오래 사용하면 독해 능력치가 조금 떨어지는 것 같다는 정도의 상관관계는 있었지만 특별히 눈에 띄는 상관관계는 발견되지 않았다.

성별도 독해 능력치에는 아무런 영향을 끼치지 못했다.

기대에 부응하지 못해 송구하지만, 현 시점에서 "이렇게 하면 독해력이 오릅니다"라든가 "이것은 독해력을 떨어뜨립니다"라고 말할 수 있는 요인은 발견되지 않았다.

그렇다면 정말 독서도 생활 습관도 독해력에는 아무런 영향을 끼치지 않는 것일까? 여기까지 생각했을 때 머릿속에 퍼뜩 떠오르는 것이 있었다. [문제 1] '불교 문제'나 [문제 3] '막부 문제'에 대답하지 못한 중학생들의 경우였다. 어쩌면 그들은 설문 조사의 문장 자체를 정확히 읽지 못했을지도 모른다. 나아가 자신이 정말로 독서를 좋아하는지, 수학에 자신이 있는지 객관적으로 판단하지 못할 가능성도 있었다!

그리하여 나는 설문 조사를 통해 "기초 독해력을 좌우하는 것은 무엇인가?"를 밝혀내려는 시도를 포기했다.

"첫째로 독해, 둘째도 독해, 셋째와 넷째는 놀이, 그다음 산수"

여기까지 읽으면 "독해력을 높이는 방법 같은 건 없구나"라는 생각이 들지도 모르겠다. 그러나 꼭 그런 것은 아니다. 앞서 나는 사이타마현 도다 시에서는 2016년 이래 초등학교 6학년생부터 중학교 3학년생에 이르기까지 모든 학생이 RST를 받고 있다는 이야기를 했는데, 그뿐만이 아니다. 사이타마현에서는 (아직 일부이지만) 교사들도 RST를 받는다. 어째서일까?

RST는 한정된 문제를 돌려쓰기 때문에 예제 이외에는 문제를 공개하지 않는다. 그래서 선생님들 스스로가 직접 RST를 받지 않으면 어떤 문제가 출제되며 왜 학생들이 문제를 풀지 못했는지 알 길이 없다. 물론 선생님이 직접 테스트를 받는 것은 틀림없이 용기가 필요한 일이다. "만약 나도 풀지 못하면 어떡하지……"라는 생각을 하지 않을 수가 없기 때문이다.

테스트를 받은 선생님들은 다음과 같은 감상을 들려줬다.

"실제로 RST를 받아보기 전까지 교과서의 문장을 읽는 것이 이렇게 어려운 일인 줄은 꿈에도 생각해 보지 않았습니다. 해설을 들어보면 하나같이 꼼꼼하게 읽기만 해도 정답을 맞힐 수 있었던 문제들이더군요. 덕분에 제가 평소에 얼마나 대충대충 글을 읽었는지 통감할 수 있었습니다."

"그동안 제가 얼마나 모호한 방식으로 글을 읽어왔는지 이해하게 되었습니다. RST의 강의를 통해 어떤 과목이든 '교과서를 읽는' 것이 중요하며 모든 과목이 '국어'라는 과목과 깊은 관계가 있음을 깨달을 수 있었습니다."

특히 교과 담임제를 실시하는 중학교와 고등학교의 선생님들은 자신이 담당한 과목 이외의 교과서를 읽어본 적이 거의 없다. 읽기에 익숙하지 않은 분야의 교과서에서 출제된 문제를 풀어봄으로써 어떤 부분에서 학생들의 '읽기'가 막히는지 실감할 수 있었을 것이다.

또한 도다 시의 학교에서는 방과 후에 선생님들이 모여서 RST 문제를 직접 만들거나 학생들의 독해력을 키우는 수업 방법을 검토하는 등의 활동을 매주 펼치고 있다고 한다. 그 가운데 한 선생님에게 "힘드시지요?" 하고 물어봤더니 "아니요, 즐겁습니다"라는 대답이 돌아왔다. "원래 아이들을 좋아하고 가르치는 것을 좋아해서 교사가 되었거든요. 아이들이 올바르게 이해하고 있다는 느낌을 받을 수 있다면 정말 기쁠 겁니다."

이런 대답을 들은 나는 고개를 끄덕였다. 학교라는 곳은 힘든 직장이다. 어떤 학교에서 집단 따돌림 같은 사건이 일어날 때마다 전국의 학교에 일제히 "설문 조사를 실시하시오"라는 식의 통지가 내려온다. 오늘도 조사, 내일도 조사인 것이다.

여기에 중앙교육심의회의 즉흥적인 발상이라고밖에 생각되지 않는 프로그래밍 교육이라든가 액티브 러닝이라든가 커리어 교육이라든가 지속 가능성 사회 교육 같은 것을 해야 하는 상황이 되었다. 많은 선생님들이 속으로 "제발 작작 좀 해!"라고 외치고 있을지도 모른다. 아이들을 좋아하고 가르치는 일을 좋아해서 교사가 된 그들에게는 '가르치면 이해한다'라는 느낌을 받는 것이야말로 최고의 동기부여일 것이다.

이런 와중에 사이타마현이 독자적으로 시행하고 있는 '사이타마현 학력 학습 상황 조사'가 실시되었고, 놀라운 결과가 드러났다. 그 전까지 도다 시의 성적은 사이타마현 전체에서 중간 정도를 유지해 왔는데 갑자기 중학교 1위, 초등학교 2위에 오르며 종합 1위로 급상승한 것이다.

물론 이러한 결과가 지속되지 않는 이상은 뭐라고 말하기 어려우며 인과관계의 검증 또한 필요할 것이다. 그러나 광명이 보이기 시작한 듯한 기분이 든다. 과학적인 데이터를 바탕으로 선생님들이 "어떻게 해야 아이들이 교과서를 제대로 읽도록 만들 수 있을까?"를 연구하고 실천하는 평범하고 기본적인 활동이 얼마나 중요한지를 암시하는 결과가 아닐까?

과거에 수학자 후지와라 마사히코(藤原正彦)는 학교 교육에 무엇이 필요한가라는 질문을 받자 "첫째로 국어, 둘째로 국어, 셋째와 넷째는 없고 다섯째로 산수"라고 답했다. 나는 현재의 '국어'로 괜찮은지에 의문을 품고 있기 때문에 "첫째로 독해, 둘째로 독해, 셋째와 넷째는 놀이이고 다섯째로 산수"라고 말하고 싶다. 여기서 '놀이'는 손과 발, 몸을 움직이는, 기구에 의존하지 않는 놀이를 가리킨다. 그리고 일본의 학교가 자랑하는 급식 당번이나 청소 당번 등의 단체 활동도 이에 포함된다. 그 밖에는 필요 없다. 적어도 나는 그렇게 생각한다.

한편 기초 독해력과 설문 조사 결과 간에 유의미한 상관관계가 발견되지 않는 가운데 매우 신경 쓰이는 점이 눈에 띄었다. 취학 보조율과 독해 능력치 간의 강한 부정적 상관관계다. 학교 교육법 제19조에서는 "경제적 이유로 취학이 곤란하다고 인정되는 학령 아동 또는 학령 학생의 보호자에 대해, 지방자치단체는 필요한 원조를 제공해야 한다"라고 규정하고 있다. 이에 따라 원조할 필요가 있다고 판단되는 아동 및 학생은 취학 보조를 받는다.

우리가 진행한 설문 조사에서는 취학 보조를 받고 있는지의 여부를 묻지 않았지만 협력해 준 중학교 측에 취학 보조율을 문의한 결과, 취학 보조율이 높은 학교일수록 독해 능력치의 평균이 낮음을 알게 되었다. 다시 말해, 빈곤이 독해 능력치에 부정적인 영향을 끼친다는 것이다.

교과서를 제대로 읽을 수 있도록 만드는 교육을

전국 2만 5,000명을 대상으로 실시한 독해력 조사를 통해 알게 된 사실을 정리해 보았다.

- 중학교를 졸업하는 단계에서 전체 학생의 약 30퍼센트가 (내용 이해를 동반하지 않는) 표층적인 독해조차 하지 못한다.
- 학력이 중위권인 고등학교 학생의 반수 이상이 내용 이해를 요하는 독해는 하지 못한다.
- 진학률 100퍼센트의 입시 명문 고등학교에서도 내용 이해를 요하는 독해 문제의 정답률은 50퍼센트를 조금 넘는 수준이다.

- 독해 능력치와 진학할 수 있는 고등학교의 편치치는 상관관계가 매우 높다.
- 중학생인 동안에는 학년이 올라감에 따라 독해 능력치가 평균적으로 향상된다.
- 독해 능력치와 가정의 경제적 형편 사이에는 음의 상관관계가 있다.
- 학원에 다니는지의 여부와 독해 능력치 간에는 상관관계가 없다.
- 독서를 좋아하는지 싫어하는지, 해당 과목에 자신이 있는지 없는지, 하루 동안 스마트폰을 몇 시간이나 사용하는지, 하루에 몇 시간을 공부하는지 등에 대한 자기 보고 내용과 기초 독해력 간에는 상관관계가 없다.

　고등학생의 반수 이상이 교과서에 서술된 문장의 의미를 제대로 이해하지 못한다. 이러니 수험생의 80퍼센트가 도로보군에게 진 것도 이해가 간다. 기억력(정확히는 기록력이지만)이나 계산력, 그리고 통계를 바탕으로 한 대략적인 판단력은 도로보군이 대다수 사람보다 월등히 우수하다. 이러한 상황에서 AI가 현존하는 일자리의 절반을 맡게 되는 시대가 코앞으로 다가와 있다. 이것이 무엇을 의미하는지 우리 사회 전체가 진지하게 생각하지 않으면 심각한 사태가 벌어지게 될 것이다.

　다시 한 번 말하지만, 나는 "일본의 중·고등학생의 독해력이 이렇게나 낮다"라고 고발하려는 게 아니다. 학교 현장을 비판하려는 것도 아니다. 내가 중·고등학생의 독해력이 너무나도 낮은 현실을 이야기하는 것은, 이 아이들이 중학교를 졸업하기 전까지 어떻게 해서든 교과서를 읽을 수 있도록 만들지 않으면 심각한 일이 닥칠 것이기 때문이다.

저출산 현상이 나날이 심화되는 가운데 일본 정부는 이민자를 완강히 거부하고 있다. 서양 국가들이 부러워할 만큼 현저히 낮은 실업률을 달성하긴 했지만, 이처럼 낮은 실업률을 유지하려면 노동자들이 최소한 작업 설명서나 안전 수칙을 읽고 그 내용을 이해할 수 있어야 한다. 이를 위해서는 교과서를 읽어낼 수 있는 독해력이 반드시 필요하다.

반복과 주입식으로 길러진 능력은 가장 먼저 대체된다

'의존 구조'나 '조응'의 정답률이 90퍼센트를 넘더라도 다른 유형의 문제의 정답률이 50퍼센트를 밑도는 경우가 자주 있다. 다수의 유명 사립 대학 합격자를 배출하고 있는 고등학교인데 추론의 무작위율이 40퍼센트를 넘는 곳조차 있다.

표층적 독해는 할 수 있지만 추론이나 동의문 판정과 같은 깊이 있는 독해를 하지 못할 경우, 문장을 읽는 데는 어려움을 겪지 않더라도 내용을 거의 이해하지 못하는 상황이 발생할 수 있다. 인터넷에서 복사해 붙여 넣는 방식으로 리포트를 쓰거나 반복적인 문제 풀이와 암기로 시험에서 좋은 성적을 낼 수는 있지만, 리포트의 의미나 시험의 의미는 이해하지 못한다. 한마디로 AI와 비슷하다. 그리고 AI와 비슷하다는 말은 능력 면에서 AI로 대체되기 쉽다는 뜻이다.

최근 내가 가장 우려하고 있는 것은, 반복적 문제 풀이를 디지털화하고 문항 반응 이론을 이용함으로써 "AI가 학생별로 진도에 맞춘 반복 연습을 제공합니다!"라고 선전하는 학원이 등장했다는 점이다. 이런 능력을 아이들에게 중점적으로 심어주는 것만큼 무의미한 일은 없다. 문제를 읽고, 이해하지 않고 반복 연습을 통해 푸는 능력이야말로 AI로 대체되기 가장 쉬운 능력이기 때문이다.

초등학생 때부터 디지털 반복 연습을 열심히 해서 '공부를 했다는 기분'을 맛보고 시험에서 좋은 점수를 받으면 이것이 성공 체험으로 작용해 스스로 독해력이 부족하다는 사실을 깨닫기 어려워진다. 중학교에 들어가서도 디지털 반복 연습을 계속하면 1차 방정식 시험에서 만점을 받을 수 있고 영어 단어나 한자도 외울 수 있으므로 그럭저럭 괜찮은 성적을 낼 것이다.

그런데 입시 공부가 시작되는 중학교 3학년이 되자 어째서인지 성적이 떨어진다. 본인은 어렴풋이 눈치를 챌 것이다. "학교 선생님이 하시는 말씀이 잘 이해가 안 가." "교과서를 읽어도 무슨 소리인지 모르겠어." 그러나 이제 와서 어떻게 해야 좋을지 알 수가 없다. 그래서 더욱 디지털 반복 연습에 몰두하게 된다.

도로보군에게 수없이 반복 연습을 시킨 나로서는 자신 있게 말할 수 있다. 어떤 시점 이후로는 독해력을 기르지 않는 한 성적이 향상되지 않는다. 독해력이 높은 학생이 본격적으로 입시 공부를 시작하면 독해력이 낮은 학생의 성적은 상대적으로 떨어질 수밖에 없다. 도로보군도 더 많은 영어 문장을 암기하는 방법을 써봤지만 영어 편차치가 50 전후에서 더 오르지 않았다.

[문제 4] '메이저리거 문제'나 [문제 5] '원 문제'에서 틀린 답을 선택한 학생은 독해력을 키우지 못한 채 반복 학습과 암기만으로 대학 입시를 준비하고 있을 가능성이 높다. 그런 학생들도 편차치가 50 이상인

중간 수준의 대학에는 입학할 수 있다. 게다가 지금의 대학생 중 절반은 학력 시험을 면제받는 AO 입시[20]나 추천 입학으로 대학에 들어간다. 그리고 홀수와 짝수를 더하면 왜 홀수가 되느냐는 질문에 "2 + 1 = 3이니까"라고 진지하게 대답하는 것이다.

문제에 나오는 숫자를 일단 어떤 식에 대입하려 한다. 어째서일까? 프레임이 정해져 있는 반복 연습에서는 그것이 가장 효율적인 풀이 방법이었기 때문이다. 프레임을 한정하는 디지털 교재의 가장 큰 단점이 여기에 있다. 프레임이 제한되면 아이들은 가르치는 쪽이 기대한 것과는 다른 방법, 즉 해당 프레임 안에서만 활용 가능한 기묘한 기술들을 익히게 된다.

다시 한 번 떠올려주기 바란다. 프레임이 정해져 있는 작업은 AI가 가장 잘하는 분야다. 그런 일은 인간보다 훨씬 처리 속도가 빠르고 실수도 적으며 비용도 적게 드는 AI의 몫이 될 수밖에 없다.

의미를 이해하는 인재가 필요하다

그렇다면 AI로 대체할 수 없는 인재란 어떤 능력을 지닌 사람일까? 바로 의미를 이해하는 능력을 지닌 사람이다. 2장에서 자세히 살펴봤듯이 AI는 의미를 이해하지 않기 때문이다.

"1, 3, 5, 7의 평균은 얼마입니까?"라는 질문을 받으면 대학 진학을 희망하는 대부분의 일본 고등학생이 $(1 + 3 + 5 + 7) \div 4 = 4$라고 올바르게

---

20 한국의 입학사정관제에 해당한다.

대답할 것이다. 국민의 절반 이상이 평균을 구하는 공식을 활용할 수 있는 나라는 그리 많지 않다. 그렇다면 그 평균의 의미에 대해서는 과연 얼마나 알고들 있을까?

> 어떤 중학교의 3학년 학생 100명의 키를 측정하고 그 평균을 계산하니 163.5센티미터라는 값이 나왔다. 이 결과를 바탕으로 확실히 옳다고 말할 수 있는 것을 선택지에서 모두 고르시오.
>
> ① 키가 163.5센티미터보다 큰 학생과 작은 학생은 각각 50명이다.
>
> ② 학생 100명 전원의 키를 더하면 163.5센티미터 × 100 = 16350센티미터가 된다.
>
> ③ 키를 10센티미터 단위로 '130센티미터 이상 140센티미터 미만', '140센티미터 이상 150센티미터 미만'……과 같이 구분하면 '160센티미터 이상 170센티미터 미만'인 학생이 가장 많다.

3장의 첫머리에서 소개한 '대학생 수학 기본 조사'에서 출제한 문제 가운데 하나다. 정답은 ②이다. ①은 중앙값, ③은 최빈값의 성질을 설명한 내용이다. 그러나 대학생 네 명 중 한 명이 올바르게 대답하지 못했다. 공식은 알고 있지만 의미는 모르는 것이다.

앞으로 통계 해석 소프트웨어인 R이나 나아가서는 구글이 무상으로 제공하는 통계를 바탕으로 한 기계 학습 소프트웨어 라이브러리인 텐서플로를 활용하는 사람도 늘어날 것이다. 그러나 진정으로 중요한 것은 그것이 무엇을 의미하는지, 그리고 어떤 위험을 내포하고 있는지 이해하는 인재다.

이미 AI를 도입한 대기업에서는 AI의 내용물, 즉 수학을 이해하는 인재를 확보하기 위한 세계적인 경쟁이 시작되었다. 구글이 높은 급여를 앞세워 유능한 수학 박사나 수학 올림피아드 금메달 수상자들을 매점하고 있다는 사실은 예전부터 잘 알려져왔다. 안타깝게도 일본의 기업은 문과 출신 경영자가 많아서인지 자신과 커뮤니케이션을 하지 못하는 수학자 출신 인재를 활용하는 데 서툴러 이 부분에서도 크게 뒤처지고 있다.

'웹'이라는 말이 마법처럼 들렸던 2000년 당시만 해도 웹 크리에이터라는 직업은 홈페이지를 만들 줄 안다는 것만으로 선망의 대상이 되었다. 그러나 10년 사이에 이들의 가치는 폭락했다. AI를 활용할 수 있는 인재가 당분간은 유용하겠지만, 유통기한은 그리 길지 않으리라는 것이 나의 예상이다. 중요한 것은 새로운 소프트웨어를 활용할 줄 아느냐가 아니다. 해당 소프트웨어의 핵심이나 약점 등 그 내용물을 논리적으로 이해하고 있느냐 그렇지 못하느냐이다.

독해력이 없으면 액티브 러닝도 탁상공론일 뿐

최근 들어 대학과 고등학교에서는 '액티브 러닝(Active Learning)'의 중요성을 수시로 강조하고 있다. 여러분은 액티브 러닝이 무엇인지 아는가? 문부과학성의 용어집에는 "교원의 일방통행이나 다름없는 강의식 교육과는 달리 학수자(學修者)의 능동적인 학습 참여를 도입한 교육·학습법의 총칭. 학수자가 능동적으로 배움으로써 인지적·윤리적·사회적 능력, 교양, 지식, 경험을 포함한 범용적 능력의 육성을 꾀한다. 발

230

견 학습, 문제 해결 학습, 체험 학습, 조사 학습 등을 포함하며, 교실 안에서의 그룹 토론, 토의, 그룹 과제 해결 등도 효과적인 액티브 러닝 방법이다"라는 설명이 실려 있다.

'학수(學修)'라는 용어가 참으로 문부과학성다운데, 문부과학성 또는 중앙교육심의회의 기준에 따르면 고등학교까지는 '학습'이고 대학교부터는 '학수'에 해당한다. 즉, 가르침을 받기만 하는 것이 아니라 스스로 주제를 정하거나 직접 조사해서 학습하고, 그룹 단위로 이야기를 나누거나 토론을 하고, 자원봉사나 직업 체험에 참가하는 것 등이 액티브 러닝이라는 것이다.

잘은 모르겠지만 참 매력적인 이야기로 들린다. 그런데 잠깐 생각해 보자. 교과서의 문장을 이해하지 못하는 학생이 어떻게 스스로 조사를 할 수 있을까? 자신의 생각을 논리적으로 설명하지도, 상대의 의견을 정확하게 이해하거나 추론하지도 못하는 학생이 어떻게 친구와 토론을 할 수 있을까? 내 생각에 '추론'이나 '이미지 동정'처럼 고도의 독해력을 필요로 하는 문제의 정답률이 적어도 70퍼센트 이상 나오지 않는다면 액티브 러닝은 아마도 무리일 것이다.

"악(惡)은 뜨거울 때 두들겨라"

얼마 전에 텔레비전에서 이런 광경을 목격했다. 해수욕장에서 어떤 방송인이 비키니 차림의 여성 일행에게 퀴즈를 냈다. "○은 뜨거울 때 두들겨라. 자, 빈칸에 들어갈 말은 무엇일까요?"라는 속담 맞추기 문제였다. 여성 일행은 모두 네 명이었는데, "뭐지? 모르겠어. 뭘까?", "아, 못일지도. 못인 거 같아", "못이 뜨거워?" 하는 식의 종잡을 수 없는 대화를 웃으면서 나눴다.

그런 흐름 속에서 한 여성이 "악(惡) 아니야?"라고 말을 꺼냈다. 그러자 다른 세 명이 "악이라고?", "왜?", "그게 무슨 뜻이야?"라며 뜬금없이 튀어나온 진기한 의견에 관심을 보였다. '악'이라고 말한 여성은 이야기를 이어나갔다. "생각해 봐. 악당은 등장했다 싶은 순간 몽둥이 같은 걸로 두들겨서 바로 해치워야 하잖아." 만담가처럼 일부러 웃기려고 실없는 소리를 하는 게 아니었다. 굳이 따지자면 '이거 정말 그럴듯하지 않아?'라고 우쭐거리는 말투였다.

나는 헛웃음을 지으며 채널을 돌리려고 리모컨으로 손을 뻗었다. 그런데 이때 다른 여성이 "그럴지도 모르겠네"라며 앞선 여성의 말에 동조했다. 놀라운 상황 전개였다. 뻗었던 손이 움츠러들었다. 그러자 또 다른 두 명도 "아, 그러네. '악은 뜨거울 때 두들겨라'가 맞네", "맞아, 맞아"라고 수긍하더니, 네 명이 입을 모아 "하나, 둘, '악'!"이라고 밝은 표정으로 대답했다. 나는 경악했다.[21]

내가 놀란 것은 "악은 뜨거울 때 두들겨라"라는 대답이 너무 기상천외해서가 아니었다. 답을 아는 사람에게는 엉뚱하기 그지없는 이 대답이 답을 모르는 네 명에게 가장 확실해 보이는 답으로 인식되어 가는 과정이 놀라웠던 것이다. 나는 올바른 '추론'을 하지 못하는 사람들이 모여서 그룹 토론을 하면 이런 사태에 빠질 위험성이 높다는 것을 깨달았다.

---

21 올바른 답은 '쇠'이다.

그러자 머릿속에서 또 다른 기억이 떠올랐다. 딸이 초등학교 4학년이었을 때 일이다. 과학 수업 시간에 별의 빛에 관해 배우는데, 선생님이 "우리 눈에 비친 별이 빛나고 있으니까 지금 빛을 내고 있는 것처럼 보이지만, 먼 곳에 있는 별의 빛이 지구에 닿기까지는 오랜 시간이 걸린답니다. 그러니까 지금 여러분이 보고 있는 별빛은 수만 년 전에 반짝인 것이지요"라고 설명했다. 이어서 선생님은 빛이 1년 동안 나아가는 거리를 1광년이라고 한다는 것도 가르쳐주었다.

이에 학생들이 "으음……" 하고 이해한 것인지 이해하지 못한 것인지 알 수 없는 미묘한 반응을 보였다. 그때 딸이 선생님에게 질문을 했다. "그럼 태양은요?" 이 질문에 선생님이 난처한 표정을 짓자 분위기 파악을 잘하는 한 남자아이가 "바보야, 햇빛은 당연히 지금 반짝이고 있는 거잖아"라고 큰 목소리로 말했다.

그것을 신호로 많은 아이들이 "맞아, 맞아. 태양은 지금 반짝이고 있는 거야. 선생님께서 말씀하신 건 별 이야기고"라고 말했고, 결국 우리가 보는 햇빛은 지금 반짝인 것으로 '결정'되었다고 한다. 물론 사실은 그렇지 않다. 태양이 발한 빛이 지구에 도달하는 데는 8분 정도가 걸린다. 액티브 러닝은 이처럼 잘못된 결론에 도달할 위험성을 내포하고 있다.

물론 반드시 정답에 도달하는 것이 액티브 러닝의 목적은 아니다. 액티브 러닝은 정답에 도달하는 방법을 깨우치는 것에 주안점을 둔다. 가끔은 잘못된 결론에 이르더라도 괜찮다. 다른 사람과 토론을 하거나 그룹 토론을 함으로써 자연스럽게 사회성을 기르는 것 또한 액티브 러닝의 목적이라 할 수 있기 때문이다.

토론의 흐름을 읽고 집단의 분위기를 파악하는 것은 현대 사회를 살아가는 데 매우 중요한 기술이며, 아무리 논리적으로 옳거나 올바른 추론에 바탕한 것이라고 해도 자신의 주장을 굽히지 않으면 궁지에 몰릴 때가 있음을 나 역시 잘 알고 있다.

그러나 액티브 러닝을 교육에 도입하는 목적이 정답에 가까이 가기 위해, 혹은 정답에 도달하는 방법을 터득하기 위해서라면, 적어도 토론을 한 뒤에 사전이나 다른 수단, 하다못해 위키백과라도 조사해서 무엇이 정답인지 확인할 수 있어야 한다.

그런데 잠깐. 오늘날의 중·고등학생들이 위키백과를 읽을 수 있을까? 교과서도 제대로 읽지 못하는데 말이다. 적어도 RST의 정답률이 80퍼센트를 넘지 않는다면 위키백과를 읽기는 무리일 것이다.

때로는 인터넷에 정답이 적혀 있지 않을 수도 있다. 그럴 경우는 올바른 정보를 바탕으로 올바르게 추론해서 어떤 답이 옳은지 판단해야 한다. RST에서 출제되는 '추론'이나 '구체예 동정' 문제를 푸는 것과는 비교도 할 수 없는 고도의 능력을 필요로 하는 것이다. 그러나 현재 우리가 보유한 2만 5,000건 이상의 RST 데이터를 살펴봤을 때, 의미 있는 액티브 러닝을 실시할 수 있는 중학교는 적어도 공립 중에는 없다고 단언할 수 있다. 고등학교의 경우에도 극소수의 입시 명문 고등학교에서만 가능할 것이다.

이와 같은 탁상공론이 학교 현장에 도입된 책임은 문부과학성보다도 애초에 그러한 방침을 세운 중앙교육심의회와 그 구성원인 유식한 사람들에게 있다. 왜 나 같은 일개 수학자가 RST를 만들기 전까지 중·고등학생이 교과서를 읽을 수 있는가에 대해 생각해 보지도, 조사하려고도 하지 않았을까? 왜 수십 년 전에 졸업한 중학교의 기억과 자신의 반경 5미터 이내에 있는 우수한 사람들의 인상에 입각해서 이런 비현실적인 그림을 그린 걸까?

흔히 교육은 국가의 백년지계라고 한다. 그렇다면 좀 더 과학적인 설계가 필요하다. RST의 경우에는 교육 빅데이터를 바탕으로 확률과 통계를 구사해 결론을 이끌어냈다. 빅데이터에 입각한 과학을 교육에 적용한 것이다. 물론 나는 성실한 수학자이므로 여기에다가 'AI를 이용한 세계 최초의 독해력 진단' 같은 수식어를 붙일 생각은 없지만 말이다.

교육 현장에서 위기감을 느끼다

오늘날 중·고등학생의 독해력 저하에 관해서는 현장의 교사들이 가장 민감하게 감지하고 있으며 위기감을 품고 있다. 한 고등학교 선생님은 "판서를 할 수가 없습니다"라는 고민을 털어놓았다. 판서를 해도 받아 적지 못하는 학생이 늘어나고 있기 때문이다. 필기시험에서 떨어져 운전면허를 취득하지 못하는 졸업생이나 기껏 주방에서 실력을 쌓아놓고도 조리사 면허를 따지 못하는 졸업생이 적지 않다고 한다.

RST에 협력해 준 어느 인구 과소 지역의 고등학교에서는 정답률이 무작위율 이하인 학생이 학급의 절반 이상을 차지했다. 철도 운행도 중단되고 이렇다 할 산업도 없는 지역에서, 운전면허 필기시험에 합격할 수 있을 정도의 독해력조차 갖추지 못한 채 고등학교를 졸업하는 아이들이 많다. 이 사실을 알게 된 나는 머리를 감싸 쥐었다.

교과서를 읽지 못하면 학습도 복습도 할 수 없다. 혼자서는 공부할 수가 없기에 계속 학원에 다녀야 한다. 그러나 대학 공부를 도와주는 학원은 없다. 사회로 진출한 뒤에도 마찬가지다. 공부 방법을 모르는 채 사회로 나온 사람들은 어떻게 될까? 운전면허를 못 따거나 조리사가 되지 못하는 정도로 끝나지 않는다. 결국에는 AI한테 일자리를 빼앗기고 말 것이다.

나는 중등교육 전문가도 교육행정 전문가도 아니다. 수학자인 내가 지금 당장 해야 할 일은 도로보군의 도전을 통해 명확해진 현재의 AI의 실상과, RST를 통해 판명된 일본(그리고 아마도 전 세계) 중·고등학생의 독해력 실태를 사회에 널리 알리는 것이라고 생각한다.

그러나 도로보군 프로젝트와 RST를 통한 독해력 조사 양쪽 모두에 깊이 관여한 사람으로서 이것만큼은 말해 두고 싶다.

AI와 공존하는 사회에서 사람들은 AI가 하지 못하는 일을 할 수 있는 능력을 길러야 한다. 이를 위한 교육의 가장 중요한 과제는, 학생들이 중학교를 졸업하기 전까지 교과서를 읽고 이해할 수 있도록 만드는 것이다. 세상에는 정보가 넘쳐나므로 독해 능력과 의욕만 있으면 어지간한 것은 언제 어디서라도 스스로 공부할 수 있다.

오늘날의 격차는 이름 있는 대학을 졸업했는가 그렇지 않은가, 대졸인가 고졸인가 같은 것에서 생겨나지 않는다. 교과서를 이해할 수 있는가 없는가에서 생겨난다. 현장의 교원들은 이를 피부로 느끼고 있다. 경제계에는 "초등학생 때부터 영어를 가르치자", "중·고등학교에서 컴퓨터 프로그래밍 교육을 실시하자" 같은 주장을 하는 사람들이 많은데, 현장을 모르니까 그런 말을 할 수 있는 것이라고 생각한다.

우리가 실시하고 있는 RST는 문부과학성이나 교육위원회 등이 일정을 미리 확보해서 상명하달식으로 시행하는 학력 조사가 아니다. 그렇기에 학교 측에서 이런 조사에 협력하는 것은 매우 이례적인 일이라고 한다. 학교 수업이나 연간 행사 일정이 연초에 이미 빽빽하게 정해지기 때문에 돌발적인 행사가 끼어들 틈이 없을 뿐더러, 입시와 아무런 관련이 없는 조사라면 더 말할 필요도 없다. 도쿄 대학이나 교토 대학의 교육학부에서 조사를 의뢰해도 학교 측의 협력을 얻어내기가 쉽지 않다고 한다.

그런데 불과 1년 반이라는 짧은 기간 동안 전국에서 100개가 넘는 학교와 기관이 우리의 독해력 조사에 협력해 줬다. 혹자는 기적이라고도 말했다. 이 정도로 적극적인 협력을 얻을 수 있었던 것은 이 테스트를 통해 우리가 묻고자 했던 바가 현장에서 느끼는 위기감과 일치했기 때문이리라. 현장의 교원이나 교육위원회의 위원들도 "학생들이 정말로 교과서를 읽을 수 있을까?"라는 의문을 품고 있었던 것이다.

중학교나 고등학교뿐만 아니라 일본을 대표하는 일류 기업들도 우리 조사에 협력해 줬다. 안전 수칙이나 제품 사양 설명서를 읽지 못하는, 업무 문서를 작성하지 못하는, 개인정보보호법 등이 개정되었을 때 e러닝으로 공부시켜도 최종 시험에 통과하지 못하는, 혹은 다른 구체적인 상황에서 활용하기 어려운 직원이 늘어났음을 실감하는 기업이 많아졌기 때문이리라.

오늘날 전 세계적으로 보기 드물게 낮은 실업률을 달성한 일본은 다른 선진국으로부터 선망의 눈길을 받고 있다. 그러나 한편으로는 채용하고 싶은 사람을 채용하지 못한다는 기업인들의 고민이 종종 들려온다.

창조적이고 교섭 능력이 뛰어나며 직관력까지 갖춘 소위 '탑건(top

gun)' 같은 인재가 부족하다는 의미가 아니다. 안타깝게도 그런 인재는 확률적으로밖에 태어나지 않으므로 인구가 감소하면 그 수도 줄어든다. 여기서 말하는 것은 그처럼 탁월한 인재가 아니라 제품 설명서를 올바르게 이해하고 절차에 따라 작업하며 '보고, 연락, 상담'을 확실히 할 수 있는, 어찌 보면 당연한 수준의 인재다.

아무리 인사에 돈을 들여도 그런 인재를 채용할 수가 없다는 게 기업 측의 고민인 것이다. 대학 진학률 100퍼센트를 자랑하는 고등학교의 '추론' 문제 무작위율이 30퍼센트가 넘고, 중학교 졸업 이후로는 독해력이 향상된다고 말하기 어려운 현 상황을 생각하면 어쩔 수 없는 일인지도 모른다.

많은 사람이 교과서를 정확히 이해할 수 있는 독해력을 성인이 될 때까지 기르지 못하고 있다. 이 상황을 어떻게든 개선하지 않는다면 AI와 공존해야 하는 앞으로의 사회에 대해 긍정적인 미래 예상도를 그리기는 불가능하다. 개인은 물론이고 사회 전체적으로 보았을 때도 마찬가지다.

독해력 향상, 처방전은 간단하지 않다

그렇다면 독해력을 키우기 위한 효과적인 방법은 무엇일까? 안타깝지만 이를 해명하기 위한 과학적인 연구는 아직 실시된 적이 없다. 만약 이 책에 "수학자가 제안! AI를 이용한 세계 최초의 독해력 향상법"이라는 제목을 붙이고 "이러이러한 반복 연습을 하면, 이러이러한 것을 하면 당신의 독해력은 극적으로 향상됩니다!"라고 홍보한다면 틀림없이 베스트셀러가 될 것이다. 반복 연습용 문제를 만들어서 따로 팔면 백만 장자가 될지도 모른다. 그러나 나는 과학적으로 검증되지도 않은 것을 '처방전'이라고 출판할 만큼 윤리 의식이 결여된 사람은 아니다.

우리 연구 그룹은 협력 학교와 함께 "어떤 독해 능력치를 지닌 학생이 무엇을 하면 해당 능력을 향상시킬 수 있을까?"를 하나하나 과학적으로 검증해 나가고 있다. '의존 구조'와 '조응'의 경우는 능력을 향상시킬 교육 방법을 궁리하고 그것이 옳은지 검증하는 조사에 착수했다. 그러나 의존 구조 해석과 조응 해결은 AI도 할 줄 안다.

우리 사회가 인간에게 기대하는 것은 아직 AI한테는 어려운 '동의문 판정', AI는 해내지 못할 것으로 여겨지는 '추론', '이미지 동정', '구체예 동정' 능력이다. 이런 능력을 갖추어야 AI가 하지 못하는 일을 하는 인재가 될 수 있다. 어떻게 해서든 전국 중·고등학생의 RST 평균 정답률이 70퍼센트 이상 되도록 만드는 교육 방법을 확립해야 한다. 다음 책에서는 과학적 근거에 입각한 처방전을 한두 가지라도 제공할 수 있도록 노력하겠다.

그러나 한편으로 차분하게 생각해 보면 '획기적'이라고 일컬어진 교육법은 이미 지금껏 산더미처럼 쏟아져 나왔다. 그 가운데에는 디지털 교과서처럼 정부의 지원 속에 도입이 진행되고 있는 것도 적지 않다. 그럼에도 오늘날 중·고등학생의 독해력은 이 책에서 전한 대로이다.

아마도 독해력을 향상시키는 데에는 다이어트처럼 간단한 처방전은 따로 없을 것이다. 교과서를 읽지 못하는 사람에게는 저마다의 이유가 있다. 반복 연습에 지나치게 의존했다든가, 모르는 단어가 나오면 건너뛰고 읽었다든가, 서술 내용에 모순이 있어도 "그렇게 적혀 있으니 맞겠지"라며 그냥 넘어갔다든가 하는 다양한 유형의 이유가 존재한다. 그것을 진단하기 위해 우리가 고안해 낸 것이 RST다.

실제로 일류 기업에서 일하는 사회인이나 학교 선생님, 혹은 '읽는' 것이 직업인 편집자나 기자를 대상으로 테스트를 해봐도 의외로 많이들 틀린다. 그런 사람들은 독해에 자신이 있으므로 처음에는 "교과서가 이해하기 어렵게 쓰여 있다"라든가 "문제가 모호하다"라는 식의 비판을 한다. 그러나 RST가 얼마나 치밀하게 설계되어 있는지를 이해하고 나면 다른 감상을 털어놓는다.

"저는 수학에 자신이 없어서 문과를 선택했다고 생각해 왔는데, 어쩌면 애초에 수학 교과서를 읽지 못하는 유형의 사람이었는지도 모르겠네요." "이해하지 못하는 부분은 건너뛰고 읽으면서 무의식중에 전체를 파악했다고 생각했는지도 모르겠습니다."

잠시 내 이야기를 하자면 나는 독서를 즐기지 않는 편이다. 대학 시절부터 많아야 1년에 5권 정도밖에 책을 읽지 않았다. 활자를 읽는 것은 좋아하지만 그다지 빨리 읽지 못한다. 그러나 생판 모르는 타인이 몇 년을 들여 쓴 책을 이해하려면 저자가 그 책을 쓰는 데 걸린 시간의 두 배는 들여야 마땅하다는 게 내 생각이다.

내가 봤을 때 수학 책이나 철학 책을 1년에 3권 이상 정독할 수 있는 사람은 정말 대단하다. 데카르트의 『방법서설』은 매우 얇은 책인데, 나는 대학 시절부터 이 책을 스무 번은 읽었고 내가 아는 대부분의 과학적 방법을 이 책에서 배웠지만 그래도 아직 이해하지 못하는 부분이 있다.

어쩌면 다독(多讀)이 아니라 정독(精讀), 심독(深讀)에 어떤 실마리가 숨어 있는지도 모른다. 그런 예감 비슷한 것을 느낀다.

교육 당국의 심각한 착각

이 책의 주요 주제와는 다소 거리가 있지만, 관련 있는 문제라서 꼭 이야기해 두고 싶은 것이 있다. '대학입학공통시험'과 문부과학성의 고등학교 학습지도요령에 관한 이야기다.

일본 정부는 2020년에 OMR 방식만으로 치러지는 현재의 센터 시험을 폐지하고 사고력과 판단력을 종합적으로 평가하는 '대학입학공통시험'을 도입한다고 발표했다. "단 한 번의 종이 시험에서 받은 성적으로 합격과 불합격이 결정되며 1점에 울고 웃는 편차치 교육이 아닌 대학입시를"이라는 정부의 방침을 듣고 긍정적으로 받아들인 사람도 있을 것이다.

그러나 실제로는 앞에서도 언급했듯이 이미 지금의 대학생 중 절반 이상이 '종이 시험'을 보지 않고 대학에 입학했다. 단 한 번의 종이 시험에서 받은 성적으로 합격과 불합격이 결정되며 1점에 울고 웃어야 했던 것은 먼 옛날의 이야기다.

대학생의 사고력이 부족한 것은 센터 시험이 OMR 방식이어서가 아니다. 이는 RST의 결과를 봐도 명백하다. 교과서를 이해할 수 있는 능력을 갖추지 못한 채 대학에 입학한 학생이 많기 때문에 대학생 전반의 사고력이 떨어진다는 평가를 받는 것이다.

그러나 이는 생각하지 않은 채 정부도 언론도 '단 한 번의 시험 성적으로 합격과 불합격이 결정되며 1점에 울고 웃는 편차치 교육'의 상징인 센터 시험의 개혁을 주장했다. 정부가 방침을 정한 이상 센터 시험은 바뀔 수밖에 없다. 어쩔 수 없는 일이다.

이와 더불어 정부가 제시한 방침 가운데 필수로 꼽힌 것이 영어 과목에서 기존의 '읽기·쓰기·듣기'에 '말하기'를 추가하는 것과 국어 과목에 서술형 문제를 추가하는 것이었다. 대학입시센터시험의 수험자는 매년 50만 명이 넘는다. 그리고 수험료는 1만 8,000엔이다. 듣기 시험을 운용하는 데만도 온갖 어려움을 겪고 있는 현실인데, 여기에 더해 국어 필기 답안을 채점하고 영어가 모국어인 사람들에게 '말하기' 능력의 진단을 위탁하는 것은 도저히 무리다. 수험료를 대폭 인상하거나 국비를 투입해서 센터 시험의 예산을 늘리지 않고서는 불가능한 일이다.

그러나 고등학교 교육의 무상화가 논의되고 있는 현재 상황에서 수험료 인상은 논의할 가능성조차 없는 일이며, 정부의 재정 상태를 생각하면 센터 시험에 추가로 투입할 예산도 없다. 그래서 나온 아이디어가 AI를 활용해 국어 서술형 답안을 자동 채점하면 어떻겠느냐는 것이다. "외국에서는 소논문 채점에 AI를 도입했다던데……"라면서 말이다.

그러나 소논문의 채점과 국어 필기 답안의 채점은 그 성질이 완전히 다르다. 외국에서 채점에 AI를 활용했다는 소논문의 경우에는 정답이라는 게 없다. 우선 좋은 논문이 어떤 것인가를 AI가 학습한 후 그와 비교해 채점 대상이 되는 논문의 점수를 매긴다. 이때 채점 기준은 논문의 내용과 무관하며 "어떤 어휘를 얼마나 사용했는가?", "한 문장의 길이는 어느 정도인가?", "어떤 접속사를 사용했는가?" 등의 외형적이고 수치화하기 쉬운 요소를 대상으로 한다. 요컨대 통계인 것이다.

그래도 그런 관점에서 5단계 평가를 하면 결국에는 인간이 채점한 것과 거의 같은 결과가 나온다고 한다.

한편 '대학입학공통시험'에서 도입을 검토하고 있는 국어 서술형 문제는 수십에서 수백 자 정도의 답안이 모범 해답과 의미가 같은지, 의미가 같지 않다면 얼마나 비슷한지를 기준으로 채점해야 하는 유형의 문제다. 학생의 답안과 모범 해답이라는 두 개의 글이 동의문인지 여부를 판정하지 못한다면 자동 채점은 불가능하다. 그래서 현재 문부과학성이 추진하고 있는 AI 프로젝트에서는 RST에서도 다룬 바 있는 '동의문 판정'을 열심히 연구하고 있다.

그러나 RST의 개발 과정에서도 명백해졌듯이 현재의 기술로는 동의문 판정이 가능한 AI를 만들 수 없다. 비슷한 유형의 답안을 모음으로써 일정한 채점 기준을 갖추기 위한 지원을 하는 것 정도가 가능할 뿐이다. 동의문 판정은 수십 년에 걸친 자연언어 처리 연구의 역사 속에서 '바꿔 말하기 문제'나 '함의 관계 인식 문제' 등 여러 가지 이름으로 꾸준히 연구되어 왔지만 좀처럼 정확도를 높이지 못하고 있는 과제다.

또 한 가지 내가 이야기하고 싶은 것은 학습지도요령이다. 경제계에서 "중·고등학교 컴퓨터 프로그래밍 교육을 실시하자"라는 의견을 낸 바 있다는 이야기를 앞에서 했는데, 여기에 대한 찬반 여부는 둘째 치더라도 장차 IT 인재를 늘리고 싶다면 고등학교에서 삼각함수와 미적분, 그리고 행렬 교육을 필수적으로 해야 한다. 이 세 가지 지식 없이는 기계 학습도 강화 학습도 시뮬레이션도 없기 때문이다. 특히 행렬 교육은 꼭 필요하다.

전작 『컴퓨터가 일자리를 빼앗는다(コンピュータが仕事を奪う)』에서 자세히 설명했지만, 구글의 페이지랭크는 행렬 계산으로 이루어져 있다. 딥러닝 같은 경우는 그 자체가 거대한 행렬 계산이며, 음성 인식부터 아마존의 '추천 상품' 선택에 이르기까지 온갖 분야에 사용되는 것이

행렬이다. 그런데도 문부과학성은 고등학교의 학습지도요령에서 행렬을 제외시켰다.

독해력은 나이를 먹은 뒤에도 키울 수 있다

이 장을 끝마치기 전에 마지막으로 덧붙이고 싶은 말이 있다. 고등학생의 경우 학년이 올라가도 정답률의 향상이 눈에 띄지 않는 문제에 관해서이다.

앞에서도 말했듯이 고등학교 3학년생의 데이터를 충분히 얻지 못한 까닭에 입시 공부가 독해력 향상에 긍정적인 기여를 하는지의 여부는 확실치 않다. 그러나 적어도 1, 2학년생의 능력치에서는 뚜렷한 차이가 보이지 않았다. 정답률의 향상이 눈에 띄지 않는 원인은 명확하지 않다. 생각해 볼 수 있는 것은 독해력과 같은 기반적인 교양의 발달이 15세를 전후로 멈출 가능성과, 현행 고등학교 교육이 기본 독해력을 양성하는 방향으로 설계되어 있지 않을 가능성 등이다.

다만 나는 개인적인 경험을 통해 독해력은 나이를 먹은 뒤에도 향상될 수 있다는 생각을 갖고 있다. 이 가설의 근거 중 하나는 법학부생이었던 학창 시절의 경험이다. 당시 나는 억울하게 체포되었지만 결국 자신의 무죄를 밝혀낸 여성의 이야기를 직접 들을 기회가 있었다. 그 여성은 장애아 시설에서 보육사로 일하던 사람이었는데, 매우 차분하고 논리정연하게 이야기를 했다.

나를 포함한 많은 학생이 저렇게 논리적으로 이야기할 수 있는 사람이 어째서 오인 체포를 당했는지 의아하게 생각하며 당국에 강한 분노를 느꼈다. 그러나 그 후 역시 억울하게 체포되었다가 무죄로 밝혀진 다른 사람들의 인터뷰를 접하고, 그 여성의 사건이 특수한 사례가 아니며 오인 체포된 경험이 있는 사람들은 누구나 차분하고 논리적으로 이야기한다는 사실을 깨달았다.

지금부터 하는 이야기는 나의 상상일 뿐이다. 어쩌면 오인되어 체포 당했을 당시에는 그들도 특별히 논리적이지 않았을지 모른다. 그러나 논리라는 공통어만이 통용되는 법정에서 변호사나 지원자들의 도움을 받으며 싸워야 하는 상황에 처하자, 논리정연하게 자신의 의견을 펼치는 능력이 배양된 것이 아닐까?

나이를 먹어도 독해력이 향상될 수 있다는 내 가설의 또 다른 근거는 실제로 내 주변에서 있었던 일이다. 내가 박사과정을 지도한 학생 가운데 가설을 세우거나 추론하는 능력이 떨어지는 학생이 있었다. 그는 문장을 논리적으로 쓰지 못해 박사 논문을 쓸 때 고생을 많이 했다.

이후 나는 이 학생(이때는 학생이 아니었다)에게 우리가 RST 문제를 만드는 것을 도와달라고 부탁했다. 그에게 맡긴 일은 다른 사람이 만든 문제의 타당성을 평가하고 정답이 적절한지를 검토하는 것이었는데, 이 일을 시작한 뒤로 문장력이 몰라보게 향상되어 반년도 지나지 않아 굉장히 논리적인 문장을 쓸 수 있게 되었다. 당시 그의 나이는 38세였다.

나는 이러한 경험을 근거로 독해력이나 논리적 사고는 고등학생 또는 그맘때의 연령에서 발달이 멈추는 것이 아니며 나이를 먹은 뒤에도 향상될 수 있다는 생각을 갖게 되었다.

4장

독해력이
부족한 아이들에게
닥쳐올 미래

AI의 등장으로 양극화되는 화이트칼라

왜 삼각함수를 공부해야 하나요?

여러분은 대학 입시가 무엇을 위해서 존재하는지 생각해 본 적이 있는가? 많은 독자들에게는 먼 과거의 이야기일 테지만, 하루 종일 입시 공부에 몰두하던 무렵에는 누구나 문득 이런 생각을 해본 적이 있지 않을까 싶다.

삼각함수나 미적분을 공부해서 삶에 무슨 도움이 될까? 대학 입시가 끝나면 평생 써먹을 일이 없을 텐데. 통째로 암기한 화학식이든, 세포의 구조든, 세계사 연표든, 고문(古文)에 나온 단어든, 사회로 나가면 그런 거 모른다고 어쩌다 창피를 당할 때가 있을지는 몰라도 큰일이 나지는 않을 텐데. 오직 대학 입시 하나 때문에 이 모든 걸 공부해야 한다니…… 많은 사람이 이런 상황에 의문을 품거나 부조리함을 느낀

적이 있을 것이다.

나는 수학자이므로 "아니, 그렇지 않아요. 수학이 얼마나 아름답고 매력 넘치는 학문인데요"라고 큰 소리로 호소하고 싶지만, "삼각함수를 알면 사회에서 무슨 도움이 되나요?"라고 물어보는 사람에게 뭐라고 대답해야 할지 곤란한 것도 사실이다.

그렇다면 왜 고등학교에서는 사회생활에 딱히 도움이 되지 않는 것들을 가르치고, 또 그것을 얼마나 익혔는지 대학 입시를 통해 시험하는 것일까?

일본에서 근대 사회가 성립된 메이지 시대 이후로 문부성이나 대학의 교원들이 무엇을 생각하고 지금의 대학 입시 제도를 만들어냈는지는 차치하고, 대학 입시에는 명확한 기능이 있다. 답을 듣고 나면 "그야 당연하잖아?"라는 반응이 돌아올 것 같은데, 바로 학생의 적성 심사다. 대학 입시는 훗날 학생이 화이트칼라로서 사회에 진출할 때 어느 정도의 능력을 지니고 있는지 측정하는 지표로서 기능한다.

많은 사람들은 일본 사회가 학력(學歷) 사회라고 말한다. 최근에는 이과의 경우 석사 정도의 전문적인 지식이나 기능을 익힌 인재가 우대받지만, 문과의 경우에는 대학원에 가면 오히려 취업률이 나빠진다. 요컨대 화이트칼라를 대표하는 사무직을 담당할 문과 인재에 대해 기업은 대학이나 대학원에서의 전문 교육을 중시하지 않는다는 말이다. 서양이나 중국에서 고급 관료가 되려면 석사나 MBA 이상, 대부분의 경우에는 박사를 취득해야 하는 것과 대조적이다. 기업이 문과 인재를 채용할 때 중시하는 점은 '대학 입시를 돌파했다'라는 사실이다.

삼각함수나 미적분은 일부 전문직을 제외하면 업무에 별 도움이 되지 않는다. 그러나 그것을 이해할 수 있는 능력이나 이해는 못 하더라도 공식을 외워서 문제를 풀 수 있는 능력은 각종 업무를 볼 때도 유용하며 범용성이 있다. 다른 과목도 마찬가지다. 세계사 연표를 암기하는 힘이나 서술형 문제를 풀 수 있는 능력에는 범용성이 있다.

물론 예외는 있겠지만 인사 채용을 해본 결과 편차치가 높은 대학에 입학할 수 있는 학력(學力)을 갖춘 사람일수록 업무에서도 능력을 발휘할 가능성이 높았기 때문에 대학 입시가 하나의 사회 시스템으로 정착한 것이다. 또한 자신에게 도움이 될지 어떨지 알 수 없어도 시키면 열심히 하는 순종성이나 입시를 위해서라고 생각하며 노력할 수 있는 합리성은, 기업이 많은 종업원에게 요구하는 자질이라고도 생각할 수 있다.

정부나 대학이 의식적으로 그렇게 생각해 대학 제도나 입시 제도를 설계했는지는 알 수 없지만, 기업 측은 대학 입시의 그런 기능을 간파하고 취직 희망자의 적성 심사에 출신 대학 평가를 이용해 왔다.

AI로 대체할 수 있는 인재를 양성해 온 교육

그러나 AI가 노동시장에 뛰어들면 지금까지의 대학 입시는 인재의 적성 심사라는 기능을 잃게 될 가능성이 높다. 그리고 사람들은 이 사실을 어렴풋이 눈치채기 시작했다.

가령 고향을 떠나서 수도권의 사립대학에 다니고 있는 학생에 대한 부모의 송금 액수는 1994년에 정점을 찍은 이후 지속적으로 하락하고 있다. 실소득이 정점을 찍은 것이 1997년이므로 어쩔 수 없는 현상이라고도 말할 수 있지만, 그 하락세가 극심하다.

과거에는 대학에 진학하면 '출세'가 보장되어 있었다. 고졸과 대졸의 생애 임금 차이를 생각하면 부모는 다소 무리를 하더라도 기꺼이 자녀를 대학에 보내려 했다. 그러나 현재는 그렇지 않다. 대학이나 대학원을 나와도 비정규직으로 일해야 하는 젊은이가 적지 않다. 설령 정규직이 되었다 해도 대졸 신입 채용자의 3년 미만 이직률은 30퍼센트에 이른다.

자녀를 대학에 보내는 것이 이미 부모에게 로 리스크 하이 리턴(Low Risk High Return)의 투자가 아니게 된 것이다. 상황이 이렇다 보니 "네가 가고 싶어서 간 대학이니까 학비는 아르바이트로 벌어서 내라"라든가 "학비 대출을 받고, 취직하면 직접 갚아라"라는 생각을 부모들이 하게 된 것도 이해 못 할 바는 아니다.

대학 졸업생을 받아들이는 쪽인 기업이 대학 측에 하는 요구는 해가 갈수록 까다로워지고 있다. 극단적으로 말하면 "좀 더 쓸 만한 인재를 키우시오"라는 요구다. 사실 과거의 일본 기업은 대학에 교육 따위를 기대하지 않았다. 1990년대까지는 어차피 졸업 후에 우리 회사 방식으로 교육시킬 테니 대학 입시를 통해서 적성 심사만 제대로 해주고 쓸데없는 교육은 안 해도 된다고 말하기까지 했다. 그런데 어느 순간부터 갑자기 손바닥을 뒤집듯이 태도를 바꿔서 대학의 인재 육성 방식에 간섭하기 시작한 것이다.

어째서일까? 대학 입시라는 적성 심사만으로는 도저히 원하는 인재를 채용할 수 없음을 기업이 실감하고 있기 때문일 것이다. 그렇다면 기업이 원하는 인재란 어떤 인재일까? 커뮤니케이션 능력이라든가 글로벌 인재라든가 창의성이라든가 이런저런 말들을 주워섬기지만 결국은

IT나 AI로 대체할 수 없는 인재, 의미를 이해하고 프레임에 얽매이지 않는 유연성이 있으며 스스로 생각해서 가치를 만들어낼 수 있는 인재를 뜻할 것이다.

다만 이것은 애초에 무리한 요구다. 오늘날의 중학생 가운데 절반 이상이 '동의문 판정'이나 '구체예 동정' 문제에서 연필을 굴리는 것과 별 차이가 없는 수준의 정답률을 기록했다. 그리고 고등학교에 들어가서도 능력이 향상되는 모습이 보이지 않는다. 그런데 100명이 넘는 학생들이 한 강의실에 모여 강의를 듣는 대학에서 어떻게 그런 능력이 향상될 수 있을까?

중요한 것은 아이들이 중학교를 졸업하기 전까지 모든 과목의 중학교 교과서를 읽을 수 있고 그 내용을 확실히 머릿속에 떠올릴 수 있도록 가르치는 일이다.

양극화를 넘어 사라져가는 일자리

기업이 AI를 도입하는 과정의 예를 살펴보며 화이트칼라의 양극화에 대해 생각해 보자.

기업이 AI를 도입할 때 가장 먼저 할 일은 AI로 대체할 수 있는 업무가 무엇인지 파악하는 것이다. 그런 다음 AI로 대체가 가능한 작업에 대해 프레임을 확정하고 그 업무에서 무엇이 정답이며 무엇이 정답이 아닌지를 결정한다. 이는 매우 고도의 지적 작업으로, 객관성과 흔들리지 않는 판단력을 필요로 한다. AI를 도입하기 위한 준비에 해당하는 업무이므로 당연히 AI가 대신할 수 없으며, 따라서 이 일을 할 수 있는 인재는 큰 보수를 받게 될 것이다.

그다음으로 할 일은 교사 데이터의 설계다. 교사 데이터의 중요성에 관해서는 1장에서 자세히 이야기한 바 있다. 이 업무는 어노테이션(Annotation) 설계 혹은 온톨로지(Ontology) 설계라고 불린다. 물론 높은 보수를 기대할 수 있는 일이다. 가장 지적이고, 관찰안과 재능, 인내심과 성실함이 모두 필요한 업무임에도 현재로서는 충분한 대가가 지급되지 않고 있는 실정이다. 그 이유는 명확하다. 담당자가 대부분 여성이기 때문이다.

이야기가 조금 샛길로 빠지는데, '돌봄'이라든가 '육아'처럼 여성이 담당하는 많은 일들은 AI가 절대 대체할 수 없다. 생각해 보면 그도 그럴 것이, 사냥은 GPS와 물체 검출 기능을 탑재한 드론으로 대체할 수 있을지 모르지만 육아는 범용 AI가 등장하더라도 최후까지 인간이 도맡아야 하는 고도의 지적 노동으로 남을 것이다.

그러나 남성을 중심으로 하는 일본 사회에서는 여성이 담당하고 있다는 이유만으로 돌봄이나 육아는 물론이고 어노테이션 설계와 같은 지적 업무의 담당자에게조차 충분한 지위와 대가를 지급하지 않고 있다. 이러한 상황 또한 AI의 도입이 확산되면 바뀔 것이다. 비정한 AI와 자유경제 앞에서는 무엇이 진정으로 희소한 일인지 밝혀질 수밖에 없기 때문이다.

다시 본론으로 돌아가자. 어노테이션 설계나 온톨로지 설계가 완성되면 그것을 바탕으로 교사 데이터를 만든다. 교사 데이터는 단순한 것부터 복잡한 것에 이르기까지 다양하다. 가령 물체 검출의 교사 데이터에는 영상에 무엇이 씌혀 있는지를 나타내는 꼬리표가 붙어 있다. 이런 교사 데이터를 만드는 일은 시력에 문제가 없고 성실하게 작업하는 사람이라면 누구나 할 수 있다. 따라서 당연히 높은 보수를 기대하기 어렵다.

또한 이처럼 단순한 교사 데이터의 작성은 아마존 등을 통해서 크라우드소싱을 하면 싸게 먹힌다. 이는 웹을 통해서 일을 의뢰하는 도급인과 일을 맡아서 할 수급인을 연결하는 시스템이다. 생판 모르는 사람에게 일을 의뢰하는 것은 상당히 위험한 일처럼 여겨지지만, 불성실하거나 능력이 부족한 사람을 도태시키고자 치밀한 평가 시스템이 설계되어 있다.

결국 대충대충 일하는 사람은 점점 더 적은 비용을 받게 되거나 일을 의뢰받지 못해 결국 노동시장에서 쫓겨난다. 또한 도급인은 수급인들의 능력이나 누적 평가를 참고해 가장 합리적인 가격에 작업을 해줄 사람을 물색할 수 있다.

크라우드소싱이라는 시스템의 선두 주자는 아마존이다. 2005년부터 아마존은 인간의 지능과 컴퓨터 프로그램을 조합해서 컴퓨터만으로는 불가능한 일을 처리하는 '메커니컬 터크(Mechanical Turk)'라는 웹 서비스를 시작했다. 메커니컬 터크는 '기계 터키인'이라는 의미로, 18세기에 헝가리 출신의 발명가가 만든 체스 두는 로봇의 이름에서 따온 것이다. 이 로봇은 유럽을 순회하며 나폴레옹이나 벤저민 프랭클린과도 체스를 둬서 승리했는데, 사실은 로봇이 아니라 체스의 달인이 안에 들어가 있었던 것이 나중에 들통났다고 한다.

수급인은 세계 어디에 있더라도 상관없다. 최저임금 같은 규칙조차 신경 쓸 필요가 없다. 개발도상국에 거주하는 수급인은 일본에서는 생각할 수도 없는 낮은 보수에 일을 맡으며, 아마존은 중개 수수료로 이익을 올린다.

일본처럼 인건비가 높은 나라에서 단순한 교사 데이터의 작성과 같은 업무는 저임금 운운하는 차원을 넘어서 아예 업무로 성립할 수 없게 될 것이다. 즉, 일자리가 사라지는 것이다.

지금까지 살펴보았듯 기업이 AI를 도입하는 과정에서는 고도의 지적 노동 업무만이 남고 단순노동은 임금이 낮은 나라에 위탁될 것이기 때문에 이러한 지적 업무를 수행하지 못하는 사람은 일자리를 잃게 될 것이다. 화이트칼라가 양극화되는 데 그치지 않고 그중 대부분이 직업을 잃을 위험성이 있다.

기업이
사라져간다

구경은 매장에서, 구매는 온라인으로

AI 사회에서는 화이트칼라가 양극화될 뿐만 아니라 기업이 도태될 위험성도 큰 것으로 전망된다.

1장에서 소개했듯이, 기본적으로 AI가 할 수 있는 일은 미리 설정된 틀(프레임) 안에서 인간이 부여한 정답(교사 데이터)을 바탕으로 분류 문제 또는 검색 문제를 풀거나, 인간이 설정한 기준에 따라서 강화 학습을 통해(시뮬레이션 등으로 무수한 시행착오를 겪어가며) 최적화를 이루어내는 것뿐이다.

예외적으로 교사 데이터를 사용하지 않는 '무교사 기계 학습'이라는 시도가 있기는 하다. 비용이 너무 많이 든다는 등의 이유로, 혹은 인간도 무엇이 정답인지 알 수 없어서 일단 가지고 있는 데이터로 기계 학습을 시켜 대략적으로 분류(클러스터링)해 보면 무엇인가 나올지도 모른다 싶을 때 사용되곤 한다. 그러나 이런 방식으로는 제조물 책임을 질 수 없다.

현재 기술의 연장선상에 있는 가까운 미래의 AI는 인간의 상식을 알지 못하고 문장의 의미도 모르며 사람의 기분 또한 이해하지 못한다. 사람의 표정이나 목소리의 톤에 관한 데이터에 '희로애락'의 꼬리표를 붙이고 그것을 교사 데이터로 이용하면 희로애락을 분류하는 것 정도는 가능해질지 모르지만 그것이 한계다.

그러므로 AI가 완전히 새로운 아이디어를 내서 직접 벤처 기업을 설립한다는 것은 불가능하며, 어떤 벤처 기업이 성공할지 실패할지, 그래서 빌려준 돈을 돌려받을 수 있을지 없을지를 판단하는 여신 심사도 할 수 없다.

담보가 중심인 개인 대출의 여신 심사는 할 수 있어도 창구에서 개별적인 문의에 답변하고 문제를 해결할 수는 없다. 또한 MRI 영상을 보고 동맥류가 있는지 없는지를 전문가 이상의 정확도로 판정할 수는 있지만 그것을 적출하는 외과 수술은 하지 못한다. AI가 할 수 있는 일은 기본적으로 생산 효율을 높이는 것뿐이며, 새로운 서비스를 만들어내거나 문제를 해결하는 것은 불가능하다(다만 백내장 수술 등 정형적인 수술은 로봇에 맡기게 될 수도 있다).

그렇다면 고작해야 이런 일밖에 하지 못하는 AI가 어떻게 경제나 노동시장에 괴멸적인 영향을 끼칠 수 있다는 것일까? 이 문제를 이해하려면 우선 다음의 세 가지 경제 용어를 이해할 필요가 있다.

첫째는 '일물일가(一物一價)'이다. 이는 "자유로운 시장경제에서 동일 시점에 판매되는 동일 시장의 동일 상품은 동일 가격이다"가 성립한다는 경험칙이다. 이를테면 경쟁이 자유로운 시장에서는 동일한 성능의 냉장고가 삿포로에서나 도쿄에서나, 동네 가전제품 판매점에서나 대형 양판점에서나 같은 가격에 팔릴 것이라는 이야기다.

둘째는 '정보의 비대칭성'이다. 이는 판매자와 구매자 사이에 정보와 지식이 공유되지 않아 판매자만 전문 지식이나 정보를 갖고 있고 구매자는 그것을 모르는 상태를 가리킨다. 중고차 시장이 좋은 예이다. 겉으로 보기에는 차이가 없어도 한쪽은 주말에만 사용한 무사고 자동차이고 다른 한쪽은 주행거리 30만 킬로미터에 사고 이력이 있는 자동차라면 당연히 전자의 가치가 더 높다. 그러나 구매자에게 자동차에 관한 지식이 전혀 없다면 색상이 마음에 든다는 등의 이유로 후자를 사버릴 때가 있다. 인터넷 옥션에서도 정보의 비대칭성에 기인한 분쟁이 자주 일어난다.

셋째는 "수요와 공급이 일치한 지점에서 가격이 결정된다"라는 것이다. 이 세 가지는 모두 경제학 교과서의 첫머리에 나오는 개념이다.

한편 디지털이란 '동시에 많은 사람이 정보를 공유하기 위한 시스템'이다. 그리고 지금부터가 내가 하려는 이야기의 핵심이다. 디지털 사회에서는 구매자와 판매자 간 정보의 비대칭성이 수정되기 때문에 디지털화 이전의 시장에 비해 일물일가에 이르는 속도가 빠르다. 대표적인 예가 현재 인터넷 쇼핑몰에서 채용하고 있는 '최저가' 표시 기능인데, 이는 특정 상품을 어떤 가게가 가장 싸게 팔고 있는지를 쉽게 알 수 있도록 해준다.

과거에는 가전제품 양판점의 전단지를 비교하거나 이곳저곳의 양판점을 돌아다니며 저렴한 상품을 찾아야 했다. 그러나 이런 행동은 교통비를 많이 들이지 않고 스스로 돌아다닐 수 있는 범위로 한정될 수밖에 없었다. 한편 지금은 스마트폰을 사용하면 일본 전역의 점포 중에서, 경우에 따라서는 전 세계의 점포 중에서 어느 곳이 가장 저렴한 가격으로 해당 물건을 판매하고 있는지를 금방 알 수 있다.

스마트폰의 보급은 소비자의 소비 행동을 바꿔놓았다. 요즘 소비자들은 대형 양판점에 가서 판매원에게 상품 설명을 듣고 어떤 상품을 구입할지를 일단 결정한다. 그러나 그곳에서 바로 상품을 구입하는 것이 아니라 스마트폰으로 해당 상품을 최저가에 판매하는 점포를 찾아서 통신판매나 온라인으로 구입한다. 당연하게도 이런 소비자가 늘고 있다. 이런 상황이 계속된다면 판매점은 최저가 점포의 판매 가격에 대항해 가격을 인하할 수밖에 없다. 그러므로 일물일가에 도달하는 시간이 단축되는 것이다.

한편 목 좋은 자리에 점포를 두고 전문 지식을 갖춘 판매원을 고용한 판매점 입장에서는 이런 상황이 곤혹스럽기 그지 없다. 앞서 이야기한 것과 같은 현상을 '쇼루밍(showrooming)'이라고 부르며, 2017년 9월에 미국 토이저러스가 파산한 원인 중 하나로도 거론되고 있다. 토이저러스에 아이들을 데려가 장난감을 고르게 한 다음 배송료가 무료인 아마존에서 최저가에 상품을 구입하는 사람이 끊이지 않았기 때문이다.

경제학자들은 완전히 자유로운 시장을 이상적인 시장으로 생각하고 정보의 비대칭성이나 시장의 독점을 악(惡)으로 여기지만, 사실 쇼룸을 확보하기 위한 비용, 새로운 기술을 만들어내기 위한 연구 개발비, 상품의 품질이나 안전을 보증하기 위한 품질 관리비 등의 비용은 바로 정보의 비대칭성이나 시장의 독점을 통해 갹출(醵出)되어 온 측면이 있다.

디지털 기술을 이용한 냉철한 가격 비교와 최적화에 따른 '일물일가'

달성 및 '수납 균형점에서의 가격 결정'의 영향은 가전제품의 영역에만 머무르지 않는다. 호텔 요금이나 항공 운임의 가격 인하 경쟁으로 수많은 호텔과 항공사가 경영 파탄의 위기에 몰려 있다. 페이팔의 창업자인 피터 틸(Peter Thiel)은 저서 『제로 투 원』에서 다음과 같이 지적했다.

"미국의 항공 회사는 매년 수백만 명에 이르는 승객을 실어 나르며 금액으로 환산하면 수천억 달러나 되는 가치를 창출하고 있다. 그러나 2012년의 평균 편도 운임 178달러 가운데 항공 회사의 몫은 고작 37센트였다. 구글이 창조하는 가치는 그보다 적지만 자사의 몫은 훨씬 많다. 2012년에 구글은 500억 달러의 매출을 올렸고(항공 회사는 1,600억 달러의 매출을 올렸다) 그중 21퍼센트를 이익으로 계상했다. 이것은 같은 해에 항공 회사가 올린 이익률의 100배가 넘는 수치다."

AI 도입으로 도태되는 기업

디지털화를 통해 가격이나 평판 등의 수치 데이터를 실시간으로 비교할 수 있게 된 것만으로 이미 이 정도의 영향이 나타났다.

그런데 여기에 AI가 등장했다.

지금은 아직 '스스로 검색해서 정보를 파악하고 비교할 수 있는 현명한 소비자'만이 정보의 비대칭성을 간파하고 이에 적절히 대응하고 있지만, AI에 맡기면 '누구나' 그리할 수 있게 될 것이다. 그러면 아주 약간의 불필요한 비용조차 기업에 치명타로 작용하게 된다.

은행의 해외 송금 수수료나 자동차 구매 대출의 이자를 생각해 보자.

지금은 아직 많은 사람이 계좌를 보유한 은행이나 자동차 판매 회사에서 부르는 대로 값을 치르고 있을 것이다. 그러나 여기에 의문을 느낀 사람도 있을지 모른다. 예컨대 나리타 공항에서 출국할 때 엔을 달러나 유로로 환전하려면 왜 이렇게 많은 수수료를 내야 하는 걸까? 왜 창구에 가서 지정된 서류에 볼펜으로 기입을 하고 뒤에 앉아 있는 과장 같은 사람에게 도장을 받아야 환전을 할 수 있는 걸까?

처방전을 받아 약국에서 약을 구입한 후 영수증을 보면 '조제료'나 '약학 관리료'라는 항목이 있다. 때로는 그 대금이 약 자체의 가격과 맞먹기도 한다. 조제료는 약사가 처방전의 지시에 따라서 처방약을 조제하는 작업에 대해 지급하는 대가인데, 대부분의 약은 알약이며 그 자리에서 조제되는 것이 아니다. 약학 관리료는 약 처방 기록 수첩이나 투약 기록 등을 바탕으로 부작용이 일어나기 쉬운 조합이 아닌지 검토하거나 복제약의 존재를 가르쳐주는 것과 같은 약사의 지도에 대해 지급하는 보수다.

그러나 약 처방 기록 수첩 등을 바탕으로 약사가 투약 이력을 관리하기보다 의료 보험증을 IC 카드로 만들어서 AI가 이를 관리하고 약의 부작용 위험성을 확인하거나 복제약 정보를 제공하는 시스템을 구축하는 편이 더 믿음직하며 수수료도 필요 없다는 장점이 있다. 약국에 가서 기계에 보험증을 집어넣으면 처방받은 약이 나오거나, "이번에 A병원에서 처방받은 약은 지난주에 B병원에서 처방받은 약과 동시에 복용할 경우 부작용이 발생할 위험성이 있습니다. 출력된 조제 관리표를 가지고 A병원에 가서 의사와 상담하십시오"라고 AI가 지적해 주는 편이 오히려 안전하지 않을까?

미국 플로리다주의 디즈니월드에서는 제휴 호텔에 체크인할 때 IC 기능이 있는 매직핸드라는 팔찌를 찬다. 그러면 디즈니월드 내의 놀이 기구 탑승은 물론이고, 각종 부대시설 이용에 이르기까지 전부 현금 없이 결제할 수 있다. 현재 내가 있는 위치도 확인해서 놀이 시설에 탄 모습을 사진으로 찍어주기도 한다. 여기에다가 이벤트 예약부터 하루치 일정 관리까지 해준다.

한편 런던의 버스는 전부 현금 없이 승차가 가능한 방식으로 되어 있다. 만약 일본의 대중교통을 전부 현금 없이 이용할 수 있게 된다면, 혹은 승차권 자체가 사라진다면 얼마나 많은 비용을 절감할 수 있을까?

복사기에 AI를 도입하면 인간이 인식할 수 없을 정도로 미세한 색상 불균일을 식별해 내고 소모품 교환 시기나 고장을 예지할 수 있게 된다. 소모품 발주도 자동화되고, 복사기 유지 관리를 의뢰하기 위해 전화를 걸거나 걸려온 전화에 대응할 필요도 없어질 것이다.

소비자와 생산자 간의 '정보의 비대칭성'을 이용해서 이윤을 얻어온 영업이라는 상업 습관은 최적화를 향해 나아가는 시장에서 사라져갈 직종인지도 모른다. 그리고 이 과정에서 영업 사원을 보유할 필연성이 없어져 성과급제로 이행하는 기업도 늘어날 것이다.

기업이 되새겨야 할 AI 도입의 파괴적 변화

앞으로는 모든 기업이 이런 것들을 생각해야 한다. 이것이 AI와 인간이 함께 살아가는 시대의 참모습이다.

"AI가 하지 못하는 일=AI 프로그래머"라고 생각한다면 이는 너무나 근시안적인 생각이다. 분명히 AI를 도입하고 가동할 때까지는 AI 프로그래머가 필요하다. 그러나 AI 프로그래머는 비용 절감을 돕는 사람일 뿐이며 새로운 일을 만들어내지는 못한다.

다시 한 번 말하지만, AI는 스스로 새로운 것을 만들어내지 못한다. 그저 비용 절감을 도울 뿐이다. 똑같은 일을 AI한테 시키면 비용을 절약할 수 있는데도 그러지 않은 기업은 시장에서 물러나게 될 것이며, 일물일가에 수렴하기까지의 시간은 점점 짧아질 것이다.

이것이 AI의 등장으로 일어나리라고 예상되는 파괴적인(disruptive) 사회 변화다. 이 변화를 극복하지 못하는 기업은 파산하거나 다른 기업에 흡수되기 이전에, 인간을 가혹한 노동으로 내몰거나 제품의 품질 관리를 소홀히 하는 등의 방법으로 AI에 대항하려 할 가능성이 높다. 자연히 악덕 기업의 길을 걷기 쉬우며, 불상사가 발생할 가능성도 높아진다.

이러한 사실을 외면하고 현재 상태를 고집한다면 일본 기업의 이익률은 더욱 낮아지고 생산 효율은 오르지 않을 것이다. 비정규직 노동자가 늘어나고 빈부 격차가 확대되며 세대당 수입의 중앙값(평균값이 아니라)은 계속 낮아질 것이다. 그리고 일본을 대표하는 기업들이 하나둘 사라져갈 것이다.

그리고 AI 세계 공황이 찾아온다

AI가 하지 못하는 일을 할 수 있는 사람이 없다

가까운 미래에 AI가 인간의 일자리를 대체하는 시대가 찾아오더라도 지금까지의 이노베이션이 그러했듯이 새로운 일자리가 탄생할 것이며, AI의 등장으로 일자리를 잃은 노동력은 새로운 산업으로 흡수될 것이다. 인간과 달리 24시간 내내 일할 수 있는 AI는 기업의 생산성을 향상시킬 테고 그 결과 경제는 성장할 것이다. …… 이런 낙관론을 펼치는 사람도 있다고 앞서 말한 바 있다.

1장에서 나는 변화의 '질적인 차이'를 이야기했다. 지금까지의 이노베이션은 일부 사람들의 일자리를 빼앗았을 뿐이지만, AI는 노동자의 절반에게서 일자리를 빼앗을 것으로 예측되고 있기 때문이다. 그러나 그뿐만이 아니다. 만약 낙관론자들의 말처럼 AI의 등장으로 일자리를 잃은 사람들을 노동력으로 흡수하는 새로운 산업이 탄생한다고 가정할 때, 그것은 어떤 일자리일까?

물론 AI는 하지 못하는 일이어야 한다. 새로운 산업이 탄생한다 하더라도 그것이 AI가 할 수 있는 일이라면 굳이 실업자를 노동력으로 흡수할 리가 없기 때문이다.

그러므로 새로운 산업이 제공하는 일자리는 인간만이 맡을 수 있는 것이어야 한다. 설령 그런 산업이 우후죽순처럼 탄생한다 해도 여전히 문제는 남을 것이다. AI의 등장으로 일자리를 잃은 실업자를 전부 흡수하지 못할 가능성이 있기 때문이다.

나의 미래 예상도

도로보군의 도전에서 밝혀진 사실은 AI가 이미 MARCH에 합격 가능한 실력을 갖췄다는 것이다. 이는 대학 진학 희망자의 상위 20퍼센트에 해당하는 수준이다. 대학에 진학하지 않는 사람까지 포함하면 도로보군의 서열은 더욱 높아질 것이다.

즉, AI의 등장으로 일자리를 잃는 사람 가운데 인간만이 할 수 있는 유형의 지적 노동에 종사할 수 있는 사람은 전체의 20퍼센트에 불과할 가능성이 있다는 말이다.

한편 우리의 RST 전국 조사에서 밝혀진 사실은 일본인의 독해력이 심각하게 부족한 상태라는 것이다. 독해력이야말로 AI가 가장 큰 약점을 보이는 분야라는 것은 이 책에서 수없이 이야기해 왔다. 그러나 안타깝게도 많은 사람들이 AI에 대해 우위에 설 수 있는 무기인 독해력을 충분히 갖추지 못하고 있다. 게다가 일본의 교육은 아직까지도 AI로 대체 가능한 능력을 키우는 데 중점을 두고 있다. 이러한 상황이 어떤 결과를 일으키게 될까?

나의 미래 예상도는 이렇다.

기업은 인력 부족으로 골머리를 앓고 있는데 사회에는 실업자가 넘쳐난다. 기껏 새로운 산업이 탄생해도 그것을 담당할, AI는 하지 못하는 일을 할 수 있는 인재가 부족한 탓에 새로운 산업은 경제 성장의 원동력이 되지 못한다. 한편 AI의 등장으로 일자리를 잃은 사람은 누구나 맡을 수 있는 저임금의 일자리에 재취업을 하든가 실업자가 되든가 둘 중 하나를 선택해야 하는 상황에 몰린다.

이것은 비단 일본에서만 일어날 일이 아니다. 다소의 시간 차이는 있을지언정 전 세계에서 일어날 수 있는 일이다.

그 후에 찾아오는 것은 'AI 공황'이라고도 부를 수 있는 세계적인 대공황일 것이다. 아마도 이것은 검은 목요일을 계기로 시작된 1929년의 세계 대공황이나 서브프라임 모기지론 문제가 발단이 되어 리먼 브라더스 사태로 이어진 2007년의 글로벌 금융 위기와는 비교도 안 되는 규모의 대공황이 되지 않을까 싶다.

이런 상황만큼은 어떻게 해서든 피해야 한다. 그러기 위한 유일한 시나리오는 빼앗긴 일자리보다 더 많은 일자리를 만들어내는 것뿐이다. 게다가 그것은 일물일가에 수렴하는 자유경제의 원리에 집어삼켜지지 않을 방법이어야 한다.

한 줄기 광명은 있다

기본소득제라는 사회보장 구상이 있다. 산업혁명이 시작된 18세기 후반부터 유럽에서 논의되어 온 구상이다. 대략적으로 설명하면 이는 소득이나 자산과 무관하게 모든 국민에게 생활에 필요한 최소한의 현금을 지급하는 제도이다. 내가 그린 미래 예상도가 현실이 된다면 그때는 기본소득제를 도입하는 수밖에 없다고 생각하는 독자도 있을지 모른다. 실제로 AI 시대의 사회보장 정책으로서 기본소득제의 도입을 주장하는 사람도 적지 않다.

그러나 나는 이것이 성급한 생각이라고 본다. 일물일가와 정보의 비대칭성, 수급 관계로 가격이 결정된다는 경제 이론에 관해서는 앞에서 이야기했다. 그러나 그런 경제 이론에 입각해서 이윤이 한없이 제로에 가까워질 때까지 싸워야 하는 것은 자유경제, 즉 레드오션에서 경쟁하는 기업뿐이다. 피터 틸이 『제로 투 원』에서 지적했듯이 경쟁자가 없는 블루오션에서 수요가 공급을 웃도는 일을 하면 그러한 위기를 회피할 수 있다.

그게 과연 가능할까? 그런 일이 가능한 사람은 페이스북이나 구글 창업자 같은 천재들밖에 없지 않을까? 이렇게 생각하는 독자도 있겠지만, 절대 그렇지 않다고 말하고 싶다. 광명은 틀림없이 있을 것이다.

내가 지금 가장 크게 가능성을 느끼고 있는 것은 1980년대에 일세를 풍미한 카피라이터 이토이 시게사토(糸井重里)가 실천하고 있는 〈거의 일간 이토이 신문(ほぼ日刊イトイ新聞)〉(일명 〈거의 일간〉)이라는 '장사'의 형태다. 〈거의 일간〉은 매일같이 많은 사람이 방문하는 웹 사이트임에도 광고로 수익을 내고 있지 않다. 그 대신 '거의 일간 수첩'이라는 수

첩 외에 수작업으로 만든 셔츠나 스웨터, 책 등을 판매하고 있다.

흥미롭게도 이 사이트에서 판매 중인 많은 상품들, 특히 의류 가운데에는 '재고 없음' 상태인 제품이 종종 눈에 띈다. 금방 품절이 될 만큼 소량만 생산하거나 애초에 소량밖에 생산할 수 없기 때문에 늘 수요가 공급을 웃도는 것이다. 그리고 유사품이 없다. "스웨터 같은 건 다른 곳에서 얼마든지 싸게 살 수 있잖아?"라고 말할지 모르지만, 그렇지 않다. 〈거의 일간〉에서 판매하는 상품에는 전부 스토리가 있다. 소비자들은 매력적인 제작자의 인격과 왜 그 상품이 '그곳에 있는가?'와 같은 스토리에 매료된다.

〈거의 일간〉에서 스웨터나 블라우스 등을 스토리가 있는 상품으로 판매하고 있는 사람들은 큰돈을 벌지는 못하지만 좋아하는 물건을 만들면서 즐겁고 인간답게, 자부심을 품은 채 생활하고 있을 것이다. 그곳에 있는 것은 경제학자들이 논하는, 경쟁이 극한에 다다른 뒤에 나타나는 이상적인 자유경제가 아니다. 수요가 공급을 미묘하게 웃돌며 똑같은 물건이 달리 존재하지 않기 때문에 일종의 '독점'이 일어나고 있는 새로운 시대의 시장의 모습이다.

한편 같은 상품을 대량으로 만드는 방식의 제조 산업은 AI가 등장함에 따라 지금보다 더 비용을 절감해야 할 필요성에 쫓길 것이며, 그렇게 해도 이익률은 한없이 제로에 가까워질 것이다. 이것은 나의 개인적인 의견이 아니라 모든 경제학 교과서에 실려 있는 내용이다. 게다가 그러한 변화의 속도는 점점 빨라지고 있다. 이것이 디지털의, 그리고 AI의 무서움이다.

〈거의 일간〉이 미디어인지, 물건을 만드는 곳인지, 영업을 하는 곳인지, 아니면 다른 무엇인지는 알 수 없다. 아마도 '총무'라든가 '회계'라든가 '상품 개발'처럼 명함을 보면 어떤 일을 하는지 바로 알 수 있는 일자리는 AI로 대체되기 쉬우므로 점점 사라지리라고 생각한다. 그러나 '무슨 일을 하는지 명확하게 말하기는 어렵지만 인간다운 일자리'는 AI로 대체되지 않고 살아남을 것이다.

"하지만 이토이 시게사토는 천재잖아? 이토이 시게사토 같은 천재밖에 살아남지 못한다면 나머지 1억 명은 어떻게 먹고 살아야 하지?"

이런 반론이 들리는 듯하다. 그러나 걱정할 필요 없다. 위와 비슷한 사례가 최근 10년 사이에만 해도 수없이 출현하고 있다.

이를테면 지저분한 방을 정리해 주는 컨설턴트는 어떨까? 어질러진 방에 가서 왜 이렇게 어질러지는 것인지 상담해 주고 함께 정리를 하거나 정리 방법을 가르쳐주는 직업이다. 유품 정리도 20세기에는 들어본 적이 없는 장사였다. 양쪽 모두 개별적이고 구체적인 문제 해결 능력을 필요로 하는 까닭에 AI나 로봇으로 대체할 수 없다.

얼마 전에 친구가 가르쳐준 '고학력·고수입 전문직 여성의 결혼 지원'이라는 직업도 흥미로웠다. 일본 남성은 어째서인지 자신보다 학력과 수입, 연령이 낮은 여성과 결혼하고 싶어 하며, 자신의 학력과 수입이 상대방보다 낮으면 비굴해지는 경향이 있다고 한다. 그러나 도쿄 대학이나 교토 대학과 같은 최고 학부에 입학하는 여학생의 비율은 매년 증가하고 있으며, 고학력·고수입이기 때문에 좀처럼 결혼하지 못하는 여성도 존재한다.

그래서 집안일이나 육아를 공평하게 분담할 수 있을 정도로 생활 능력이 있으면서 가부장적인 체면에 집착하지 않고 평범하게 커뮤니케이션을 할 수 있는 남성을 고학력·고수입 여성과 연결시켜 준다는 사업

콘셉트를 듣고 "아하, 그런 사업도 가능하겠구나!"라며 무릎을 탁 쳤다.

셰어링(sharing)도 20세기에는 들어본 적이 없는 말이다. 나는 20대의 6년간을 미국의 시골 마을에서 학생으로 보냈다. 내가 지낸 아파트는 원래 셰어링을 전제로 지어진 곳이었다. 아파트의 네 귀퉁이에 각각 독립된 방이 있고 한가운데에는 거실이, 현관문 옆에는 공용 주방이 자리한 구조였다. 방과 방 사이에 욕실 겸 화장실이 있어서 룸메이트가 음악을 틀거나 애인을 초대해도 소리 때문에 신경이 쓰이지는 않았다. 가전제품이나 가구는 기본적으로 비치되어 있고, 아파트 지하에는 세탁기가 10대 정도 설치된 동전 세탁소가 있었다. 이런 아파트에서 타인과 함께 사는 것이다.

반드시 친구와 사는 것만은 아니어서, 친구의 친구에게 입주를 제안하거나 신문광고 또는 전단지를 이용해 동거인을 모집하기도 했다. 요즘이라면 공동생활을 하면서 지켜야 할 규칙에 대한 가치관을 공유할 수 있고 신용할 수 있는 룸메이트를 찾는 사람들을 위한 전용 사이트가 있을 것이다. 만약 없다면 당장 만들어야 한다. 반드시 돈이 된다.

일본의 경우에는 대체로 혼자서 살거나 가족이 함께 살거나 둘 중 하나다. 셋집을 구할 때 가족이 아닌 복수의 사람이 함께 지낼 거라고 말하면 집주인이 내키지 않는 표정을 짓는다. 결혼을 전제로 동거하는 연인이라도 있는 게 아니면 아무리 가난해도 혼자서 방을 빌리고 냉장고나 전자레인지, 세탁기, 텔레비전 같은 가전제품과 침대 등을 사야 한다. 너무나도 비효율적이다.

그러나 비효율이 존재한다는 것은 사업 기회가 있다는 뜻이다. 셰어링을 전제로 한 아파트를 건축해서 경영하는 것은 하나의 유망한 블루오

션으로 보이며, 이미 그런 사업을 시작한 사람도 있다.

그래도 아직 여러분은 이렇게 말할지 모른다. "말도 안 되는 소리. 노동력의 절반이 AI로 대체되었을 때 남은 인력을 흡수할 만큼 많은 일자리가 새로 생겨날 리는 없어." 그러나 나는 이것이 가능하다고 생각한다. 일본은 70년 전에 이미 이와 비슷한 상황을 극복한 경험이 있기 때문이다. 제2차 세계대전으로 국토는 폐허가 되었고, 장년층 남성의 상당수가 사망하는 바람에 일손도 부족했다. 재벌이 해체되고 농지가 해방됨에 따라 사람들은 일터를 잃어버렸다. 그리고 어떻게 되었는가? 셀 수 없을 만큼 많은 사업이 대량으로 탄생했다. 소니도 혼다도 그중 하나였다.

이럴 때일수록 유연함이 중요하다. 인간답게 생물답게 유연해지자. 그리고 AI가 잘하는 분야인 암기나 계산으로 도피하지 말고 의미를 생각하자. 지금까지 생활 속에서 불편하게 느껴온 것이나 곤란을 겪고 있는 부분을 찾아보는 것이다.

물론 그러한 불편이나 곤란이 자신만 느끼는 것이라면 사업이 성립할 수 없다. "이런 서비스를 원했어!", "마침 곤란하던 차였는데!"라고 반응하는 사람이 어느 정도 있을 때 비로소 사업이 성립한다. 그런 의미에서 앞으로 다가올 시대에는 남성보다 여성이 창업에 유리하지 않을까 싶다. 일반적으로 남성보다 여성이 곤란함을 느낄 때가 더 많으며, 타인과의 공감 능력이 높은 것 또한 여성 쪽이기 때문이다.

오늘날 창업의 문은 전례가 없을 정도로 활짝 열려 있다. 인터넷만 연결되어 있으면 집이 곧 사무실이며, 회계와 총무는 소프트웨어에 맡기고 홈페이지는 아웃소싱을 하면 되는 시대다. 남은 것은 은행이 해당 서비스의 수요를 올바르게 판단하고 필요하다면 조언을 해주며 돈을

272

빌려줄 수 있느냐이다. AI로 대체될 담보 중심의 여신 심사가 아니라 벤처 기업의 여신 심사와 지원이야말로 미래의 은행이 해야 할 업무다.

남들이 하지 않은 새로운 일을 하다 보면 아마 실패할 때도 있을 것이다. 그때 무엇보다 중요한 것이 바로 독해력이다. 실패를 딛고 일어서서 다시금 새로운 일을 시작하려면 우선 그 일에 빠르게 적응하기 위해 이전까지 읽은 적이 없는 문서를 읽고 이해해야 하기 때문이다.

나는 2017년 7월에 RST 제공을 위한 사단법인 '교육을 위한 과학 연구소'를 창업했다. 리딩 스킬 테스트로 중·고등학생의 독해력을 진단하는 시스템을 만드는 것이 첫 번째 목적이다. 또한 입학 방법이 다양해진 오늘날의 대학에서 학생들이 수업을 따라갈 수 있는지 점검하는 수단이자, 기업이 충분한 독해력을 지닌 인재를 채용하는 수단의 하나로 RST를 활용토록 하는 것도 우리 연구소가 목적하는 바이다.

내가 창업을 한 가장 큰 이유는 많은 사람들이 이 문제와 관련해 곤란을 느끼고 있음을 깨달았기 때문이다. 머지않아 찾아올 AI 시대에 불안감을 느끼며 창업에 관심이 있는 사람은 부디 세상에서 '사람들이 곤란을 느끼는 것'을 찾아내기 바란다. 그리고 어떻게 하면 사람들의 곤란을 해결해 줄 수 있을지 궁리하기 바란다.

디지털과 AI가 여러분의 편이 되어줄 것이다. 적어도 수요가 공급을 웃도는 사업을 찾아낼 수 있다면 AI 시대에 살아남을 수 있다. 그리고 그런 사업이 늘어난다면 일본도 세계도 AI 대공황을 맞이하지 않고 살아남을 것이다.

인간만이 할 수 있는 일을 궁리하고 실행에 옮기는 것이야말로 우리가 살아남을 유일한 길이다.

AI 시대에 연착륙하기 위하여

2017년 TED의 하이라이트는 (제266대 로마 교황 프란치스코의 비디오 메시지를 제외하면) YOLO의 조셉 레드몬도, 시리의 톰 그루버도, 일론 머스크도, 임신으로 불룩해진 배를 안고 등장한 세레나 윌리엄스도 아닌, 캐시 오닐(Cathy O'Neil)의 〈빅데이터에 대한 맹신의 시기는 끝나야만 합니다(The era of blind fatith in big data must end)〉라는 강연이었을 것이다.

캐시 오닐은 미국에서 가장 입학하기 어려운 대학에 속하는 UC버클리 수학과를 졸업한 뒤 하버드 대학 대학원 수학과에 진학했다. 걸출한 수학적 두뇌를 지닌 오닐은 박사 학위를 취득한 후 MIT 등에서 교편을 잡다가 월스트리트로 자리를 옮겨 데이터 과학자로 활약했다. 리먼 브라더스 사태가 일어나기 전까지는.

리먼 브라더스 사태가 빚어낸 혼란 속에서 오닐은 데이터 과학이라는 분야 자체에 의문을 품게 되었다고 한다. 그리고 사람들이 "객관적이며 인간보다 정확하다"라고 믿어온 빅데이터를 바탕으로 한 데이터 과학의 '기만과 위험성'에 맞서 싸우는 특정 비영리 활동 법인을 설립했다.

서양에서는 이미 많은 곳에서 인간의 가치를 측정하는 데 빅데이터를 도입하고 있다. 자동차 보험이나 생명 보험의 보험료 계산, 취업 활동에서 면접에까지 이를 수 있는지의 여부, 교원의 해고 기준, 더 나아가서는 전과자의 재범 가능성을 판단하는 데도 빅데이터 해석을 도입함으로써 인간의 판단을 '지원'하고 있다. 그리고 이것을 수학에 입각한 '객관적인 평가'라고 믿고 있다.

상황이 이렇다 보니 기계를 이용한 통계적인 판단을 의심 없이 받아들이는 사람이 많은데, 이는 매우 위험한 행위다.

어째서일까? 이 책을 다 읽은 현명한 독자 여러분은 이미 답을 알고 있을 것이다. 딥러닝과 같은 통계적인 시스템은 교사 데이터를 바탕으로 한 과거의 데이터를 분석해서 판단하는 것에 불과하다. 즉, '과거의 판단'을 답습할 뿐이라는 말이다. 만약 사회가 왜곡되어 있다면 그 왜곡을 증폭시킬 따름이다. 교사 데이터를 설계한 사람의 가치관이 정답 데이터나 어노테이션의 설계에 반영되고 마는 것이다. 가령 현재 시점에서 수학자 가운데 여성의 수가 적다면 빅데이터를 바탕으로 분석하는 AI는 여자 고등학생에게 추천할 직업의 선택지로 '수학자'를 결코 염두에 두지 않을 것이나.

교사 데이터가 존재하는 딥러닝에서 AI의 정확도가 교사 데이터를 넘어서는 것은 불가능하다. 교사 데이터의 설계자가 악의로 가득 차 있거나 둔감한 인물이라면 AI는 그 악의나 둔감함을 증폭시킨다. 마이크로소프트의 챗봇 테이(Tay)가 나치즘을 찬양하듯이 말이다.

바둑이나 장기처럼 규칙이 완전히 정해져 있는 것 이외의 대상에 딥러닝을 도입할 때 교사 데이터를 만드는 것은 절대 피해갈 수 없는 과정이다. 무엇이 옳고 무엇이 가치 있는지, 누구에게 가치 있는지, 이것을 인간이 AI한테 가르쳐야 한다. 이때 그 가치는 민주적으로 결정되지 않는다. 여러분이 모르는 곳에서 여러분이 모르는 누군가가 멋대로 정하는 것이다.

〈로봇은 도쿄 대학에 들어갈 수 있는가?〉와 '리딩 스킬 테스트' 개발이라는 세계 어디에도 선행 연구가 없던 프로젝트에 위험을 감수하고 진지하게 참여해 준 성의와 재능 넘치는 모든 분들께 감사의 말을 전한다. 국립정보학연구소 전 소장 사카우치 마사오 선생님과 전 부소장이었던 고(故) 도구라 요이치 선생님은 내가 당돌하면서도 무모한 프로젝트를 생각해 낼 때마다 쓴웃음을 지으면서 항상 뒤에서 지원해 주셨다. 진심으로 감사하다고 말씀드리고 싶다.

내게 휘둘리면서도 나를 믿고 항상 지원해 준 모로노 에리카 씨와 이시야마 하루미 씨, 고바야시 도키코 씨, 그리고 가족에게 감사의 말을 전한다. 이 책을 편집할 때는 야마자키 고빈 씨와 이시모토 노아 씨에게 큰 신세를 졌다. 이 자리를 빌려 고마움을 전한다. 그리고 무엇보다 보잘것없는 나로 하여금 이런 훌륭한 분들과 만날 기회를 마련해 주신 신에게 감사를 드린다.

276

현재 내가 목표로 삼고 있는 바는 "일본의 중학교 1학년생 전원에게 RST를 무상으로 제공해 독해의 편중이나 부족함을 과학적으로 진단함으로써 중학교를 졸업하기 전까지 전원이 교과서를 읽고 이해할 수 있도록 만드는 것"이다. 그리하여 최악의 미래가 닥치는 일을 회피하고 AI와 함께 일하는 것이 불가피한 2030년대를 향해 일본을 '연착륙'시키고 싶다.

그러나 문부과학성이 매년 실시하고 있는 전국 학력·학습 상황 조사에 한 학년당 약 25억 엔이 들어간다는 점을 생각하면, 중학교 1학년생 전원에게 RST를 무상으로 제공한다는 목표를 실현하기 위해서는 자원이 필요하다. 그래서 나는 이 책의 인세를 한 푼도 받지 않기로 결정했다.

이 책의 인세는 2018년부터 RST를 제공할 사단법인 '교육을 위한 과학 연구소'에 전액 기부된다. 그것을 밑천 삼아서 리딩 스킬 테스트 시스템을 구축하고 문제를 만들어 한 명이라도 더 많은 중학교 1학년생이 무상으로 테스트를 받을 수 있도록 할 예정이다.

다만 여기에는 조건이 있다. 중학교 1학년생이 테스트를 받고 결과를 확인하는 것만으로는 독해력이 향상될 리 없다. 대부분의 학생은 검사 결과를 흘깃 들여다본 뒤 구겨서 쓰레기통에 버릴 것이기 때문이다(나나 여러분이 중학생 시절에 그랬던 것처럼 말이다). 중요한 것은 선생님 여러분, 그리고 보호자 여러분의 역할이다.

사이타마현 도다 시의 사례에서도 알 수 있듯이, 학생 한 명 한 명의 독해력을 파악하는 동시에 선생님들이 자발적으로 유료판 RST를 받고 '왜 학생들이 어려움을 겪는지', '어떻게 하면 학생들이 교과서를 읽을 수 있게 될지'를 학교와 학부모, 교육위원회와 더불어 고민할 때 비로소 유익한 결과가 나오는 것이다. 그래서 그런 준비가 되어 있는 곳부터 우선적으로 중학교 1학년생에 대해 RST를 무상으로 제공할 생각이다.

그렇게 한다 해도 지금은 부족할 것이다. 그러나 독해력은 중학생뿐만 아니라 고등학생이나 대학생, 그리고 사회인에게도 필요한 능력이다. 많은 사람들이 RST를 받기를 기대한다.

우리 함께 행복한 2030년을 맞이하자.

대학에 가는 AI vs 교과서를 못 읽는 아이들

초판 1쇄 2018년 11월 20일
초판 5쇄 2022년 2월 10일

지은이 | 아라이 노리코
옮긴이 | 김정환
감수 | 정지훈
펴낸이 | 송영석

주간 | 이혜진
기획편집 | 박신애 · 최미혜 · 최예은 · 조아혜
외서기획편집 | 정혜경 · 송하린 · 양한나
디자인 | 박윤정
마케팅 | 이종우 · 김유종 · 한승민
관리 | 송우석 · 황규성 · 전지연 · 채경민

펴낸곳 | (株)해냄출판사
등록번호 | 제10-229호
등록일자 | 1988년 5월 11일(설립일자 | 1983년 6월 24일)

04042 서울시 마포구 잔다리로 30 해냄빌딩 5 · 6층
대표전화 | 326-1600 **팩스** | 326-1624
홈페이지 | www.hainaim.com

ISBN 978-89-6574-671-3